zsr
VERLAG

♠♣♥♦

Das Poker Mindset

Die richtige Einstellung für erfolgreiches Poker

Ian Taylor und Matthew Hilger

Aus dem Amerikanischen von
Lukas Buchinger

SHARK BOOKS.DE

zsr VERLAG

Die Deutsche Bibliothek verzeichnet diese Publikation in der Deutschen Nationalbibliografie; detaillierte bibliografische Daten sind im Internet über http://dnb.ddb.de abrufbar.

Das Poker Mindset

1. Auflage zsr Verlag OHG, August 2009

ISBN-13: 978-3-940-75805-7

Die Originalausgabe erschien 2007 unter dem Titel „The Poker Mindset: Essential Attitudes for Poker Seccess“, veröffentlicht von Dimat Enterprises, Inc.

Übersetzung: Lukas Buchinger
Lektorat: Niklaus Mönch
Satz, Cover und Gestaltung: Mario Kattwinkel

Anregung und Kritik nehmen wir sehr gerne entgegen auf: **www.sharkbooks.de**

Über Ian Taylor

Ian Taylor ist professioneller Pokerspieler und -autor. Seine Artikel wurden auf diversen Internetseiten sowie in etlichen Büchern publiziert und handeln vorrangig von Pokerpsychologie, Varianz und emotionaler Selbstkontrolle. Ian Taylor beteiligt sich regelmäßig an den Diskussionen im Internetforum von InternetTexasHoldem.com.

Taylor erwarb im Jahr 1999 an der Universität Warwick ein Diplom in Wirtschaftswissenschaften, in seiner Abschlussarbeit ging es um Risikotoleranz und Glücksspiel. Vor seiner professionellen Pokerlaufbahn arbeitete er einige Jahre in der IT-Branche.

Ian Taylor lebt mit seiner Lebensgefährtin Rebecca und einer Hauskatze in Essex, England. Wenn er nicht Poker spielt oder schreibt, schaut er gerne Fußball und liest.

Über Matthew Hilger

Matthew Hilgers Beteiligung am professionellen Poker ist dreigeteilt: er spielt, er schreibt und er betreibt Internetseiten. Seine beiden ersten Bücher, *Internet Texas Hold'em* und *Texas Hold'em Odds and Probabilities* entwickelten sich zu weltweiten Bestsellern.

Hilger erwarb seinen Bachelor in Finanzwissenschaften an der Universität von Georgia. Außerdem hat er zwei Magistertitel in Finanzwissenschaften und in internationaler Wirtschaft. Vor seiner Pokerkarriere arbeitete Hilger in verschiedenen Positionen als Wirtschaftsprüfer, Finanzdienstleister und Berater.

Zwischen 2004 und 2006 erreichte Matthew bei der World Series of Poker acht Mal das Preisgeld, einen Finaltisch und einen 33. Platz beim Main Event. Im Jahr 2002 gewann er die neuseeländische Pokermeisterschaft.

Zurzeit lebt Matthew Hilger mit seiner Frau Dianan und seinen beiden Söhnen Joshua und Zachary in Atlanta, Georgia. Neben dem Pokerspielen komponiert Hilger gerne am Klavier und reist viel.

Danksagungen

Matthew Hilger und Ian Taylor möchten sich bei folgenden Personen bedanken:

Vor allem bei Rebecca Churcher, die uns während der Niederschrift dieses Buches permanent unterstützt und das erste Lektorat vorgenommen hat.

Bei John Baxter, Ammon Brown, Neil Dewhurst, Peter Field, Jane Griscti, Tony Pillinger, Erik Rand und Tyler Zutz für Korrektorat, Lektorat und einige wertvolle Poker-Einsichten.

Bei Rob Keller und Lisa Keller für die Überprüfung der mathematischen Tabellen und Statistiken.

Bei Neil Myers und Julie Risinit für das stilistische Lektorat der Endfassung.

Bei allen Mitgliedern des Forums auf InternetTexasHoldem.com, die mit ihren Beiträgen dafür sorgen, dass diese Seite die beste Poker-Community im gesamten Internet ist.

Inhaltsverzeichnis

Kapitel 1

Einführung

Es gibt Dutzende Pokerbücher auf dem Markt, die darauf ausgerichtet sind, die technischen Aspekte des Spiels zu vermitteln. Dort wird erörtert, welche Hände man spielen soll und auf welche Weise, und welche nicht. In diesen Büchern werden die Pot Odds erklärt, die Täuschung der Gegner, Value Bets, Semi-Bluffs und unendlich viele andere Dinge. Viele dieser Bücher sind sehr gut.

Allerdings legen die meisten Pokerbücher nur Lippenbekenntnisse zu den menschlicheren Elementen des Pokerspiels ab. Poker wird von Menschen gespielt und nicht von Robotern. Menschen haben Gefühle und Neigungen, die zu unvorhersehbaren und unlogischen Handlungen führen können.

Dieses Buch setzt da an, wo die anderen aufhören. Wir werden nicht erörtern, wann Sie betten, raisen, callen, checken oder folden sollen, auch wenn diese Themen wichtig sind. Stattdessen wollen wir uns auf andere wichtige Fragen konzentrieren, wie etwa:

- Was ist die richtige innere Einstellung beim Poker?
- Wie bewältigen Sie den Verlust eines großen Pots oder eine Pechsträhne?
- Was ist Tilt und wie kann man ihn vermeiden?
- Welche anderen psychischen Faktoren erhöhen oder verringern Ihre Gewinnchancen?

Pokerautoren preisen ihr Buch gerne als das wichtigste auf dem Markt an. Wir sind bescheidener. Wir behaupten, dies sei das zweitwichtigste Pokerbuch, das Sie je lesen werden. Das wichtigste bringt Ihnen das technisch korrekte Spiel bei, weil dies durch nichts kompensiert werden kann. Dieses Buch knüpft daran an und zeigt Ihnen, wie Sie Ihren Vorteil maximieren und die selbstzerstörerischen Tendenzen vermeiden, die viele Spieler haben.

Die mentalen, emotionalen und psychologischen Aspekte beim Poker sind in der Literatur unterrepräsentiert, aber extrem wichtig. Jeder Pokerspieler verliert unnötig Geld, aber nicht aufgrund mangelnden Wissens oder Verständnisses, sondern aufgrund schlechter Einstellung, mangelhafter Mentalität, fehlerhafter Reaktionen und verworrenen Denkens. Selbst Menschen, die in ihrem normalen Leben sehr ruhig und kontrolliert sind, können am Pokertisch emotional, unlogisch oder verblendet werden. Poker ist ein Spiel, bei dem man sich Situationen aussetzt, die sich vom alltäglichen Leben unterscheiden, und das entsprechend abweichende Denkstrukturen erfordert. Das optimale Spiel beim Poker kann sogar Züge erfordern, die den Instinkten völlig widersprechen.

In diesem Buch werfen wir einen detaillierten Blick auf die psychologische Seite des Pokerspiels. Zunächst skizzieren wir die richtige Einstellung, mit der man sich an den Tisch setzen sollte. Dies ist die Grundlage dieses Buches und ein Thema, auf das wir immer wieder zurückkommen. Anschließend behandeln wir spezielle Themen wie den Verlust großer Pots, den Umgang mit Pechsträhnen und Tilt. Nach diesen grundlegenden Dingen widmen wir uns der Wichtigkeit eines vernünftigen Bankroll-Managements, der Gegneranalyse und einigen weitergehenden Themen. Im letzten Kapitel schauen wir uns an, wie Poker Ihr restliches Leben beeinflusst und umgekehrt.

Für wen ist dieses Buch?

Spieler jedes Niveaus sollten von diesem Buch profitieren können, egal ob Sie ein kompletter Anfänger sind, der verzweifelt ist und weniger Geld verlieren will, oder ein Profi, der jährlich sechsstellige Summen abräumt.

Anfänger erwerben Kenntnisse und Fähigkeiten, für die die meisten Spieler Lehrgeld bezahlen mussten. Wir legen einige harte Fakten dar und geben Ratschläge, wie man mit diesen umgeht.

Fortgeschrittene Spieler werden eventuell entdecken, was sie am Pokertisch behindert und können sich vielleicht von einem Verlierer oder Spieler mit ausgeglichener Bilanz zu einem Gewinner entwickeln.

Routinierte Spieler werden lernen, einige Dinge zu überwinden, die ihre Gewinnquote beschränken. Auf dem Spitzenniveau haben die meisten Spieler ein solides Verständnis der technischen Aspekte beim Poker. Die auf diesem Niveau erfolgreichen Spieler, sind diejenigen, die das menschliche Element optimal meistern.

Vermutlich werden Sie feststellen, dass sich die Beispiele in diesem Buch vor allem um Hold'em drehen. Dies liegt daran, dass Hold'em die momentan populärste Pokervariante ist, die von den meisten Lesern verstanden wird. Die

Konzepte in diesem Buch gelten jedoch genauso für Stud, Omaha und jede andere Variante. Wir benutzen Hold'em-Beispielhände, um sicherzustellen, dass möglichst viele Leser unsere Aussagen verstehen.
Eine letzte Anmerkung: Bisweilen benutzen wir maskuline Pronomen (wie er, ihm oder sein), wenn wir über Spieler sprechen. Dies dient lediglich der Lesbarkeit und soll keine Geringschätzung weiblicher Pokerspieler darstellen. Vielmehr ist ein großartiger Aspekt des Pokerspiels, dass es ein Sport ist, bei dem Männer und Frauen unter gleichen Bedingungen Wettkampf betreiben und dieselben Erfolgschancen haben. Ganz gleich ob Sie ein Mann oder eine Frau, ein Anfänger oder Fortgeschrittener, jung oder alt sind – wir hoffen, dass *Das Poker Mindset* Ihnen dabei hilft, Ihr Spiel zu verbessern. Lesen Sie weiter und entdecken Sie einen völlig neuen Blick auf das Pokerspiel.

Kapitel 2

Das Poker Mindset

"Der siegreiche Stratege sucht den Kampf erst dann, wenn der Sieg bereits errungen ist, so wie der dem Untergang Geweihte zuerst kämpft und dann Ausschau nach dem Sieg hält." Sun Tzu *(aus: Die Kunst des Krieges)*

Im Laufe der Zeit entwickeln erfolgreiche Pokerspieler ein Repertoire technischer Fähigkeiten, das sie am Tisch anwenden. Zu diesen Fähigkeiten gehören beispielsweise die Handanalyse, das korrekte Spiel vor dem Flop, Bluffs/Semi-Bluffs und Value Bets. Dank dieser Fähigkeiten maximieren sie ihre Chancen, am Tisch die optimalen Entscheidungen zu treffen. In ähnlicher Weise profitieren erfolgreiche Spieler auch davon, die richtige Grundeinstellung zu entwickeln – das psychische Rüstzeug, das die technische Seite ergänzt und die Fähigkeiten vervollständigt.

Dieses Kapitel wird Ihnen dabei helfen, dieses Ziel zu erreichen, indem es ein solches Rüstzeug beschreibt. Darin wird das Poker Mindset beschrieben: Sieben Grundeinstellungen, die jeder Pokerspieler unabhängig von der Variante, dem Limit oder der Spielstärke beherrschen sollte. Dabei handelt es sich um Realitäten, deren Sie sich bewusst sein müssen, und Grundeinstellungen, die Sie sich aneignen müssen, um beim Poker langfristig erfolgreich zu sein.

Wie die technischen Fertigkeiten wird das Poker Mindset Ihnen helfen, am Tisch bessere Entscheidungen zu treffen. Dies wird nicht immer so offensichtlich sein wie etwa ein Fold nach einem gegnerischen Raise auf dem Turn, aber langfristig werden Sie auf diese Weise mehr Geld gewinnen. In manchen Situationen könnte man sogar behaupten, dass Schwächen in Ihrer Mentalität Sie mehr Geld kosten als technische Schwächen. Nur ein dummer Spieler hält die psychologische Komponente beim Poker für unwichtig.

In diesem Kapitel stellen wir das Poker Mindset detailliert vor. In den folgenden Abschnitten wird jeder Aspekt des Poker Mindset einzeln erläutert und erklärt, warum er wichtig ist und welche negativen Konsequenzen die Missachtung haben kann. Die Aspekte werden in logischer Reihenfolge präsentiert und wir beginnen mit dem grundlegendsten.

2.1. Verständnis und Akzeptanz der Realitäten beim Poker

Was für ein Spiel ist Poker eigentlich?

Manche Leute vergleichen Poker mit Blackjack. Beide Spiele werden in Casinos um Geld gespielt und bestehen aus einer Mischung aus Glück und Können. Ein gesundes theoretisches Verständnis ist bei beiden Spielen notwendig und für langfristigen Erfolg ist es erforderlich, möglichst oft den optimalen Spielzug zu finden.

Dennoch unterscheidet sich Poker extrem von Blackjack. Zunächst spielen Sie beim Poker nicht gegen das Casino, sondern gegen andere Spieler und Ihr Gegner spielt nach den gleichen Regeln wie Sie. Zudem ist das strategische Spektrum beim Poker wesentlich größer. Jemand mit einem ausgezeichneten Gedächtnis kann definitiv mit vergleichsweise wenig Lernaufwand zu einem perfekten Blackjack-Spieler werden, während es den perfekten Pokerspieler nicht gibt.

Einige vergleichen Poker mit Schach. Bei beiden Spielen benötigt man für den Erfolg eine gut durchdachte Strategie und eine sorgfältige Analyse. Zudem müssen Sie bei beiden Spielen technische und menschliche Elemente berücksichtigen, um Ihren Gegner zu übertrumpfen.

Dennoch unterscheidet sich Poker auch extrem vom Schach. Schach ist ein Spiel mit vollständiger Information. Beide Spieler wissen jederzeit genau, wie die Partie steht, und es gibt wenig Raum für Täuschung. Poker dagegen ist ein Spiel mit unvollständigen Informationen, bei dem jeder Spieler herauszufinden versucht, was der oder die Gegner auf der Hand haben. Beim Schach gibt es zudem nicht einmal kurzfristiges Glück. Der Ausgang der Partie hängt ausschließlich davon ab, welcher Spieler die besseren Züge macht. Beim Poker gibt es kurzfristig für nichts eine Garantie. Das Glückselement führt dazu, dass man selbst über einen recht langen Zeitraum gut spielen und verlieren, aber auch schlecht spielen und gewinnen kann.

Der Schlüssel zum Verständnis des Pokerspiels besteht darin, die Parallelen zum Schach und die Parallelen zum Blackjack zu erkennen, aber auch die Punkte, in denen es sich von diesen Spielen unterscheidet. Viele Spieler erzielen beim Poker keine Erfolge, da sie das Spiel grundlegend missverstanden haben. Im Folgenden zählen wir auf, was ein ehrgeiziger Pokerspieler wissen muss. Wir nennen diese Punkte die „Fünf Poker-Realitäten". Alles was sonst in diesem Buch diskutiert wird, folgt aus diesen fünf Punkten.

1. Poker ist ein Spiel, bei dem sowohl Glück als auch Können eine Rolle spielen.

Innerhalb der Pokergemeinde wird gern darüber debattiert, ob Poker ein Glücksspiel ist oder vom Können abhängt. Da jede Hand, die ausgeteilt wird, ein Neubeginn ist, scheint es logisch, dass erfolgreiches Spiel darin besteht, jede Hand gewinnen zu wollen. Aber der Gewinner einer Hand wird letztlich durch den Zufall bestimmt. In jeder beliebigen Hand sind Ihre Karten zufällig, die Karten Ihrer Gegner zufällig und auch die Gemeinschaftskarten zufällig. Auch ein guter Spieler kann seine Chancen, eine Hand zu gewinnen, nur dadurch erhöhen, indem er seinen Gegner zum Folden bringt.[1]

Wenn Sie jedoch genauer hinschauen, entdecken Sie das versteckte Element, bei dem es um Können geht. Beim Poker kommt es nicht darauf an, die meisten Hände zu gewinnen, sondern das meiste *Geld.* Aufgrund der Struktur des Spiels ist es sogar ein schlechter Ansatz, jede Hand gewinnen zu wollen. Da es in jeder Hand nur einen Gewinner gibt, ist es sinnvoll, günstige Situationen abzuwarten und nur die Hände zu spielen, bei denen Sie sich im Vorteil sehen. Jemand, der jede Hand gewinnen will, wird auf Dauer eine Menge Geld verlieren.

Unterm Strich führt dies dazu, dass die stärkeren Spieler in der Regel *weniger* Hände gewinnen, aber *mehr* Geld.[2] Man wird nur schwer ein anderes Spiel finden, bei dem die besten Spieler am wenigsten Partien gewinnen und aufgrund dieser einzigartigen Facette erscheint Poker vielen als Glücksspiel.

Es gibt aber ein weiteres wichtiges Element, bei dem Können verlangt wird. Pokerspieler müssen während einer Hand mehrfach Entscheidungen über Einsätze treffen. Sie müssen die vorhandenen Indizien analysieren (zum Beispiel Ihre eigene Hand, die Gemeinschaftskarten und die Einsätze der Gegner) und anschließend mit ihrem Urteilsvermögen zur optimalen Entscheidung gelangen. Spielt das Urteilsvermögen eine Rolle, ist Raum für Fehler, und wo Raum für Fehler ist, spielt natürlich Können eine Rolle.

---

[1] Dies ist übrigens der Grund, warum Anfänger dem Bluffen oft eine zu hohe Bedeutung beimessen.

[2] Dies stimmt im Allgemeinen, aber bisweilen (in der Regel bei No-Limit Hold'em) gibt es erfolgreiche Spieler, die ziemlich loose spielen.

2. Kurzfristig regiert das Glück.

Obwohl es beim Poker um Glück und Können geht, kann es sehr schwierig sein, bei einer kurzfristigen Betrachtung die Bedeutung der Spielstärke zu entdecken. Um beim Poker einen Pot zu gewinnen, muss man entweder am Ende die beste Hand vorweisen oder alle Gegner zum Folden bringen. Sie können Ihre Gewinnchancen erhöhen, indem Sie möglichst viele Spieler vor dem Showdown zum Folden verleiten, aber sobald am Ende die Karten aufgedeckt werden, geht es nur darum, wer die bessere Hand hat, und nicht, wer der bessere Spieler ist. In manchen Fällen werden Sie Pots gewinnen, weil Sie alle Gegner zum Folden gebracht haben, aber dies ist natürlich nur möglich, wenn keiner Ihrer Gegner eine starke Hand hat. Kurzum, der Ausgang einer Hand beim Poker hängt stark vom Glück ab.

Wie im vorherigen Abschnitt erörtert besteht das Können beim Poker darin, mit den unterlegenen Händen weniger zu verlieren und mit den siegreichen mehr zu gewinnen, aber selbst dies ist eine ungenaue Wissenschaft, wenn man nur eine Hand betrachtet. Nehmen wir zum Beispiel an, Sie spielen No-Limit Hold'em und gehen mit einer starken Hand wie AK All-In und werden von jemandem mit 72 gecallt. Die Wahrscheinlichkeit, dass Sie mit AK am Ende die bessere Hand haben, beträgt nur etwa zwei Drittel. Dies ist zwar ein respektabler Vorteil, aber beileibe keine Sieggarantie. Es ist genauso möglich, in einer Hand gute Entscheidungen zu treffen und dafür bestraft zu werden, oder, aus einer anderen Perspektive, schlechte Entscheidungen zu fällen und belohnt zu werden.

Selbst wenn man sich die Ergebnisse etwas langfristiger betrachtet, läuft für den kompetenten Spieler nicht zwangsläufig alles glatt. Ein guter Spieler kann über einen längeren Zeitraum schlecht abschneiden, weil er viele schlechte Karten bekommt, Bad Beats erleidet oder schlicht überdurchschnittlich häufig von einer schlechteren Hand überholt wird. Zu jeder Hand gehört ein großes Glückselement. Diese Glückselemente können sich schnell zu einer Glücks- oder Pechsträhne addieren und dies gilt auch für eine scheinbar große Anzahl von Händen.

Um dies zu verdeutlichen, nehmen wir an, Sie würden eine Woche spielen und hätten 100 Flush Draws. Bei Hold'em beträgt die Wahrscheinlichkeit, einen gefloppten Flush Draw bis zum River zu vervollständigen etwa ein Drittel, das heißt, Sie müssten in diesen 100 Händen eigentlich 33 Flushs treffen. Nehmen wir nun an, während eines guten Laufs treffen Sie 40 Flushs und im Laufe einer Pechsträhne nur 25. Bedenken Sie nun, dass das Gleiche auch für die Flush

Draws Ihrer Gegner gilt. Ihr kurzfristiges Glück bzw. Pech und das Ihrer Gegner kann zu einem sehr unterschiedlichen Wochenergebnis führen. Bei einem schlechten Lauf gewinnen Sie 33 - 25 = 8 Pots weniger als es dem Erwartungswert entspräche. Und wenn Ihre Gegner eine Glückssträhne haben, gewinnen diese 40 – 33 = 7 Pots mehr als es dem Erwartungswert entspräche. Dies ergibt eine Summe von 15 Pots, die Sie weniger gewinnen und 15 Pots machen viel Geld aus.

Dabei haben wir nur die Flush Draws betrachtet, eine der vielen Hundert Variablen, mit denen Sie am Tisch zu tun haben. Wie viele Sets treffen Sie mit Ihren Paaren? Wie oft rennen Sie mit einer Hand wie AQ in AK? Wie oft floppen Sie Two Pair, aber Ihr Gegner trifft etwas Besseres? Es spielt dabei keine Rolle, wie gut Sie spielen, denn diese Statistiken betreffen jeden Pokerspieler kurzfristig und verschleiern das immanente Element der Spielstärke.

3. Langfristig regiert das Können.

Die gute Nachricht für den fähigen Spieler lautet, dass das Glück als Faktor immer mehr verschwindet, je länger Sie spielen. Mathematiker wissen dies intuitiv, aber wenn Sie mathematisch weniger begabt sind, können Sie sich einfach einen Münzwurf vorstellen. Bei jedem Münzwurf beträgt die Wahrscheinlichkeit für Kopf 50 Prozent und für Zahl ebenfalls 50 Prozent. Werfen Sie eine Münze zehnmal, erwarten Sie, dass Kopf und Zahl jeweils etwa fünfmal erscheinen. Die Wahrscheinlichkeiten, dass bei zehn Würfen Kopf mit einer bestimmten Häufigkeit kommt, finden Sie in der folgenden Tabelle (die Zahlen sind gerundet).

Anzahl Kopf	Wahrscheinlichkeit
0	0,1 %
1	1 %
2	4 %
3	12 %
4	20 %
5	25 %
6	20 %
7	12 %
8	4 %
9	1 %
10	0,1 %

Wie erwartet ist fünf die wahrscheinlichste Anzahl, dicht gefolgt von vier und sechs, aber auch die Wahrscheinlichkeit eines extremeren Resultats ist ziemlich erheblich. Die Wahrscheinlichkeit, siebenmal oder öfter Kopf zu werfen, beträgt ungefähr 17 Prozent.

Was aber passiert, wenn wir die Münze 100mal werfen? Berechnen wir nun die Wahrscheinlichkeit, 70-mal oder öfter Kopf zu werfen (die gleiche Proportion wie zuvor), beträgt diese nur noch 0,004 Prozent (oder ein 250stel eines Prozents). Je öfter Sie ein zufälliges Ereignis wiederholen, desto unwahrscheinlicher wird es, ein extremes Resultat zu bekommen.

Diese mathematische Theorie, die oft das "Gesetz der großen Zahlen" genannt wird, hat wichtige Auswirkungen auf das Pokerspiel. Während Sie immer mehr Hände spielen, sinkt die Wahrscheinlichkeit, extrem viel Glück oder Pech zu haben. Spielen Sie ausreichend viele Hände, ist der Glücksfaktor praktisch ausgeschaltet und Ihr Erfolg hängt allein von der Spielstärke ab.

Unglücklicherweise kann es sehr lange dauern, bis der Glücksfaktor eliminiert wird. Wir können behaupten, dass ein guter Spieler fast sicher Gewinn erzielt, wenn er 100.000 Hände gespielt hat, aber auch das ist vor allem dann nicht sicher, wenn er nur leicht besser als seine Kontrahenten ist. Fast sicher gibt es während dieser 100.000 Hände Phasen von 100, 1.000 oder sogar 10.000 Händen, in denen der besagte Spieler Geld verliert, aber diese sollten durch

Perioden ausgeglichen werden, in denen er mehr gewinnt, als er erwarten durfte. Je mehr Hände Sie spielen, desto weniger spielt der Glücksfaktor eine Rolle.[3]

4. Poker ist ein Spiel der kleinen Vorteile

Auf einem Pokertisch wandert viel Geld hin und her. In einer Hold'em-Partie mit Blinds von 20 $/40 $ könnte die durchschnittliche Potgröße zum Beispiel etwa 250 $ betragen. Bei diesen Potgrößen kann man davon ausgehen, dass die erfolgreichen Spieler eine Menge Geld gewinnen. Schließlich verdienen Sie mit jedem gewonnenen Pot mehr Geld als die meisten Menschen an einem Tag!

Aber so funktioniert Poker nicht. Zwar können Sie in einem Pot 250 $ auf einen Schlag gewinnen, doch das kurzfristige Glück sorgt dafür, dass das Geld auf dem Tisch hin und her wandert, und selbst ein guter Spieler wird nicht viel mehr gewinnen, als es dem ihm zustehenden Anteil entspräche. Berücksichtigt man noch das Rake, erzielen selbst die besten Spieler in Relation zur Größe des durchschnittlichen Pots nur einen niedrigen Gewinn. Bei Limit Hold'em etwa gewinnt ein guter Spieler nur eine Big Bet in der Stunde.[4] Auch wenn ein erfolgreicher Spieler bei Blinds von 20 $/40 $ scheinbar Hunderte von Dollar zugleich gewinnt, verdient er in der Stunde vermutlich nur 40 $. Mit anderen Worten benötigt ein guter Limit-Spieler im Schnitt mehrere Stunden, um einen Nettogewinn zu erzielen, der der durchschnittlichen Potgröße entspricht.

All dies kommt daher, dass die Gewinne erfolgreicher Pokerspieler von den gegnerischen Fehlern stammen, die im Allgemeinen von Natur aus klein sind. Beim Poker kann jede Hand gewinnen und man hat nur selten die Nuts. Selbst wenn Ihre Gegner inkorrekt Bets callen, haben sie eine Chance, die Hand zu gewinnen, und falls sie nur ein wenig Ahnung haben, werden sie ihr Geld nicht mit katastrophalen Odds in die Mitte schieben. Diese kleinen Fehler summieren sich im Laufe der Zeit, weshalb die besseren Spieler gewinnen, aber dieser Gewinn wird nie so hoch ausfallen, wie es aufgrund der durchschnittlichen Potgröße den Anschein hat.

---

[3] Dies ist der logische Grund, warum Spitzenspieler langsamere Blind-Strukturen in Turnieren bevorzugen. Der Glücksfaktor nimmt zu, wenn die Blinds rasch ansteigen, da weniger Hände gespielt werden, bevor die Blinds eine kritische Höhe erreichen.

[4] Internet-Spieler messen ihre Gewinnquote in der Regel mit der Einheit Big Bets pro 100 Hände. Viele Internet-Spieler halten etwa 2 Big Bets pro Stunde für eine gute Gewinnquote bei Limit Hold'em (wobei „gut" natürlich ein relativer Begriff ist.)

5. Poker ist ein Spiel mit hoher Varianz.

Dies ist letztlich die Konsequenz aller Poker-Realitäten, die wir zuvor dargelegt haben. Beim Poker kommt es auf Glück und Können an, aber kurzfristig regiert das Glück. Aus diesem Grund sind die kurzfristigen Ergebnisse auch extrem wechselhaft. Nehmen Sie nun noch den Umstand hinzu, dass der Vorteil des guten Spielers sehr gering ist, stellen Sie fest, dass der erfolgreiche Akteur fast genauso viele Verlustsessions wie Gewinnsessions hat! Möglicherweise hat er sogar mehr Verlustsessions, wenn er dazu neigt, nach dem Verlust eines bestimmten Betrags aufzuhören.[5]

Denken Sie an den Limit-Spieler bei Blinds von 20 $/40 $, den wir zuvor beschrieben haben und der einen durchschnittlichen Gewinn von 40 $ pro Stunde erzielt. In einer sechsstündigen Session beträgt sein Erwartungswert etwa 240 $, also gleich viel wie die durchschnittliche Potgröße. Demnach ist es nicht schwer zu begreifen, dass der Ausgang eines oder zweier Pots eine Gewinnsession in eine Verlustsession verwandeln kann, und umgekehrt. Erleiden Sie einige Verlustsessions in Folge, haben Sie schlagartig eine Pechsträhne[6], während eine Reihe von Gewinnsessions eine Glückssträhne darstellt. Erst nach etlichen Tausend Händen können Sie sich das Gesamtergebnis dieser ganzen Auf und Abs ansehen und den langfristigen Trend erkennen.

Noch eine letzte Bemerkung – schauen Sie sich noch einmal den Titel dieses Kapitels an: "Verständnis und *Akzeptanz* der Realitäten beim Poker."

Sie müssen die fünf Poker-Realitäten verstehen, aber noch wichtiger ist, diese zu akzeptieren. Es bringt zum Beispiel nichts, die hohe kurzfristige Glückskomponente beim Poker zu verstehen, aber dann den Verlust von 40 Big Bets in einer einzigen Session zu beklagen. Ein guter Spieler versteht die Realitäten des Pokerspiels und akzeptiert diese, weil er weiß, dass dies die Natur des Spiels ist, die ihm bei seinem Erfolg behilflich ist.

Mit anderen Worten könnte man sagen: Spielen Sie kein Poker, wenn Ihnen die Regeln missfallen.

---

[5] Wie man sich Verlust-Limits setzt, bei denen man aufhört, ist in Kapitel 9 beschrieben.

[6] Pechsträhnen sind eines der Hauptthemen in diesem Buch. Lesen Sie Kapitel 5, um alles darüber zu erfahren.

2.2. Langfristiges Spiel

Aufgrund der vorherigen Erörterung sollte klar sein, dass es beim Poker ziemlich abwegig ist, kurzfristige Gewinne zu erwarten. Auf kurze Sicht kann ziemlich viel passieren, schlechte Spieler können gewinnen und gute verlieren.

Wollen Sie beim Poker Geld gewinnen, müssen Sie Ihr Spiel langfristig anlegen und die kurzfristigen Risiken akzeptieren.[7]

Die zweite Grundeinstellung des Poker Mindset ist, sein Spiel langfristig anzulegen. Was aber ist mit „langfristig" genau gemeint? Zunächst ist es wichtig anzumerken, dass damit keine unterschiedlichen Spielweisen gemeint sind. Es gibt eine „korrekte" Spielweise in jeder Hand, nämlich diejenige, mit der Sie im Durchschnitt am meisten Geld gewinnen.[8] Ihr Ziel sollte darin bestehen, jede Hand auf diese Weise zu spielen. Es ist sogar einer der Gründe, *weshalb* Sie sich innerlich einer langfristigen Spielweise verpflichten sollten, dass die Konzentration auf kurzfristige Resultate Sie für Spielweisen mit niedrigem Erwartungswert anfällig macht.

Legen Sie Ihr Spiel langfristig an, werden die Ergebnisse einer einzelnen Session Sie nicht sonderlich kümmern, und schon gar nicht die einer einzelnen Hand. Mit einer langfristigen Spielweise sind Sie unabhängig von den kurzfristigen Erfolgen mit den Spielzügen zufrieden, die einen langfristigen Erfolg versprechen.

Ein Spieler, der sich zu sehr auf die kurzfristigen Resultate konzentriert, wird sich nach einer ertragreichen Gewinnsession euphorisch fühlen und nach einer Verlustsession deprimiert. Außerdem ist er für die folgenden Fehler anfällig.

Spielen, um ein ausgeglichenes Ergebnis zu erzielen

Spieler, die sich auf kurzfristige Ergebnisse konzentrieren, setzen alles daran, eine Verlustsession zu vermeiden. Liegen sie zurück, neigen sie dazu, so lange

[7] Langfristigkeit ist beim Poker keine definierte Zeitspanne, sondern kann grob als „die Zeit, in der sich das Glück weitgehend ausgleicht" bezeichnet werden. Diese unterscheidet sich von Spiel zu Spiel.
[8] Man bezeichnet diese auch als die Spielweise mit dem höchsten Erwartungswert.

zu spielen, bis ihr Ergebnis zumindest ausgeglichen ist. Diese Einstellung kann katastrophale Folgen haben.
Zum einen spielen sie vielleicht weiter, wenn sie müde oder gelangweilt sind, und zeigen deshalb nicht ihr bestes Poker. Außerdem kam diese Einstellung vor allem, wenn sie noch weiter in die roten Zahlen stürzen, dazu führen, dass Sie auf Tilt gehen[9], wodurch sie erst recht deprimiert werden. Natürlich verlieren sie wahrscheinlich noch mehr, wenn sie auf Tilt sind, und ihre Chancen, wenigstens ein bisschen zurückzugewinnen, sinken noch weiter. Wie Sie sehen, entsteht ein ziemlich gefährlicher und brutaler Teufelskreis.

Einen Gewinn absichern

Das Gegenteil gilt genauso. Kurzfristig denkende Spieler lieben es, eine Gewinnsession hinzulegen und überschätzen diese in der Regel. Eine bekannte Redensart unter Gelegenheitsspielern lautet, „Hör auf, wenn Du vorne liegst", sie stammt teilweise von dem deprimierenden Gefühl, zunächst im Plus zu sein und anschließend seine Gewinne wieder zu verlieren.

Eines der schlimmsten Szenarien für einen kurzfristig denkenden Spieler besteht darin, seine Gewinne wieder einzubüßen, und das gilt sogar, wenn er dabei gutes Poker gespielt hat. Selbst wenn er an einem günstigen Tisch sitzt und gut spielt, neigt er deshalb dazu aufzuhören, wenn er im Plus ist.

Alternativ könnte ein kurzfristig denkender Spieler sogar noch etwas Schlimmeres anstellen: Er könnte am Tisch sitzen bleiben, aber anfangen, sehr konservativ zu spielen. Dabei lässt er eventuell Spielzüge mit positivem Erwartungswert aus, um nur noch Spielzüge auszuführen, bei denen das Risiko, einen großen Betrag zu verlieren, minimal ist.

Tilt

Ein Spieler, der sich mehr um seine Resultate kümmert als um gutes Poker, geht mit weit höherer Wahrscheinlichkeit auf Tilt, da er sich von einem schlechten Verlauf stärker beeindrucken lässt. Lesen Sie Kapitel 6, um mehr über die Arten und Auslöser von Tilt zu erfahren.

---

[9] Lesen Sie hierzu Kapitel 6.

Wut wegen schlechter Spieler

Ein Spieler, der sich um kurzfristige Ergebnisse kümmert, ist sehr verärgert, wenn er nach einem schlechten Spielzug eines Gegners geschlagen wird. Er hält die Resultate seiner einzelnen Sessions für wichtig und deshalb schmerzt ihn der Verlust eines Pots, den er nach seiner Einschätzung eigentlich hätte gewinnen sollen. Dies gilt vor allem, wenn es sich um einen großen Pot handelte. Unter Umständen verleitet ihn dies dazu, auf den Gegner mit dem schlechten Spielzug böse zu sein und minderwertige Hände zu spielen, wenn sich dieser am Pot beteiligt hat. Vielleicht beschimpft er auch den schwachen Kontrahenten, was immer eine schlechte Idee ist, da dieser den Tisch verlassen oder zumindest besser spielen könnte. Jemand, der sich über den Verlust eines Pots aufgrund fehlerhaften Spiels eines Gegners ärgert, riskiert, selbst schlecht zu spielen, weil er versucht, das verlorene Geld zurückzugewinnen.

Überstürzte Änderungen in der Spielweise

Wer sein Spiel langfristig anlegt, akzeptiert, dass er ohne eigene Fehler kurzfristig Geld verlieren kann. Dagegen wird ein Spieler, der sich um seine kurzfristigen Resultate Gedanken macht, versuchen, die Dinge zum Guten zu wenden, wenn es nicht wie gewünscht läuft. Es ist zwar gut, regelmäßig sein Spiel zu überprüfen und entsprechende Anpassungen vorzunehmen, aber keine gute Idee, sein Spiel aufgrund kurzfristiger Resultate zu verändern. Beachten Sie, dass dies ein verbreiteter Fehler unter mittelprächtigen Spielern ist. Haben diese einen schlechten Lauf, verändern sie ständig ihr Spiel und versuchen auf diese Weise, Ihre Ergebnisse zu verbessern, weil sie nicht begreifen (oder akzeptieren), dass ihre Verluste weitgehend auf kurzfristiges Pech zurückzuführen sind.

Einmal hatte zum Beispiel Ian nach einem Aufstieg auf ein neues Limit nach 6.000 Händen festgestellt, dass AA dort eine unprofitable Hand zu sein schien. Dies heißt nicht, dass er diese Hand schlecht gespielt hat[10] und natürlich auch nicht, dass AA auf diesem Limit per se eine unprofitable Hand ist, sondern einfach nur, dass Ian mit Assen in diesem vergleichsweise kurzen Zeitraum viel Pech hatte. Würde er danach versuchen, die Asse anders zu spielen, hätte dies fast sicher zur Folge, dass die langfristigen Resultate negativ ausfallen.

---

[10] Obwohl die Möglichkeit besteht, dass er unterschwellig auf Tilt war und nach einer bestimmten Zeit anfing, diese Hand schlecht zu spielen.

> Selbstkontrolle: Nehmen Sie sich noch einmal die Fehler vor, die Spieler mit einem Blickwinkel auf kurzfristige Resultate eventuell begehen. Welche davon sind Ihnen schon als Reaktion auf kurzfristige Resultate unterlaufen? Erkennen Sie nun, warum diese Reaktionen schlecht sind? Nehmen Sie sich vor, diese Fehler in Zukunft zu vermeiden.

Unterm Strich ist eine auf Langfristigkeit angelegte Spielweise die *einzige* Methode für erfolgreiches Poker. Spieler, die auf kurzfristige Ergebnisse fixiert sind, geraten in unnötige mentale Schwierigkeiten, die zu schlechten Entscheidungen führen können.

2.3. Legen Sie mehr Wert auf korrekte Entscheidungen als auf Geldgewinne

Der große Vorteil, Poker langfristig zu spielen, besteht darin, sich auf das Wesentliche zu konzentrieren: korrekte Entscheidungen zu treffen. In jeder Hand werden Entscheidungen von Ihnen verlangt. Bei Limit Hold'em stehen Sie permanent vor der Wahl, zu folden, zu callen oder zu raisen. In anderen Varianten sind andere Entscheidungen gefragt. Bei Pot-Limit oder No-Limit müssen Sie über die Höhe Ihrer Bet oder Ihres Raise befinden, während Sie bei Varianten wie Lowball oder Draw Poker eine Entscheidung darüber treffen müssen, wie viele Karten Sie wegwerfen und welche.

An dieser Stelle ist eine Erklärung nötig, was wir meinen, wenn wir von der "korrekten" Spielweise sprechen. In seinem ausgezeichneten Buch *The Theory of Poker* bezeichnet David Sklansky das Folgende als „Der Zentrale Pokerlehrsatz“:

> Jedes Mal, wenn Sie eine Hand anders spielen, als Sie diese mit Kenntnis aller gegnerischen Karten gespielt hätten, profitieren Ihre Gegner. Jedes Mal, wenn Sie Ihre genau so spielen, wie Sie diese im Wissen der gegnerischen Blätter gespielt hätten, verlieren Ihre Gegner. Umgekehrt gewinnen Sie jedes Mal, wenn Ihre Gegner ihre Karten anders spielen, als sie es mit Kenntnis aller Karten täten. Und Sie verlieren jedes Mal, wenn Ihre Gegner die Hände genau so spielen, wie sie es mit Kenntnis aller Karten täten.

Dieser Lehrsatz liefert eine ausgezeichnete und prägnante Erklärung, auf welche Weise beim Poker Geld gewonnen bzw. verloren wird, er sollte aber nicht zur Bestimmung benutzt werden, ob eine konkrete Entscheidung falsch war oder nicht. Das Problem bei Sklanskys Lehrsatz besteht darin, dass er davon ausgeht, Sie hätten vollständige Informationen. Da die gegnerischen Karten verdeckt sind, besitzen wir diese vollständigen Informationen aber praktisch nie.[11] Tatsächlich wäre Poker mit vollständigen Informationen kein besonders attraktives Spiel.

Wenn wir in diesem Buch von der "korrekten Spielweise" sprechen, meinen wir den besten Spielzug, den man aufgrund der Ihnen zur Verfügung stehenden Informationen vernünftigerweise von Ihnen erwarten kann. Unsere Definition richtet sich eher auf die praktische als auf die theoretische Seite des Pokerspiels. Betrachten Sie sich die folgende Hand, um den Unterschied zu erkennen.

Sie spielen Limit Hold'em und halten A♣Q♣. Es entsteht ein großer Pot, auf dem River sind Sie im Heads-Up und das Board zeigt folgende Karten:

A♦J♣9♦8♣7♣

Ihr Gegner setzt. Was machen Sie? Sie halten einen Flush mit einem Ass als höchste Karte, während Ihr Gegner eine Vielzahl schlechterer Hände haben kann, wie ein Set, eine Straight, einen niedrigeren Flush oder sogar Two Pair. Der offensichtliche Spielzug ist ein Raise und gegen die meisten Kontrahenten ist dieser aufgrund der vorhandenen Informationen mit Sicherheit korrekt.
Was ist jedoch, wenn Ihr Gegner T♣9♣ hält? Sie werden vom Straight Flush geschlagen und laut Sklanskys Definition ist ein Fold der theoretisch korrekte Spielzug. Da Sie aber vermutlich keine Möglichkeit haben, zu wissen, dass Ihr Gegner den Straight Flush hat, ist ein Raise unter praktischen Gesichtspunkten in jedem Fall korrekt und ein Fold ein katastrophaler Spielzug. Fast sicher sollten Sie sogar gegen einen Kontrahenten zumindest callen, der bislang auf dem River nur mit den Nuts gebettet hat.

Warum betonen wir, dass es wichtiger ist korrekte Entscheidungen zu treffen als Geld zu gewinnen? Besteht das Ziel beim Poker etwa nicht darin, Geld zu gewinnen? Erneut läuft das Problem auf die kurzfristige Dominanz des Glücks beim Poker hinaus. Auf kurze Sicht gibt es keine Garantie, Geld zu gewinnen,

[11] Es gibt einige Ausnahmen, die aber selten sind. Manchmal offenbaren Gegner aus Versehen ihre Karten und übermitteln dadurch vollständige Informationen. Bisweilen kann man auch ein Verhaltensmuster wahrnehmen, dass zu 100 Prozent zutrifft. Meist ist Poker aber ein Spiel der unvollständigen Information.

da es einfach zu viele Unbekannte und zufällige Variablen gibt. Ein guter Spieler kann fast sicher garantieren, auf lange Sicht Geld zu gewinnen, aber dies gelingt ihm nur, indem er korrekte Entscheidungen fällt. Korrekte Entscheidungen können zu einem momentanen Verlust führen, sind aber die einzige Methode, langfristige Profitabilität sicherzustellen. Sich auf etwas anderes zu konzentrieren, ist völlig nutzlos.

Nehmen wir zum Beispiel an, Sie spielen No-Limit Hold'em und bekommen in später Position ATo. Ein solider Spieler in früher Position raist auf den Standardbetrag und alle Spieler vor Ihnen folden. Sie erkennen, dass ATo eine marginale Hand gegen einen Raise aus früher Position ist und folden korrekterweise. Der Big Blind callt und auf dem Flop kommen AT9. Nach zwei Blanks auf Turn und River verzieht sich der Rauch und der Big Blind gewinnt mit T9s einen großen Pot gegen den Preflop-Raiser, der AK hielt. Hätten Sie vor dem Flop nicht gefoldet, hätten Sie einen riesigen Pot gewonnen.

Dies ist eine der Hände, die einige Spieler aus der Bahn werfen, da sie diese isoliert betrachten, anstatt sie als einen kleinen Unfall in ihrer langen Pokerkarriere wahrzunehmen. Obwohl der Fold in dieser konkreten Hand tatsächlich Geld kostete, war es dennoch die korrekte Entscheidung (sowohl nach unserer als auch nach Sklanskys Definition), die auf lange Sicht Geld spart. Spielt man die Hand nach, erkennt man, dass ATo gegen AKo und T9s nur in etwa 15 Prozent der Fälle auf dem River die beste Hand ist. Der Fold brachte effektiv Geld ein, da man bei diesem Szenario nicht davon ausgehen kann, in 15 Prozent der Fälle mehr Geld zu gewinnen als man in den anderen 85 Prozent verliert.

Dieses Prinzip gilt für jede Entscheidung beim Poker. Treffen Sie die korrekte Entscheidung, ist das konkrete Ergebnis einer Hand irrelevant. Ganz unvermeidlich werden Sie aufgrund des richtigen Spielzugs bisweilen Geld verlieren und andere Spieler mit einem inkorrekten Spielzug gelegentlich Geld gewinnen. Trösten Sie sich damit, dass diese Spieler langfristig ihr Geld verlieren und Sie die besten Chancen besitzen, Geld zu gewinnen, wenn Sie weiterhin gut spielen. Machen Sie sich keine Gedanken darüber, Geld zu gewinnen, sondern konzentrieren Sie sich darauf, korrekte Entscheidungen zu treffen und überlassen das Geld sich selbst.

Selbstkontrolle: Ergreifen Sie beim nächsten Mal, wenn Sie spielen, Maßnahmen, um sicherzustellen, dass Sie nicht wissen, wie viel Geld Sie einer Session gewonnen oder verloren haben. Spielen Sie im Casino, stapeln Sie Ihre Chips unordentlich, damit Sie keinen Überblick haben. Als Internetspieler kaufen Sie sich mit einem krummen Betrag ein und fügen Ihrem Stack ständig zufällige Beträge hinzu. Wenn Sie nicht wissen, wie viel Geld Sie gewonnen oder verloren haben, sollten Sie sich besser darauf konzentrieren können, einfach nur gute Entscheidungen zu treffen.

2.4. Machen Sie sich unempfindlich für Geld

"Ängstliches Geld kann nicht gewinnen."

Dies ist ein häufig bemühtes Poker-Klischee, aber ein äußerst wichtiges Konzept. Der entscheidende Punkt besteht darin: Wenn Sie Poker mit Geld spielen, das Sie fürchten zu verlieren, sinkt die Wahrscheinlichkeit zu gewinnen, da Sie zu suboptimalen Entscheidungen neigen.

Denken Sie daran, die korrekte Entscheidung ist diejenige, mit der Sie langfristig am meisten Geld gewinnen. Konzentrieren Sie sich darauf, kein Geld zu verlieren, versuchen Sie nicht mehr, die korrekte Entscheidung zu treffen. Ihre Entscheidungen folgen dann dem Bemühen um Schadensbegrenzung und reduzierter Varianz. Sie bringen sich selbst um Geld, sobald Sie Hände mit positivem Erwartungswert aufgeben, um die Varianz zu schmälern. Poker ist ein Spiel mit kleinen Vorteilen und die Aufgabe von Situationen mit positivem Erwartungswert kann aus einem erfolgreichen Spieler leicht einen Verlierer machen.

Hoffentlich sind Sie so klug, sich nicht mit Ihrer gesamten Bankroll oder der gesamten nächsten Monatsmiete an den Tisch zu setzen. Allerdings können Sie auch ängstlich spielen, wenn Sie nicht alles riskieren. Zwei Faktoren sind in der Regel ausschlaggebend, mit welcher Wahrscheinlichkeit, Sie zu ängstlichem Spiel neigen:
Erstens, wie groß ist Ihre Bankroll?[12] Haben Sie nicht ausreichend Geld in der Hinterhand, um einen eventuellen Downswing aufzufangen? Haben Sie zuletzt verloren und haben die Marke überschritten, an der Ihre Bankroll nicht mehr das

[12] Mehr zur Diskussion rund um die Bankroll finden Sie in Kapitel 7.

Limit ausreicht, das Sie gerade spielen? (Oder sind Sie gefährlich nah an dieser Marke?) Sind Sie gerade im Limit aufgestiegen und Ihre Bankroll ist jetzt in Bezug auf die Big Bets deutlich kleiner? Wenn einer dieser Punkte zutrifft, steigt die Wahrscheinlichkeit, dass Sie ängstlicher spielen als sonst.

Zweitens, wie ist Verhältnis zum Geld? Sind Sie generell risikoscheu? Ist Ihre Angst, Geld zu verlieren, größer als das Verlangen, es zu gewinnen? Sind Sie bereit, weniger zu verdienen, wenn die Varianz abnimmt? Befürchten Sie Verluste, obwohl Sie eine ausreichend große Bankroll haben? Trifft dies zu, haben Sie ein Problem, da dies keine guten Eigenschaften für einen Pokerspieler sind. Wenn Sie nicht in der Lage sind, eine risikoneutrale[13] Einstellung zum Poker zu entwickeln, sollten Sie entweder aufhören oder mit einer derart großen Bankroll (oder auf sehr niedrigen Limits) spielen, dass die Beträge keine Rolle mehr für Sie spielen.

Mit ängstlichem Spiel laufen Sie Gefahr, in eine Vielzahl von Fallen zu tappen:

Mangelhaftes Schützen Ihrer Hand

Haben Sie Angst vor dem Verlieren, werden Sie mit Ihren schwachen Made Hands nicht häufig genug betten und sind anfälliger, noch überholt zu werden. Sie versuchen, weniger zu verlieren, wenn Sie überholt werden, aber zur Strafe werden Sie häufiger überholt.

Keine Value Bets mit ausreichend starken Händen

Gute Value Bets sind eine der wichtigsten Fähigkeiten beim Poker. Es handelt sich dabei um Bets, die in der Hoffnung gebracht werden, dass der Gegner mit einer schwächeren Hand callt. Nicht ausreichend „For Value“ zu betten ist ein enormer Mangel im Spiel, da Sie mit dem Gewinn eines kleinen Pots zufrieden sind anstatt mehr Geld in einer vorteilhaften Situation zu investieren. Vor allem auf dem River ist dieser Fehler verbreitet, da man dort keinen Anreiz mehr hat, seine Hand zu schützen.

Zu tightes Spiel

Haben Sie Angst, Geld zu verlieren, scheuen Sie vielleicht davor zurück, ohne eine gute Hand zu spielen, obwohl das konkrete Blatt einen kleinen Gewinn

[13] Risikoneutralität wird definiert als eine Einstellung, bei der der Verlust eines Dollars für einen genau denselben Wert hat wie der Gewinn eines Dollars. Lesen Sie Kapitel 3, um mehr zu erfahren.

verspricht. Im Endeffekt verpassen Sie leicht profitable Gelegenheiten, die sich mit der Zeit summieren.

Zu seltene Calls bei Pokervarianten mit großen Bets

Wer ängstlich spielt, callt seltener ohne starke Hand eine hohe Bet bei Pot-Limit oder No-Limit, weil dies mit der Möglichkeit verbunden ist, eine Menge Geld oder sogar den gesamten Stack zu verlieren. Nehmen Ihre Gegner dies erst einmal wahr, beginnen diese, bei jeder Gelegenheit Pots zu stehlen.

Zu seltene Bluffs

Im Grunde wird das Bluffen überschätzt. Anfänger glauben in der Regel, beim Poker ginge es nur ums Bluffen, obwohl gerade auf den niedrigen Limits eine solide Strategie mit wenig Bluffs wesentlich klüger ist. Bluffen Sie jedoch nie oder nur sehr selten, werden Sie für aufmerksame Spieler auf den mittleren und höheren Limits sehr durchschaubar. Wenn Sie ängstlich spielen, werden Sie dazu neigen, auf Bluffs eher zu verzichten, da diese in Limit-Partien nur geringe Gewinnaussichten bieten und bei No-Limit und Pot-Limit sehr riskant sind.

Im Allgemeinen sollten Sie sich in einer Lage befinden, in der Sie einen großen Verlust mit einem Schulterzucken hinnehmen können. Einige Spieler sind dazu in der Lage, aber die meisten nicht. Das Beste, worauf die meisten Spieler hoffen können, ist, die Verluste nüchtern zu betrachten und daran zu denken, dass moderate, kurzfristige Verluste unvermeidlich sind. Wichtig ist dabei, nicht zuzulassen, dass die Furcht vor Verlusten das eigene Spiel negativ beeinflusst.

Natürlich wird es beim Aufstieg in den Limits immer schwerer, mit den Beträgen, die man verlieren kann, leicht fertig zu werden. Die meisten können es akzeptieren in einer Partie mit Blinds von 1 $/2 $ einen Betrag wie 80 $ zu verlieren, da sie solche Beträge ständig für ihre Unterhaltung ausgeben. Für die meisten Menschen ist der Verlust von 1.600 $ in einer Partie mit Blinds von 20 $/40 $ jedoch eine Menge Geld. Dieser Betrag entspricht häufig zwei Monatsmieten oder vielleicht sogar bei einigen dem Monatslohn.

Es ist schwierig, jemandem beizubringen, für Geld unempfindlich zu sein. Jeder muss dies selbst lernen. Wie zuvor angemerkt sind einige Menschen von Natur aus einfach zu risikoscheu, um dieses Ziel jemals zu erreichen. Ungeachtet dessen gibt es drei Punkte, die Ihnen dabei helfen, sich für Geld unempfindlicher zu machen.

Erfahrung – Je mehr Sie spielen, desto vertrauter werden Ihnen die Geldbeträge, um die gespielt wird, und desto weniger tangieren Sie diese.

Bankroll – Der Verlust von 1.600 $ wirkt kleiner, wenn Ihre Bankroll 20.000 $ beträgt.

Getrennte Konten – Ist Ihre Poker-Bankroll völlig getrennt von Ihrem Geld, das Sie für den alltäglichen Lebensunterhalt verwenden, erscheinen Ihnen Ihre Gewinne und Verluste weniger "real".[14]

In der Realität müssen Sie vermutlich eine Kombination dieser drei Maßnahmen ergreifen. Sie sollten dies tun, um dauerhaft den richtigen Spielzug auszuführen und „ängstliches Spiel" zu vermeiden.

Es ist wie gesagt nicht leicht, sich für Geld unempfindlich zu machen und meist ist es ein Prozess, der eine gewisse Zeit erfordert. Stellen Sie stets sicher, dass Sie im Rahmen Ihrer Risikotoleranz und Ihrer Bankroll spielen. Im gleichen Maße wie Sie versuchen, Ihre Bankroll aufzubauen und in den Limits aufzusteigen, sollten Sie an Ihrer Risikotoleranz arbeiten. Denken Sie daran, Sie sind nie dazu gezwungen, in den Limits aufzusteigen, wenn Sie sich dabei unwohl fühlen.

2.5. Lassen Sie Ihr Ego zu Hause

Immer wenn Sie Poker im Fernsehen anschauen, in Ihrem örtlichen Casino oder sogar im Internet spielen, werden Sie über die hohe Anzahl von Spielern überrascht sein, die offensichtlich enorm ausgeprägte Egos haben. Sie werden Spielern begegnen, die sich ihrer Spielstärke brüsten, andere für ihre Spielweise beschimpfen, mit ihren Berufen oder Einkünften angeben und die harmlosesten Vorfälle als persönliche Beleidigungen auffassen.

Geht es Ihnen ernsthaft darum, Geld zu gewinnen, sollten Sie Ihr Ego zu Hause lassen, wenn Sie sich zum Pokerspielen niederlassen. Ihr Ego kann Sie am Pokertisch in alle möglichen Schwierigkeiten bringen.

[14] Lesen Sie Kapitel 10, um mehr über Sinn und Zweck getrennter Konten zu erfahren.

Das Hauptproblem, sein Ego mit an den Pokertisch zu bringen, besteht darin, dass dadurch Ihre Entscheidungen beeinflusst werden können. Denken Sie daran, das Ziel beim Poker ist die korrekte Entscheidung, also diejenige, mit der Sie im Durchschnitt am meisten Geld gewinnen. Sie setzen sich ein neues Ziel, wenn Sie Ihr Ego mit an den Tisch bringen. Nun wollen Sie möglichst viel Geld gewinnen und gleichzeitig Ihr Ego wahren. Dieses neue Ziel kann dazu führen, eine andere Entscheidung zu treffen und diese ist fast immer schlechter. Im Endeffekt schmälert Ihr Ego Ihre Gewinne (oder frisst diese sogar völlig auf).

Wegen Ihres Egos können Sie in diverse Fallen am Pokertisch tappen, wovon die folgenden acht die am meisten verbreiteten sind.

1. Sie callen Bets, obwohl Sie folden sollten.

Psychologisch entspricht Folden der Kapitulation, was einer Niederlage gleichkommt. In einer Partie, die stark vom Ego geprägt ist, kann ein Fold vor allem sehr unattraktiv erscheinen, wenn der Pot groß ist oder Sie eine gewisse Chance sehen, die beste Hand zu halten. Überlegen Sie einen Call, sollten Ihnen folgende Dinge durch den Kopf gehen:

> Mit welcher Wahrscheinlichkeit liege ich vorn?
> Wie groß sind meine Gewinnchancen, wenn ich zurückliege?
> Bekomme ich ausreichende Pot Odds für einen Call?
> Mit welcher Wahrscheinlichkeit blufft mein Gegner?

Ein übermäßiger Einfluss Ihres Egos kann dazu führen, dass Sie irrelevante Faktoren und Gedanken berücksichtigen wie etwa:

> Wirke ich bei einem Fold wie ein Hasenfuß?
> Hält man mich für einen Dummkopf, wenn ich folde und mein Gegner einen Bluff zeigt?
> Ich möchte nicht, dass er mir eins auswischt!

Als Resultat werden Sie häufig callen, wenn die Analyse und die Wahrscheinlichkeit für einen Fold sprechen.

2. Eine persönliche Fehde könnte Ihr Urteilsvermögen vernebeln oder außer Kraft setzen.

Poker ist von Natur ein konfrontatives Spiel. Jeder Dollar, den Sie gewinnen, stammt aus der Tasche Ihrer Gegner und umgekehrt. Es ist völlig normal, dass Konflikte entstehen und Spieler gegen einen oder mehrere Gegner Groll hegen. In der Regel geschieht dies, wenn ein Spieler an einen anderen eine Menge Geld verloren hat und vor allem, wenn dies die Folge von einigen Bad Beats war. Der Verlierer möchte sich an seinem Gegner rächen und ihm zeigen wer der Chef ist oder ihn schlecht aussehen lassen.

Das unerfreuliche Resultat könnte darin bestehen, dass Ihr Groll zu schlechten Entscheidungen führt. Eventuell lassen Sie sich dazu hinreißen, sich mit diesem Spieler an Pots zu beteiligen, um Ihr Geld zu gewinnen oder Ihrem Rivalen wenigstens eins auszuwischen. Zudem schenken Sie einem Gegner vielleicht so viel Aufmerksamkeit, dass Sie den anderen Spielern am Tisch zu wenig Beachtung schenken.

3. Vermutlich sind Sie zu sehr darauf bedacht, die Session mit einem ausgeglichenen Ergebnis abzuschließen.

Erinnern Sie sich noch an unseren Hinweis, dass es eine schlechte Idee ist, ein „ausgeglichenes Ergebnis“ anzustreben, wenn Sie zurückliegen? Einer der Gründe dafür, dies zu versuchen, könnte Ihr Ego sein. Nichts schmerzt das Ego eines Spielers so sehr, wie mit weniger Geld aufzustehen als er sich an den Tisch gesetzt hat. Dies könnte wie das Eingeständnis wirken, er sei der Partie nicht gewachsen gewesen und hätte sich besser gar nicht erst hingesetzt. Vor allem beim Spiel im Casino kann es negative Gefühle hervorrufen, sich vor acht oder neun anderen Spielern zu erheben und den Rest seines Stacks zusammenzuraffen – das Eingeständnis einer Niederlage.

Daher tun dies manche Spieler nicht. Sie spielen hartnäckig weiter und hoffen, zumindest ihren Verlust wieder hereinzuholen und ihren Stolz zu wahren. Unglücklicherweise lässt vermutlich die Qualität ihres Spiels nach, da immer mehr spekulative Spielzüge unternommen werden, um das Geld zurückzugewinnen, und die Konzentration wegen Ermüdung oder Langeweile nachlässt. Je mehr sie verlieren, desto stärker der Wille, wenigstens einen Teil davon wieder hereinzuholen. Diese Spieler befinden sich in einem Teufelskreis, der hätte vermieden werden können, wenn ihr Ego ihnen gestattet hätte, nach einem vergleichsweise kleinen Verlust aufzuhören.

> Selbstkontrolle: Legen Sie einen Betrag fest, der in Ihrer Partie einen moderaten Verlust darstellt. Dies könnten 25 Big Bets bei einem Limit-Spieler und zwei Buy-Ins bei einem No-Limit-Spieler sein. Wenn Sie bei Ihren nächsten Sessions diesen Betrag verloren haben, hören Sie auf. Aus Pokersicht bringt Ihnen dies wenig, aber Sie werden sich an den Gedanken gewöhnen, mit Verlust aufzuhören.

4. Vielleicht spielen Sie auf einem zu hohen Niveau.

Poker ist nur dann langfristig profitabel, wenn Sie mit schlechteren Spielern messen. Gemäß einer bekannten Redensart verliert sogar der zehntbeste Spieler der Welt langfristig Geld, wenn er darauf beharrt, gegen die neun besseren Spieler anzutreten.

Spieler mit ausgeprägtem Ego gestehen sich nicht gerne ein, dass sie ihren Gegnern unterlegen sind, nicht einmal sich selbst. Als Resultat nehmen sie an Partien teil, in denen sie schlicht kein Geld gewinnen können. Genauso verlassen Sie trotz besserer Möglichkeiten einen Tisch nicht, der sich plötzlich zum Negativen entwickelt hat (zum Beispiel weil die schwachen Spieler aufgehört haben), da sie weiterhin glauben, erfolgreich abschneiden zu können.

5. Sie könnten Ihre Gegner mit Spielzügen beeindrucken wollen.

Manchmal kommen Sie in Versuchung, Spielzüge auszuführen, die gut aussehen, aber kaum funktionieren können. Beispiele sind etwa ein Raise auf dem River mit einem Bluff oder ein Raise auf dem Flop mit einer schwachen Hand. Das soll nicht heißen, dass es für solche Manöver keine Berechtigung gäbe, aber Sie sollten aus gutem Grund ausgeführt werden. Ihr Ego mischt sich in ihre Entscheidungen ein, wenn Sie verrückte Spielzüge wagen, die nur alle Jubeljahre funktionieren und nach denen Sie mit einem Freudenschrei die Karten auf den Tisch knallen können.

Das Gegenteil trifft genauso zu. Manche Spieler werden verlegen, wenn sie eine Hand falsch gespielt haben oder etwas versucht haben, das fehlgeschlagen ist. Um ihre Scham zu verringern, versuchen sie alles, um ihre Hand nicht vorzeigen zu müssen. Dazu zählen unter Umständen Folds auf Bets, die gecallt werden sollten oder sogar Folds ohne vorherige Bet. Manche Spieler gehen sogar noch weiter und wagen von Vornherein keinen Bluff, weil sie Angst haben, erwischt zu werden. Verlegenheit ist die Kehrseite eines zu großen Egos und muss genauso aus Ihrem Spiel verschwinden. Überdies kann ein miserabler Spielzug großartige Konsequenzen nach sich ziehen, wenn Ihre Gegner Sie in den nächsten Händen unterschätzen!

6. Sie steigen womöglich nicht im Limit ab, obwohl dies vonnöten wäre.

Zu den demütigsten Dingen, die ein Pokerspieler tun muss, zählt der Abstieg in den Limits. Fast alle Spieler hassen dies, weil es zumindest kurzfristig ein Hinweis darauf ist, auf dem aktuellen Limit nicht erfolgreich bestanden zu haben. Niemand möchte in einer Partie spielen, die unter seiner Würde ist und schon gar nicht in einem Casino, wo die Kollegen zuschauen und den schlechten Lauf beobachten können.

Tatsache ist jedoch, dass Sie in den Limits absteigen *müssen*, wenn Sie für ein höheres Niveau keine ausreichende Bankroll mehr haben. Andernfalls riskieren Sie Ihr gesamtes Spielkapital, um Ihr Ego zu befriedigen. Es ist keine Schande, etwas zu tun, das Ihre Bankroll schützt und Ihnen langfristige Profitabilität garantiert.

7. Sie könnten versehentlich Informationen an Ihre Gegner preisgeben.

Wiederholt werden Sie Spieler beobachten, die am Pokertisch Ihr Wissen demonstrieren. Unter anderem

- Erörtern sie, warum sie eine Hand in einer bestimmten Weise gespielt haben
- Erzählen sie anderen Spielern, was sie anders gemacht hätten
- Beschimpfen sie andere Spieler wegen ihres schlechten Spiels

Aus strategischer Sicht entsteht daraus kein Vorteil. Sind Ihre Gegner schwach, zahlt es sich nicht aus, sich als Raubtier des Tisches anzupreisen. Sind Ihre Gegner dagegen stark, ist es Ihnen lieber, wenn diese Sie als schwachen Spieler ansehen und deshalb vielleicht inkorrekt gegen Sie spielen.

Aus welchem Grund haben manche Spieler deshalb das Gefühl, ihr Können zu demonstrieren? Zum Teil mag es darum gehen, das Schweigen zwischen den Händen zu füllen und gesellig zu sein, aber zu einem großen Teil liegt es am Ego. Unterbewusst oder aus anderen Gründen wollen Pokerspieler von ihren Mitspielern als kompetent angesehen werden. Die meisten halten sich für gute Spieler und möchten auch so wahrgenommen werden, obwohl dies langfristig ihre Gewinnquote senkt.

Informationen darüber preiszugeben, wie Sie bestimmte Hände spielen, ist noch schlimmer! Wollen Sie den besseren Spielern am Tisch auf die Nase binden, dass Sie Top Pair nach einem Raise auf dem Turn folden bzw. mit einem Flush Draw auf dem Flop raisen? Ohne es zu wissen liefern Spieler, die ihr Ego an den Tisch bringen, ihren Gegnern die Mittel, um sie zu schlagen.

8. Eventuell vertreiben Sie Spieler, die andernfalls geblieben wären.

Natürlich besteht das hässliche Ende dieses verbalen Imponiergehabes darin, dass gute aber geltungssüchtige Spieler andere wegen eines Spielzugs, den sie für schlecht halten, beschimpfen und herabsetzen. Das ist nicht nur unerfreulich, sondern aus Pokersicht völlig idiotisch. Schlechte Spieler sollten gehegt und gepflegt werden. Durch sie wird Poker für gute Spieler profitabel und für durchschnittliche Spieler billiger. Wenn Sie schwache Spieler als Ihre „Kunden“ betrachten, wird schnell deutlich, dass es kein gutes Geschäftsgebaren ist, diese zu beschimpfen.

Wenn Spieler gescholten werden, kann man häufig verfolgen, wie sie einfach den Tisch verlassen. Schwache Spieler pokern im Allgemeinen zum Spaß und es macht ihnen keinen Spaß mehr, wenn sie öffentlich in Verlegenheit gebracht und verhöhnt werden. Natürlich ist es schlecht, wenn ein schwacher Spieler den Tisch verlässt, da die durchschnittliche Spielstärke steigt. Dies gilt umso mehr auf den hohen Limits, wo schwache Gegnerschaft selten ist. Jedoch besteht die Gefahr, dass einige Menschen dies dennoch tun, um ihr Ego zu befriedigen.

Zu lernen, Ihr Ego zu unterdrücken oder zumindest zu kontrollieren, wird Ihnen dabei helfen, diese acht Fallstricke zu umgehen. Ein starkes Ego, mit dem Sie eventuell sogar angeben, hält sie nicht davon ab, erfolgreich Poker zu spielen, sofern Sie nicht zulassen, dass es Einfluss auf Ihre Entscheidungen nimmt. Einige Spieler sind sogar für ihr immenses Ego berühmt. Dennoch, vor allem bei Cash-Game-Spielern kann das eigene Ego die Gewinnquote schmälern. Vermutlich haben Sie von vielen der besten Cash-Game-Spieler noch nie etwas gehört. Sie nehmen an den Partien mit hohen Einsätzen in Casinos und im Internet teil und gewinnen in aller Seelenruhe eine Menge Geld. Würden Sie einen dieser Spieler ansprechen, würde er sich vermutlich sehr bescheiden über seinen Erfolg äußern und vielleicht sogar seine Gewinne ganz abstreiten. Diese Spieler haben begriffen, dass ihre Gewinnquote viel wichtiger als ihr Ego ist.

Wollen Sie diesen Spielern nacheifern, brauchen Sie unter Umständen einen völlig anderen Ansatz beim Poker. Vergessen Sie, was andere Spieler über Sie denken, da dies schlicht unwichtig ist. Vor allem Internetspieler können ziemlich sicher sein, ihrem Gegner nur am Tisch und nirgends sonst zu begegnen. Nutzen Sie den Aufwand, den Sie zur Stärkung Ihres Egos betreiben, für produktivere Projekte.

- Konzentrieren Sie sich auf Ihr eigenes Spiel und die optimalen Entscheidungen anstatt sich über die Meinung Ihrer Gegner von Ihnen Gedanken zu machen.
- Wenn Ihnen ein Gegner einen Bad Beat zufügt, versuchen Sie anschließend nicht, den Verlust wieder hereinzuholen, sondern machen sich eine Notiz, wie er die Hand gespielt hat und nutzen diese Information zu einem späteren Zeitpunkt zu Ihrem Vorteil.
- Liegen Sie in einer Session zurück und werden müde, hören Sie auf und spielen morgen wieder. Spielt es wirklich eine Rolle, wann Sie Ihre Verluste wieder hereingeholt haben, wenn Sie langfristig zu den Gewinnern zählen?
- Anstatt über Pokerstrategie zu diskutieren, sollten Sie lieber den anderen Spielern zuhören und deren Denkweise begreifen.
- Anstatt Ihre Gegner wegen schlechten Spiels zu beschimpfen, sollten Sie diese bestärken und ihnen eine freudige Erfahrung schenken, damit sie wieder mit Ihnen spielen.

Ihr Ego ist Ihr Feind. Arbeiten Sie genauso daran, es auszuschalten, wie an allen anderen Defiziten in Ihrem Spiel.

2.6. Halten Sie alle Emotionen von Ihren Entscheidungen fern

Ein immer wiederkehrendes Thema dieses Kapitels ist, irrelevante und gefährliche Gedanken zu eliminieren. Im vorigen Abschnitt lernten Sie, dass viele Spieler bei Entscheidungen Faktoren wie ihr Ego oder ein bestimmtes Image zu Unrecht einfließen lassen. Davor diskutierten wir, wie ängstliches Spiel zu suboptimalen Entscheidungen führen kann. Tatsächlich geht es in diesem Buch häufig darum, sich auf das Wesentliche zu konzentrieren und gleichzeitig alles Unwichtige von Ihren Entscheidungen fernzuhalten. Emotionen sind ein weiterer bedeutender Faktor, den Sie abstellen sollten.

Viele Spieler lassen zu, dass ihre Emotionen ihre Entscheidungen beeinflussen, obwohl diese darauf keine Auswirkungen haben sollten.

Bei einigen Sportarten können Emotionen von Vorteil sein. Zum Beispiel könnte ein Football-Trainer versuchen, seine Spieler zu motivieren, indem er bei ihnen Emotionen wie Wut, Hass oder Mannschaftsgefühl weckt, die diese unter Umständen dazu ermuntern, härter zu trainieren oder noch mehr zu geben. Poker unterscheidet sich von Football und anderen vergleichbaren Sportarten darin, dass Emotionen einem Pokerspieler kaum weiterhelfen. Emotionen verstehen weder die Pot Odds noch können sie die gegnerische Hand analysieren. Sie helfen einem nicht bei der Auswahl der Starthände und auch nicht dabei, die zweitbeste Hand aufzugeben. Emotionen verklären lediglich Ihr Urteilsvermögen und lenken Ihre Aufmerksamkeit auf Dinge, an die Sie nicht denken sollten.

Emotionen können unzählige negative Auswirkungen auf Ihr Spiel haben, hinzu kommt, dass jeder Spieler anders ist. Aus diesem Grund ist praktisch unmöglich, jeden denkbaren Einfluss aufzuführen, den jede Emotion auf Ihr Spiel haben kann. Dennoch folgt eine kurze Orientierungshilfe über die meistverbreiteten Emotionen am Pokertisch und deren wahrscheinliche Auswirkungen auf Ihr Spiel.

Wut

Wut ist eine gefährliche Emotion am Pokertisch. Jemand der verärgert ist, neigt dazu, eine lockere Hand zu haben und am Pokertisch bedeutet eine lockere Hand Bets und Raises, die nicht gemacht werden sollten. In diesem Zustand kann man auch leicht den Verstand verlieren, wenn das Geringste schief läuft, etwa bei einem Bad Beat oder einer längeren Durststrecke mit schlechten Karten.

Frustration

Frustration ist ein häufiger Feind des Pokerspielers, da sich während einer Partie Poker eine Menge frustrierender Vorfälle ereignen können. Frustrierte Spieler neigen zu überhasteten Aktionen, weil sie die Fähigkeit verlieren, Entscheidungen korrekt zu durchdenken.

Trübsal

Ein deprimierter Spieler ist selten in der richtigen Verfassung, um Poker zu spielen. Er glaubt, die Welt hätte sich gegen ihn verschworen, und wird jede Facette entdecken, die ihn in seinem Glauben bestätigt. Vermutlich geht er immer vom schlimmsten Fall aus und verpasst deshalb mehr Raises als er sollte. Außerdem foldet er vermutlich zu oft.

Angst

Die Angst, sein Geld zu verlieren, wurde in diesem Kapitel bereits thematisiert. Ein Spieler kann auch Furcht vor den anderen Spielern am Tisch haben, was dazu führt, dass er Konfrontationen aus dem Weg geht und Value Bets bzw. Raises versäumt.

Fröhlichkeit

Ein übermäßig fröhlicher Spieler hat vermutlich nicht viele Probleme am Tisch, neigt aber dazu, seine Entscheidungen nicht sorgfältig genug abzuwägen und seine Chancen zu überschätzen.

Mitleid

Mitgefühl für einen bestimmten Spieler kann zur Folge haben, diesen zu verschonen oder ihm zu besserem Spiel zu verhelfen. Beides bringt Ihnen unter dem Strich nichts.

Hochmut

Kommt bekanntlich vor dem Fall! Wollen Sie mehr über den Schaden erfahren, den diese Emotion anrichten kann, lesen Sie noch einmal den Abschnitt, in dem es darum ging, sein Ego zu Hause zu lassen.

Nervosität

Vor allem in großen Turnieren oder nach einem Limit-Aufstieg neigen einige Spieler zur Nervosität. Wer nervös ist, kann sich womöglich nicht konzentrieren oder Gedankengänge zur korrekten Schlussfolgerung führen. Außerdem geben Sie unter Umständen unbewusst Informationen preis. Beispielsweise zittern nervöse Spieler oft, wenn sie eine starke Hand halten.

> Selbstkontrolle: Schreiben Sie die Emotionen nieder, die sich Ihrer am Pokertisch am häufigsten bemächtigt haben, und was diese in der Regel hervorruft. Schon die Kenntnis dieser Emotionen und deren Hintergründe ist der halbe Weg zur Besserung. Bei Ihrer nächsten Pokerpartie beobachten Sie sich selbst, ob Sie die üblichen emotionalen Reaktionen unterdrücken oder wenigstens ihr Ausmaß reduzieren können.

Unglücklicherweise können sehr wenige Spieler ihre Emotionen komplett abstellen. Diesen Charakterzug müssen wir schlicht akzeptieren und uns darauf einstellen. Es gibt jedoch für einen Pokerspieler zwei Gegenmittel für seine Emotionen:

1. Spielen Sie nicht, wenn in einem emotionalen Zustand sind, unter dem Ihr Spiel leiden könnte.
2. Gestehen Sie sich Ihre Emotionen ein, aber lassen Sie nicht zu, dass diese Ihre Entscheidungen beeinflussen.

Der erste Punkt ist natürlich wesentlich einfacher zu bewerkstelligen und vor allem, wenn sie besonders aufgewühlt sind, die geeignete Maßnahme. Allerdings darf man nicht vergessen, dass Emotionen in der Psyche immer präsent sind. Keine Frage, wenn Sie am Tisch sitzen, fühlen Sie *etwas*, auch wenn es unbedeutend sein kann. Selbst wenn Sie sich völlig gelassen an den Tisch setzen, ruft Pokerspielen per se Gefühle hervor, was vermutlich dazu führt, dass die Gelassenheit nicht lange anhält.

Daher ist es wichtig, das zweite Gegenmittel zu beherrschen: die Emotionen zu akzeptieren, aber nicht zuzulassen, dass diese die Entscheidungen beeinflussen. Genau genommen ist dies der Schlüssel, um Tilt zu vermeiden und zu überwinden, ein Thema, dem wir uns detailliert in Kapitel 6 widmen. Bei jeder Entscheidung müssen Sie versuchen, diese ausschließlich aufgrund der Karten und der Analyse Ihres Gegners zu treffen.

2.7. Widmen Sie sich fortwährend der Analyse und der Verbesserung Ihres Spiels

Das Großartige am Poker ist, dass jedes erreichte strategische Niveau weitere Schichten freilegt. Zum Beispiel lernen die meisten aufstrebenden Spieler als Erstes, tight zu spielen, sprich, welche Hände sie vor dem Flop spielen sollten und welche nicht. Sobald sie einige grundlegende Richtlinien für die Starthände erlernt haben, steigt in der Regel ihre Gewinnquote deutlich an. Anschließend finden sie jedoch heraus, dass sie nach dem Flop zu passiv spielen. Dann lernen sie starkes, tightes, aggressives Poker zu spielen und verbessern sich erneut und sind dadurch vielleicht in der Lage, ein höheres Limit zu schlagen oder eine bessere Gewinnquote auf dem aktuellen Niveau zu erzielen.

Darüber hinaus gibt es weitere Punkte, die gemeistert werden müssen: Pot Odds, Handanalyse, Täuschung, Semi-Bluffs, Manipulation der Potgröße, Isolation etc. Durch jede neu hinzugekommene Fähigkeit werden sie besser und erhöhen ihre langfristige Gewinnquote. Für Spieler, die fortwährend analysieren, studieren, lernen und sich verbessern ist der Himmel die Grenze. Man kann nie an den Punkt kommen, an dem man alles über Poker weiß, selbst die besten Spieler lernen immer weiter.

Allerdings ähnelt Poker sehr stark der Situation, mit einem alten Auto einen steilen Berg hochzufahren. Sie kommen stetig voran, solange Sie aufs Gaspedal treten. Aber sobald Sie vom Gas gehen, kommt der Wagen abrupt zum Stillstand. Noch schlimmer, bringen Sie ihn nicht rasch wieder zum Fahren, rollt er rückwärts den Berg hinunter.

Sie müssen sich fortwährend bemühen, Ihr Spiel zu verbessern. Selbst wenn Sie nur eine langsame, schrittweise Verbesserung feststellen, müssen Sie diesen Schwung aufrechterhalten. Sobald Sie nicht mehr danach trachten, sich zu verbessern, wird Ihr Spiel stagnieren und sich anschließend genauso sicher verschlechtern, wie der alte Wagen den Berg hinunterrollt.

Anfänger, die ernsthaftes Interesse am Poker zeigen, brennen oft darauf zu lernen und nehmen sehr rasch viele Informationen auf. Als Resultat macht ihr Spiel in den ersten Monaten erstaunliche Fortschritte und sie nehmen auch danach eine permanente Verbesserung wahr. Allerdings kommen viele an den Punkt, an dem sie den Enthusiasmus sich weiterzuentwickeln verlieren. Sie beginnen, die Zeit, die sie für das Pokerstudium aufgewendet haben, mit Spielen zu verbringen oder verschwenden sie auf dem Golfplatz. Sie stützen sich auf immer weniger Informationsquellen, bis ihr Pokerstudium an einem Punkt ankommt, wo sie nur noch einen gelegentlichen Blick in die Pokerzeitschrift werfen, während sie auf einen freien Tisch warten.

Selbstkontrolle: Denken Sie an den Moment zurück, als Sie das erste Mal Poker gespielt haben und versuchen Sie sich zu erinnern, wie lernbegierig Sie waren. Sind Sie heute weniger lernbegierig? Wenn ja, warum?

Es gibt viele Gründe, warum langjährige Pokerspieler mit der Zeit weniger Lerneifer entwickeln. Es folgen einige davon:

Selbstzufriedenheit

Anfänger, die verlieren, haben einen starken Antrieb, sich zu verbessern. Sie wollen genauso gut sein wie die Spieler, die Geld gewinnen. Sie hören, dass es nicht schwer ist, auf den unteren Limits erfolgreich abzuschneiden und erkennen, dass sie mit ein wenig Aufwand bei einem Spiel, das ihnen Spaß macht, Geld gewinnen können.

Wenn Sie denselben Spieler einige Monate verfolgen, hat er sich möglicherweise auf ein Niveau verbessert, das für Gewinne ausreicht. Er gewinnt auf den niedrigeren Limits eine oder zwei Big Bets pro Stunde und ist froh darüber. Obwohl er gerne auch auf den höheren Limits erfolgreich abschneiden und größere Summen gewinnen würde, spürt er kein brennendes Bedürfnis mehr, den dafür notwendigen Aufwand zu betreiben. Vielmehr gibt es andere Dinge, mit denen er lieber seine Zeit verbringt, da er nun beim Poker "ein erfolgreicher Spieler ist".

Die Illusion der Meisterschaft

Poker hat große Ähnlichkeiten mit der perfekten Beherrschung einer Fremdsprache. Die meisten Menschen schaffen es nicht, eine Sprache so fließend zu sprechen, dass ein Muttersprachler nichts bemerkt. Dabei gibt es viele Ebenen. Auf der ersten Ebene kann jemand mit einem anderen eine einfache Unterhaltung führen. Dann ist man in der Lage, eine komplizierte Diskussion auszutragen. Und schließlich lernt man die Umgangssprache und technische Ausdrücke, mit denen man eine Firma leiten oder eine Klasse unterrichten kann. Beim Erlernen einer Fremdsprache befindet man sich oft auf einem bestimmten Niveau und erreicht dann das nächste. Auf dem nächsten Niveau hat man dann ein tieferes Verständnis dafür, was es heißt, eine Sprache "fließend" zu sprechen.
Beim Poker verhält es sich genauso, aber unglücklicherweise haben einige Spieler einen sehr reduzierten Blick darauf, was es wirklich heißt, ein guter Pokerspieler zu sein. Sobald sie ein gewisses Niveau erreicht haben, glauben sie, das Spiel zu beherrschen und sich nicht weiter mit dem Studium beschäftigen zu müssen. Womöglich sind sie an einen Punkt gelangt, an dem sie aufgrund der Schwäche ihrer Gegner Geld gewinnen, aber nicht erkennen, dass sie weiterhin eklatante Mängel in ihrem eigenen Spiel haben. Metaphorisch gesprochen glauben sie, sie würden eine Sprache beherrschen, sobald sie den Weg zum Postamt erfragen können.

Ein verbreitetes Muster bei solchen Spielern besteht darin, dass sie wiederholt bei ihren Versuchen scheitern, auf einem höheren Limit erfolgreich abzuschneiden (und dies dem Pech zuschreiben). Schließlich gehen sie bei einem dieser Versuche Pleite oder geben auf und messen sich weiterhin mit den schlechtesten Spielern auf den niedrigsten Limits, während die etwas Reflektierteren vielleicht am Ende auf die Idee kommen, am eigenen Spiel arbeiten zu müssen, und das Studium wieder aufnehmen.

Nachlassende Begeisterung

Wenn sie das erste Mal Poker spielen verspüren die meisten Menschen eine riesige Begeisterung. Sie wollen ihre gesamte Freizeit mit Pokerspielen und -studium verbringen. Schlussendlich lässt die ursprüngliche Euphorie jedoch nach und obwohl sie weiterhin gern am Tisch sitzen, wird der Lernaspekt immer unattraktiver. Das Ergebnis ist ein deutlicher Rückgang der Zeit, die für die Analyse der Resultate und das Studium aufgewandt wird.

Selbstkontrolle: Stellen Sie an sich selbst eine nachlassende Begeisterung für Poker fest, sollten Sie eine neue Variante erlernen. Wenn Sie Cash-Games spielen, nehmen Sie an einigen Turnieren teil. Spielen Sie nicht nur Hold'em, widmen Sie sich auch Omaha. – Abwechslung ist die Würze des Lebens!

Stagnation

Häufig haben Spieler den Eindruck, ihr Spiel würde sich nicht mehr verbessern, obwohl sie hart daran arbeiten. Anschließend verlieren sie den Zusammenhang zwischen Studium und Verbesserung aus den Augen und stellen ihre Bemühungen ein. Im Übrigen tritt dieser Fall in der Regel ein, wenn der Spieler sich auf die falschen Bereiche konzentriert oder die falschen Methoden angewandt hat. Vielleicht hatte er auch nur kurzfristiges Pech und kann die positiven Ergebnisse seiner Anstrengungen deshalb nicht erkennen. Wie auch immer, es ist höchst unwahrscheinlich, dass er an einem Punkt angekommen ist, an dem kein Studium mehr weiterhilft.

Es ist ein großer Fehler, sich nicht mehr die Zeit zu nehmen, das eigene Spiel zu verbessern. Poker ist extrem komplex und der Kreislauf des Studiums und der Verbesserung sollte nie aufhören. Eine der bekanntesten Redensarten über Texas Hold'em von Mike Sexton bringt diesen Gedanken auf den Punkt:

"Man braucht fünf Minuten, um Poker zu lernen, und ein Leben, um es zu beherrschen."

Spitzenspieler sind in vielen Dingen unterschiedlicher Meinung, aber sie sind sich allesamt darin einig, dass sie immer noch dazu lernen.

Einige Spieler sind mit ihrem Spiel und ihrer Gewinnquote zufrieden, wenn sie ein bestimmtes Niveau erreicht haben, und sehen keine konkrete Veranlassung, sich weiter zu verbessern. Sie haben überhaupt nicht verstanden, dass es auch Rückschritt gibt. Denken Sie noch einmal an den alten Wagen am Berg. Nehmen Sie den Fuß vom Gas, bleiben Sie nicht nur stehen, sondern rollen rückwärts. Genauso lässt auch ein Pokerspieler zumindest relativ nach, wenn er nicht weiter an seinem Spiel arbeitet. Dafür gibt es zwei Gründe:

Erstens kann man sich schlechte Angewohnheiten aneignen, die nie ausgemerzt werden, wenn man sich nicht weiter mit Poker beschäftigt. Die Langfristigkeit beim Poker dauert so lange, dass *sehr* viel Zeit vergehen kann, bis Sie diese

Mängel erkennen. Nehmen wir zum Beispiel an, Sie eröffnen bei Limit Hold'em mit KJo in früher Position. Dies ist kein großer Fehler, aber Sie werden sicher keinen Spitzenspieler finden, der diese Spielweise empfiehlt. Vermutlich gewinnen und verlieren Sie einige große und kleine Pots. Unterm Strich wissen Sie nicht genau, ob Sie mit dieser Spielweise erfolgreich sind oder nicht, da Sie sich nicht Ihre Resultate betrachten.

Vielleicht kostet Sie dieser Spielzug nur 0,03 Big Bets pro Hand, aber dies summiert sich mit der Zeit. Möglicherweise haben Sie noch andere schlechte Angewohnheiten. Vielleicht folden Sie zu oft auf dem River oder valuebetten nicht häufig genug mit Ihren Draws, oder Sie begehen einen der unzähligen Fehler, der für sich genommen noch keine Katastrophe ist, in der Summe aber ein großes Problem darstellt. Würden Sie Ihre Ergebnisse analysieren und Artikel lesen etc., könnten Sie diese Fehler erkennen und abstellen. Aber unter den gegebenen Umständen könnte sich Ihr Spiel im freien Fall befinden.

Zweitens verlieren Sie Ihre Fähigkeit, sich auf Veränderungen einzustellen. Obwohl sich die Pokerregeln sehr selten verändern, entwickelt sich die Dynamik und die Strategie recht schnell. Es ist zwar nicht wahrscheinlich, dass sich ein guter Spieler über Nacht zu einem schlechten entwickelt, weil er seinem Spiel treu bleibt, aber es gibt viel aktuelle Pokerliteratur, die neue Blickwinkel auf alte Strategien und neue Methoden für die Spielweise marginaler Hände liefert.

Sie werden viel weniger in der Lage sein, sich neuen Herausforderungen zu stellen, wenn Sie nicht an Ihrem Spiel arbeiten. Nehmen wir zum Beispiel an, Ihre Stammpartie würde durch den Einfluss neuer, unerfahrener Spieler viel looser. Die optimale Strategie, um diese Spieler zu besiegen, kann sich völlig von Ihrer üblichen Spielweise unterscheiden. Betreiben Sie kein Studium mehr, sind Sie eventuell nicht in der Lage, sich anzupassen. Konkret gesprochen hat sich Ihr Spiel verschlechtert.

Um beim Poker langfristigen Erfolg zu gewährleisten, müssen Sie sich einem langfristigen Programm der Analyse und Weiterentwicklung verschreiben.

Wie sollten Sie dabei vorgehen? Dem modernen Pokerspieler steht eine Vielzahl von Hilfsmitteln zur Verfügung, mit denen er sein Spiel verbessern kann, und Sie sollten so viele möglich davon nutzen.

Selbsthilfe – Machen Sie sich Notizen von Ihren Händen und studieren Sie diese später ausgiebig. Denken Sie daran, festzuhalten, welche Spieler in die Hand verwickelt waren und was Sie über diese wissen. Internetspieler haben sogar die Möglichkeit, sich die Aufzeichnungen einer gesamten Session per Email zusenden zu lassen und dadurch jede einzelne Hand zu studieren. In der Tat ist dies ein starker Grund für Live-Spieler, sich auch im Internet zu betätigen: Es ist dort viel einfacher, sich eine Datenbank aufzubauen, um sein Spiel zu bewerten.

Andere Spieler – Diskutieren Sie mit anderen Pokerspielern, deren Meinung Sie vertrauen, strategische Konzepte. Zwar sind einige gute Spieler ungern bereit, Ihre Geheimnisse zu verraten, aber die meisten werden sich die Zeit nehmen, einem aufstrebenden Pokerspieler weiterzuhelfen.

Bücher – Es gibt für jede Varianten und Spielstärke ausgezeichnete Bücher über Pokerstrategie. Entdecken Sie ein gutes Buch, sollten Sie es so oft lesen, bis Sie die Thematik vollständig verstanden haben.

Internet – Im Internet gibt es eine riesige Menge von Pokerseiten, die von kurzen Tipps bis zu tiefgründigen Strategieartikeln alles anbieten. Das Forum auf unserer Website InternetTexasHoldem.com ist ein ausgezeichneter Ort, um sich die Meinung vieler anderer Spieler einzuholen und um Hilfe zu bitten.

Natürlich spielt auch die Erfahrung eine Rolle. Sorgen Sie aber dafür, dass dies nicht Ihr einziges Instrument zur Verbesserung Ihres Spiels ist.

Zusammenfassung

In diesem Kapitel haben wir sieben wichtige Konzepte diskutiert, die Sie begreifen und verinnerlichen sollten.

1. Verständnis und Akzeptanz der Realitäten beim Poker
2. Langfristiges Spiel
3. Legen Sie mehr Wert auf korrekte Entscheidungen als auf Geldgewinne
4. Machen Sie sich unempfindlich für Geld
5. Lassen Sie Ihr Ego zu Hause
6. Halten Sie alle Emotionen von Ihren Entscheidungen fern
7. Widmen Sie sich fortwährend der Analyse und der Verbesserung Ihres Spiels

Dies sind die Grundpfeiler, auf die sich der Rest dieses Buches stützt, daher ist es wichtig, alle diese Konzepte zu verstehen. Ist Ihnen etwas noch nicht klar, gehen Sie den entsprechenden Abschnitt *jetzt* noch einmal durch, bevor Sie weiterlesen.

Zusammen genommen ergeben diese Konzepte das Poker Mindset, mit dem Sie sich an den Tisch setzen sollten. Das bloße Verständnis der in diesem Kapitel beschriebenen Grundeinstellungen sollte Ihnen helfen, bessere Entscheidungen am Pokertisch zu treffen. Der Rest dieses Buches baut auf diesen Einstellungen auf und zeigt Ihnen, wie diese in vielen verschiedenen Situationen angewandt werden können.

Hören Sie nicht auf weiterzulesen, denn wir haben gerade erst begonnen!

Selbstkontrolle: Finden Sie heraus, welcher der sieben Aspekte des Poker Mindset Ihnen am meisten Schwierigkeiten bereitet. Blättern Sie zurück und lesen Sie diesen Abschnitt *jetzt* noch einmal. Bei der weiteren Lektüre dieses Buches sollten Sie darüber nachdenken, in welcher Weise sich das Gelesene auf das Poker Mindset bezieht (das Buch selbst wird sich immer darauf beziehen). Achten Sie besonders auf die Teile, in denen der Aspekt angesprochen wird, den Sie als Ihren Schwachpunkt ausgemacht haben. Dies kann dazu führen, andere Schwächen, die damit im Zusammenhang stehen, zu entdecken und auszumerzen.

2.8. Rückblick auf das Kapitel

Das Poker Mindset besteht aus sieben Grundeinstellungen, die Sie sich aneignen müssen, um beim Poker langfristig erfolgreich zu sein. Zusammen bilden diese Grundeinstellungen Ihr psychologisches Rüstzeug zur Ergänzung der technischen Seite.

☐ **Verständnis und Akzeptanz der Realitäten beim Poker**

- Sie müssen die fünf Realitäten beim Poker kennen, aber noch wichtiger ist, diese zu *akzeptieren.* Die fünf Realitäten beim Poker sind:
  1. Poker ist ein Spiel, bei dem es Glück und Können gibt.
  2. Kurzfristig regiert das Glück.
  3. Langfristig regiert das Können.
  4. Poker ist ein Spiel kleiner Vorteile.
  5. Poker ist ein Spiel mit hoher Varianz.

☐ **2.2. Legen Sie Ihr Spiel langfristig an**

- Wollen Sie beim Poker verdienen, müssen Sie Ihr Spiel langfristig anlegen und die kurzfristigen Risiken akzeptieren.
- Ein Spieler der sich zu stark auf seine kurzfristigen Resultate konzentriert, neigt zu folgenden Fehlern:
  - Spielen, um ein ausgeglichenes Ergebnis zu erzielen
  - Einen Gewinn absichern
  - Tilt
  - Wut wegen schlechter Spieler
  - Überstürzte Veränderungen in der Spielweise

□ 2.3. Legen Sie mehr Wert auf korrekte Entscheidungen als auf Geldgewinne

- Der große Vorteil, sein Spiel langfristig anzulegen, besteht darin, sich auf das einzig Wesentliche zu konzentrieren: korrekte Entscheidungen zu treffen.
- In diesem Buch wird „korrekter Spielzug" als die beste Spielweise definiert, die Sie anhand der vorhandenen Informationen machen konnten.
- Treffen Sie korrekte Entscheidungen, sind Ihre kurzfristigen Entscheidungen irrelevant, da Sie langfristig Geld gewinnen.

□ 2.4. Machen Sie sich für Geld unempfindlich

- Es ist schwierig, die korrekten Entscheidungen zu treffen, wenn Sie Angst haben, das Geld zu verlieren, das vor Ihnen auf dem Tisch liegt.
  - Sie können in einige Fallen tappen, wenn Sie ängstlich spielen:
  - Mangelhaftes Schützen Ihrer Hand
  - Keine Value Bets mit ausreichend starken Händen
  - Zu tightes Spiel
  - Zu seltene Calls bei Pokervarianten mit großen Bets
  - Zu seltene Bluffs
- Zwei Faktoren beeinflussen in der Regel, mit welcher Wahrscheinlichkeit Sie ängstlich spielen:
  1. Wie groß ist Ihre Bankroll?
  2. Wie ist Ihr Verhältnis zum Geld?

□ 2.5. Lassen Sie Ihr Ego zu Hause

- Wegen Ihres Egos können Sie am Pokertisch in diverse Fallen tappen. Die folgenden acht die sind am weitesten verbreitetet:
  1. Sie callen Bets, obwohl Sie folden sollten.
  2. Eine persönliche Fehde könnte Ihr Urteilsvermögen vernebeln oder außer Kraft setzen.
  3. Vermutlich sind Sie zu sehr darauf bedacht, die Session mit einem ausgeglichenen Ergebnis abzuschließen.

4. Vielleicht spielen Sie auf einem zu hohen Niveau.
5. Sie könnten Ihre Gegner mit Spielzügen beeindrucken wollen.
6. Sie steigen womöglich nicht im Limit ab, obwohl dies vonnöten wäre.
7. Sie könnten versehentlich Informationen an Ihre Gegner preisgeben.
8. Eventuell vertreiben Sie Spieler, die andernfalls geblieben wären.

□ 2.6. Halten Sie alle Emotionen von Ihren Entscheidungen fern

- Viele Spieler lassen zu, dass Emotionen ihre Entscheidungen beim Poker beeinflussen, obwohl Emotionen keinen Einfluss auf den Entscheidungsprozess haben sollten.
- Emotionen können dazu führen, dass Sie suboptimale Spielzüge ausführen, die Sie sonst nicht machen.
- Viele Emotionen können Ihr Spiel beeinflussen, darunter Wut, Frustration, Mitleid, Angst, Fröhlichkeit, Trübsal, Hochmut und Nervosität.
- Es gibt für einen Pokerspieler zwei Gegenmittel für seine Emotionen:

1. Spielen Sie nicht, wenn in einem emotionalen Zustand sind, unter dem Ihr Spiel leiden könnte.
2. Gestehen Sie sich Ihre Emotionen ein, aber lassen Sie nicht zu, dass diese Ihre Entscheidungen beeinflussen.

□ 2.7. Widmen Sie sich fortwährend der Analyse und der Verbesserung Ihres Spiels

- Um beim Poker langfristigen Erfolg zu gewährleisten, müssen Sie sich fortwährend analysieren und weiterentwickeln.
- Stellen Sie das Studium ein, verbessern Sie sich nicht nur nicht mehr, sondern verschlechtern sich sogar.
- Es gibt viele Gründe, warum langjährige Spieler mit der Zeit weniger Lerneifer entwickeln, dazu zählen:

  - Selbstzufriedenheit
  - Die Illusion der Meisterschaft
  - Nachlassende Begeisterung
  - Stagnation
- Spitzenspieler sind in vielen Dingen unterschiedlicher Meinung, aber sie sind sich allesamt darin einig, dass sie noch immer lernen.

Kapitel 3

Wie man seine Instinkte überwindet

"Es ist unmöglich, das Ausmaß zu übersehen, in dem die Zivilisation auf der Unterdrückung der Triebe aufgebaut ist." Sigmund Freud

Es gibt viele verschiedene Bereiche beim Poker, in denen wir das Poker Mindset anwenden müssen. Am wichtigsten ist es, den Bereichen die Stirn zu bieten, in denen wir von Natur aus zur falschen Entscheidung neigen. Ein Grund, warum schwache Spieler am Pokertisch Fehler begehen, hängt damit zusammen, dass viele Entscheidungen beim Poker Vermutungen oder Denkprozesse erfordern, die sich vom täglichen Leben deutlich unterscheiden. Tatsächlich *widerstreben* viele Grundeinstellungen, die man für gutes Poker braucht, unseren Instinkten.

Zum Verständnis des Pokerspiels müssen wir die Bereiche erkennen, in denen wir uns eine leicht andere Denkart zu eigen machen müssen, um die optimalen Resultate zu erzielen. In diesem Kapitel werden sechs dieser Bereiche umrissen und wir beschließen es mit den so genannten „Sechs Wahrheiten der Poker-Intuition". Sie werden nicht nur erkennen, wie Poker in bestimmter Weise „die Regeln verändert", sondern auch, wie sich das Poker Mindset auf diese Veränderungen bezieht.

3.1. Aktion und Reaktion

Es liegt in der menschlichen Natur, den Zusammenhang einer Aktion und deren Resultat (der Reaktion) zu betrachten. Die Herstellung dieser Zusammenhänge ist das Rückgrat menschlichen Lernens. Diese können ein sehr unbedeutendes und offensichtliches Ausmaß haben, wie etwa die Erkenntnis, dass ein Luftballon platzt, wenn man in ihn hineinsticht. Andererseits gibt es aber Zusammenhänge, die durch komplizierte Interaktion entstehen, wie etwa die Beobachtung, dass Sie an Glaubwürdigkeit verlieren, wenn Sie bei einer Lüge erwischt wurden. Einer der Schlüssel menschlicher Entwicklung ist die Erkenntnis und Verwertung möglichst vieler dieser Zusammenhänge. In

Wirklichkeit basieren fast alle unsere täglichen Handlungen auf zuvor beobachteten Wirkungen und Gegenwirkungen.
Ein großer Vorteil der Beobachtung dieser Gegenwirkungen besteht darin, Veränderungen vornehmen zu können. Hat eine Aktion nicht die gewünschte Folge, können Sie beim nächsten Mal anders handeln und erkennen, auf welche Weise sich die Reaktion verändert hat. Werfen Sie Ihrem Freund beispielsweise einen Ball zu und dieser fliegt über dessen Kopf hinweg, werden Sie beim nächsten nicht so fest werfen. Das wiederum kann zu einer Überkompensation führen, wodurch der Ball schon vor ihm auf den Boden fällt. So geht es immer weiter.

Solche Anpassungen sind nicht zwangsläufig physischer Natur wie die oben genannte. Am Arbeitsplatz könnte ein Abteilungsleiter neue Arbeitsläufe einführen, um die Produktivität seines Teams zu steigern. Anschließend wird er die daraus resultierenden Veränderungen wahrnehmen und seine Strategie so anpassen, dass er in der nächsten Phase die optimalen Ergebnisse erzielt. In diesem Fall ist der Zusammenhang zwischen Wirkung und Gegenwirkung etwas weniger offensichtlich und bedarf sorgfältiger Analyse.

Beim Poker kann der Zusammenhang zwischen Wirkung und Gegenwirkung (bzw. in diesem Fall zwischen Entscheidungen und Resultaten) noch schwieriger zu erkennen sein. Jede denkbare Aktion kann ein breites Spektrum an Ergebnissen zur Folge haben – gute wie schlechte – und dadurch wird der gesamte Lernprozess bedeutend schwieriger. Dieselbe Lernmethode beim Poker anzuwenden wie beim Werfen eines Footballs kann Probleme verursachen.

Einige Szenarien beim Poker können mathematisch gelöst werden. Zum Beispiel kann man leicht beweisen, dass es bei Limit Hold'em fast immer korrekt ist, mit einem Nut Flush Draw auf dem Flop eine Bet zu callen. Die meisten Situationen sind jedoch weit komplizierter. Es ist nicht beweisbar, ob in mittlerer Position mit 66 ein Fold, ein Call oder ein Raise die beste Spielweise ist, da dies schlicht von zu vielen Variablen in der konkreten Situation abhängt. In diesen Fällen können Sie entweder von anderen lernen oder sich schlicht auf Ausprobieren verlassen.

Beim Herumprobieren entsteht das Problem, dass wir instinktiv die Aktion verändern, wenn diese zuvor Ergebnisse hervorgebracht hat, die wir als schlecht wahrnehmen. Dies ist eine Reaktion, vor der sich ein Pokerspieler sehr in Acht nehmen muss. Beim Poker können optimale Aktionen zu negativen Ergebnissen führen. Zum Beispiel können Sie nach einem Raise vor dem Flop mit AA viele Bets verlieren, wenn ein Gegner ein Set floppt. Umgekehrt könnten Sie mit K9 einen Preflop-Raise callen und einen Gegner mit AK eliminieren, wenn der Flop K96 bringt. Dies sind beliebige Beispiele, aber das Prinzip gilt für alle Entscheidungen am Pokertisch.

Nur weil Sie gewinnen, spielen Sie nicht zwangsläufig gut, und nur weil Sie verlieren, spielen Sie nicht unbedingt schlecht.

Dies ist ein wichtiger Punkt, den Pokerspieler verstehen müssen. Ansonsten laufen Sie Gefahr, zu Unrecht Veränderungen an Ihrem Spiel vorzunehmen oder aufgrund kurzfristiger, positiver Ergebnisse an schlechten Spielzügen festzuhalten. In den oben genannten Beispielen spielt der Akteur mit AA beim nächsten Mal seine Asse vielleicht zu vorsichtig und der Spieler mit K9 wird in seinem Glauben bestärkt, der Call eines Raise mit K9 sei in Ordnung.

Selbstkontrolle: Betrachten Sie sich noch einmal die Tabellen für die Starthände in einem Strategiebuch wie *Internet Texas Hold'em*. Spielen Sie Hände, die in dieser Tabelle nicht auftauchen? Es ist gut möglich, dass Sie diese Hände spielen, weil Sie aufgrund kurzfristiger Resultate glauben, diese seien profitabel. Immer wenn Ihre eigenen Gedanken der Meinung der meisten anderen kompetenten Spielern widersprechen, sollten Sie innehalten und die Möglichkeit in Betracht ziehen, dass Ihre Meinung auf einem subjektiven Gefühl oder einer Folge abnormaler Ergebnisse beruht.

Natürlich ist es unumgänglich, aus Ihren Fehlern zu lernen, um Ihr Spiel zu verbessern. Eine Methode besteht darin, Ihre Ergebnisse zu analysieren. Allerdings können Sie erst dann beginnen, aufgrund dieser Ergebnisse Veränderungen vorzunehmen, wenn Ihre Analyse sich auf langfristige Resultate stützt. Langfristigkeit kann aber viel weitreichender sein, als Sie denken. Wie im vorigen Kapitel erörtert, kann es Zehntausende von Händen dauern, bis ein Spieler überhaupt annähernd seine langfristige Gewinnquote kennt. Bei der Betrachtung bestimmter Spielzüge kann diese Anzahl noch viel höher sein, da Sie eventuell gar nicht die Möglichkeit haben, diesen öfter als alle ein paar Hundert Hände auszuführen.

Nehmen wir zum Beispiel an, Sie wollen herausfinden, ob es besser ist, mit AA in früher Position zu raisen oder in der Hoffnung zu callen, anschließend einen Reraise bringen zu können. Wie groß muss Ihr Erfahrungsschatz sein, um einigermaßen sicher sein, die korrekte Entscheidung zu treffen?

Durchschnittlich bekommen Sie AA alle 221 Hände ausgeteilt. Etwa ein Drittel davon wird in früher Position sein (ausgehend von einem vollbesetzten Tisch).

Hinzu kommt, dass in einigen Fällen schon jemand vor Ihnen geraist hat. Sie brauchen im Schnitt daher etwa 700 Hände, um einen Versuch zu starten. Kommen Sie zu dem Entschluss, dass 100 Versuche jedes Spielzugs eine vernünftige Stichprobe ist, um eine Schlussfolgerung zu ziehen, müssen Sie 140.000 Hände spielen!

Man könnte argumentieren, dass ein Thema nicht besonders wichtig ist, wenn es 140.000 Hände dauert, um zu einem aussagekräftigen Fazit zu kommen. Es gibt beim Poker aber Hunderte solcher Szenarien. Nehmen Sie bei allen aufgrund kurzfristiger Resultate Veränderungen vor, kann es sein, dass Sie zusammen genommen enorme Summen verschleudern.

Sie müssen begreifen, dass auch beim Poker die Gesetze von Wirkung und Gegenwirkung gelten, aber in einer völlig anderen Weise als im Alltag. Die Resultate Ihrer Aktionen werden kurzfristig extrem volatil sein und dies so stark, dass es sich fast nicht lohnt, sich darüber Gedanken machen. Die meisten Spieler haben Probleme, dies zu verinnerlichen und stellen sich Fragen wie:

- Wie kann ich gegen Spieler verlieren, die eindeutig schlechter sind?
- Wie kann ich an einem Abend gewinnen und am nächsten verlieren, obwohl ich an beiden Tagen gleich gut gespielt habe?
- Warum treffe ich offenbar in letzter Zeit keinen Flush, keine Straight oder kein Set mehr?

Die Fähigkeit eines Internetspielers, seine Statistik zu analysieren, kann dazu führen, dass dieser tiefgründigere und spezifischere Fragen stellt:

- Warum verliere ich mit AJ Geld, während ich mit AQ und AT gewinne?
- Warum ist 84s bei mir eine profitable Hand?
- Warum gewinnt dieser Spieler viel Geld, obwohl meine Statistik ausweist, dass er schlecht ist?

In jeder Pokerpartie, ob im Casino oder im Internet, werden Sie vermutlich Spieler treffen, die sich ähnliche Fragen wie diese stellen. Diese Spieler neigen dazu, aufgrund Ihrer Beobachtungen irrational zu handeln. Sie fangen an, 84s zu spielen und bei AJ vorsichtig zu werden. Sie geben Ihre Draws zu schnell auf und lassen sich von Bad Beats frustrieren. Kurz gesagt verfallen Sie auf viele Dinge, die Ihnen langfristig schaden.

Seien Sie kein solcher Spieler. Stellen Sie sicher, dass Sie sich auf das Resultat vieler Versuche stützen, wenn Sie einen *definitiven* Zusammenhang zwischen einem Spielzug und seinen Ergebnissen herstellen. Ein Problem dabei ist, dass Sie oft mit Entscheidungen konfrontiert sind, bei denen Sie nur über begrenzte Informationen verfügen, wie etwa die Anpassung an den Stil unbekannter Gegner. In diesem Fall müssen Sie begreifen, dass Ihre Entscheidungen auf Daten basieren, die nicht beweiskräftig sind, und darauf vorbereitet sein, mit einem Zuwachs an Informationen Ihr Spieler neu anzupassen. Ein Problem besteht auch darin, dass viele Spieler ein selektives Erinnerungsvermögen haben und zu langfristigen Schlussfolgerungen gelangen, die sich lediglich auf wenige Hände stützen, in denen sie Glück oder Pech hatten. Konzentrieren Sie sich bei Ihren Entscheidungen auf solide Prinzipien, anstatt sich auf Ihr Gedächtnis zu verlassen.

3.2. Zielsetzungen

Ambitionierte und engagierte Menschen neigen dazu, sich im Leben Ziele zu setzen. Diese können langfristig sein (etwa die Gründung einer Familie oder ein berufliches Ziel), mittelfristig (Ablegen der Promotion oder ein niedrigeres Handicap beim Golf) oder kurzfristig (rechtzeitiger Abschluss eines Referats oder das Bezahlen von Rechnungen).

Sich Ziele zu setzen wird im Allgemeinen positiv eingeschätzt, da man sich dadurch auf das Wesentliche konzentrieren kann und beim Fortschritt den wichtigsten Maßstab anlegen kann: sich selbst. Menschen ohne Ziele (entweder explizit oder implizit) sind in der Regel unkonzentrierter und nach allgemeiner Einschätzung seltener erfolgreich.

Es bringt tatsächlich nur wenige Nachteile, sich im Leben Ziele zu setzen. Erreicht man seine Ziele oder übertrifft diese sogar, gibt dies dem eigenen Selbstvertrauen einen großen Schub und fordert einen heraus, sich noch größere Ziele zu setzen. Verpasst man seine Ziele, ist man entweder motiviert, sie noch härter zu verfolgen oder dazu gezwungen, ihre Erreichbarkeit neu zu überprüfen. In beiden Fällen kann die Messbarkeit des Fortschritts dafür ausreichen, sich zu besseren Ergebnissen anzutreiben.

Gemäß dieser Logik muss es sicher von Vorteil sein, sich beim Poker Ziele zu setzen. In der Tat setzen sich viele Spieler am Pokertisch Ziele. Diese können kurzfristiger Natur sein, wie der Gewinn eines bestimmten Betrags in einer Session oder bis zu einem bestimmten Zeitpunkt in einem Turnier zu verdoppeln, aber auch eher langfristig, wie der Aufbau seiner Bankroll auf einen bestimmten Betrag in einem gewissen Zeitraum.

Leider sind solche Zielsetzungen selten nützlich und können in vielen Fällen dem eigenen Spiel abträglich sein. Grob gesagt kann es gut sein, sich Ziele zu setzen, diese sollten aber nicht finanzieller Natur sein. Dafür gibt es drei wichtige Gründe:

1. Es liegt nur beschränkt in Ihrer Macht, finanzielle Ziele zu erreichen.

Der einzige Grund, sich in Ihrer Karriere und Ihrem Leben Ziele zu setzen, besteht darin, sich auf etwas zu konzentrieren, anstatt seine Zeit zu vertrödeln oder weniger lohnende Ziele zu verfolgen. Dazu gehört, dass es Ihrer Macht liegt, diese Ziele auch zu erreichen oder zumindest Ihre Chancen darauf zu erhöhen.

Bei welchen finanziellen Zielen liegt es beim Poker in Ihrer Macht, diese zu erreichen? Zwar sind Sie letzten Endes dafür verantwortlich, wie viel Geld Sie gewinnen (durch die Qualität Ihres Spiels), aber es ist völlig zwecklos, sich dies als kurzfristiges Ziel zu setzen. Zum einen liegt es nur in Ihrer Macht, Ihre Resultate langfristig zu beeinflussen und zum anderen sollten Sie ohnehin immer innerhalb Ihrer Möglichkeiten optimal spielen.

2. Es ist schwer, Schlüsse daraus zu ziehen, wenn Sie ein finanzielles Ziel verpassen.

Wie reagieren Sie, wenn Sie ein finanzielles Ziel verpassen? Einer der Gründe, sich ein Ziel zu setzen, ist, Lösungen zur Verbesserung zu finden, wenn man scheitert. Was aber können Sie tun, wenn Sie beim Poker ein finanzielles Ziel verpassen? Sie können sehr wenig Rückschlüsse aus diesem Scheitern ziehen, um Ihr Spiel in der Zukunft zu verbessern. Das einzige, was Sie davon haben, ist Enttäuschung.

Erfüllen sich Ihre Erwartungen oder Ziele beim Poker nicht, sollten Sie auf jeden Fall Ihr Spiel analysieren. Das Problem liegt darin, dass Ihre schlechten Resultate möglicherweise durch eine vorübergehende Pechsträhne zustande gekommen sind. Eventuell haben Sie kein bisschen schlechter als sonst gespielt und vielleicht sogar besser.

3. Finanzielle Ziele lenken von Ihrem tatsächlichen Ziel ab.

Der wichtigste Grund, mit finanziellen Zielen beim Poker vorsichtig zu sein, besteht darin, dass dies Sie von Ihrem primären Ziel, korrekte Entscheidungen zu treffen, ablenken kann. Denken Sie daran, das Poker Mindset legt mehr Wert auf korrekte Entscheidungen als auf Geldgewinn. Setzen Sie sich finanzielle Ziele, kann dies zu Situationen führen, in denen Sie zu suboptimalen Entschlüssen neigen, um Ihr Ziel zu erreichen.

Nehmen wir zum Beispiel an, Sie hätten sich zum Ziel gesetzt, 30 Big Bets pro Woche zu gewinnen. Kurz vor Ende des letzten Tags der Woche liegen Sie nur 20 Big Bets vorne. Dies könnte Sie dazu verleiten, eine oder zwei Hände mehr zu spielen oder einigen grenzwertigen Draws hinterher zu jagen. Umgekehrt spielen Sie nach Erreichen Ihres Ziels vielleicht übertrieben konservativ, um sicherzustellen, dass Sie nicht darunter fallen.

Was wäre, wenn Ihr Ziel darin bestünde, in einem Turnier bis zum Ende des dritten Levels verdoppelt zu haben? Liegen Sie in der Mitte des dritten Levels immer noch ungefähr bei Ihrem Anfangsstack, könnten Sie versucht sein, eine Verdopplung zu sehr zu „erzwingen“ und den Pfad der Tugend in einigen großen Pots und mit schwachen Draws verlassen. Die Auswirkung kann nur gering sein, aber jeder Einfluss auf Ihr Spiel, der die Wahrscheinlichkeit für korrekte Entscheidungen senkt, ist schlecht. Sie sollten niemals Ihr Spiel gefährden, nur um ein willkürliches Ziel zu erreichen.

Lohnt es sich also überhaupt, sich beim Poker Ziele zu setzen? Wenn ja, welche? Sich Ziele beim Poker zu setzen *ist* wichtig, aber Sie sollten diese sehr sorgfältig formulieren und darauf achten, dass diese zwei wichtige Kriterien erfüllen: Zum einen müssen Sie in der Lage sein können, dieses Ziel auch zu erreichen und zum anderen darf dieses Ziel nicht im Widerspruch zu Ihrer Maxime stehen, so oft wie möglich die beste Entscheidung zu treffen, oder Sie davon abhalten. Lernziele und -fortschritte sind positive Ziele, da diese abseits des Pokertisches erreicht werden können. Versuchen Sie sich eines der folgenden Ziele oder ein ähnliches zu setzen:

- Ich werde in diesem Jahr alle zwei Monate ein Pokerbuch lesen.
- Von jeder Session in diesem Monat werde ich eine Beispielhand in einem Pokerforum publizieren.
- Ich werde mindestens zwei Stunden pro Woche damit verbringen, mir Beispielhände anzuschauen.

Diese Ziele können Sie direkt umsetzen, sind leicht messbar und werden nicht dazu führen, dass Sie Ihr Spiel gefährden. Haben Sie tatsächlich das Gefühl, Sie müssten sich am Tisch ein Ziel setzen, dann nehmen Sie dieses:

Während dieser Session spiele ich mein bestmögliches Poker und treffe so viele korrekte Entscheidungen wie möglich.

Für jeden ernsthaften Pokerspieler ist dies das optimale Ziel, das man sich setzen kann.

> Selbstkontrolle: Betrachten Sie sich alle Pokerziele, die sich gesetzt haben. Bestehen diese den Test, erreichbar und messbar zu sein, ohne möglicherweise Ihren Entscheidungen am Pokertisch im Weg zu stehen?

3.3. Ist "Durchschnitt" akzeptabel?

Durchschnitt zu sein ist nichts, wofür man sich schämen muss. Schließlich bedeutet dies nur, dass Sie irgendwo in der Mitte liegen, wenn man jeden Einzelnen einer Gruppe von Leuten, die einer bestimmten Tätigkeit nachgehen, in eine qualitative Reihenfolge bringt. Nur sehr wenige Menschen haben die Fähigkeit, sich bei allen ihren Betätigungen auszuzeichnen. Mit einiger Wahrscheinlichkeit müssen Sie akzeptieren, dass Sie bei vielen Dingen Durchschnitt sind und bei einigen anderen vermutlich noch schlechter.

In Wirklichkeit ist die westliche Gesellschaft darauf ausgerichtet, den Durchschnitt positiv einzuschätzen. Eine durchschnittlich gute Bürokraft wird nie gefeuert werden. Ein durchschnittlicher Arzt kann immer noch gut seinen Lebensunterhalt bestreiten. Ein durchschnittlicher Feuerwehrmann ist weiterhin ein geschätzter Arbeitnehmer. In den meisten Berufen ist es also völlig akzeptabel, Durchschnitt zu sein,[15] und die Menschen haben sich daran gewöhnt. Viele sind mit der Mittelmäßigkeit zufrieden und nur wenige haben den Drang, permanent an die Spitze zu streben.

Für einen Pokerspieler ist Durchschnitt immer inakzeptabel. Als durchschnittlicher Spieler verlieren Sie beim Poker Geld. Aus logischen Gründen könnte man meinen, Sie würden ein ausgeglichenes Ergebnis erzielen, aber dies ist aus verschiedenen Gründen falsch.

Das Rake

Jedes Casino verlangt Rake oder eine stündliche Gebühr. Dadurch verschwindet Geld aus dem Kreislauf der Spieler, wodurch jemand, der ansonsten ein ausgeglichenes Ergebnis erzielt hätte, langfristig verliert. Beträgt das durchschnittliche Rake zum Beispiel 0,25 Big Bets und ein Spieler gewinnt 10 Prozent der Pots, zahlt er in 100 Händen 2,5 Big Bets Rake. Folglich verliert ein Spieler, der ohne Rake ausgeglichen abgeschnitten hätte, in Wirklichkeit 2,5 Big Bets pro 100 Hände.

Andere Kosten

Dies gilt hauptsächlich für Live-Spieler. Erzielen Sie beim Poker ein ausgeglichenes Ergebnis, haben Sie effektiv alles "verloren", was an sonstigen Kosten für das Pokerspielen entsteht. Dazu zählt der Sprit für die Fahrt ins Casino, Trinkgeld für die Dealer und die Bedienungen und viele weitere Kosten, die Sie sonst nicht tragen müssten. Natürlich rechnen die meisten diese Kosten nicht nach, wenn sie ihren Erfolg beim Poker überprüfen (außer die Trinkgelder für die Dealer), ein ernsthafter Spieler muss diese aber berücksichtigen.

Gute Spieler pokern häufiger

Das Problem, das Ergebnis eines Durchschnittsspielers als Mittelwert zu betrachten, besteht darin, dass erfolgreiche Spieler in der Regel häufiger pokern als Verlierer. Selbst wenn Sie besser sind als 50 Prozent der anderen Spieler, pokern Sie wahrscheinlich gegen mehr Kontrahenten der besseren Hälfte als der schlechteren. Dies führt unausweichlich zu einem negativen Gesamtergebnis, da Sie langfristig nur Geld gewinnen, wenn Sie gegen Spieler antreten, die mehr Fehler als Sie begehen.

---

[15] Es gibt einige Ausnahmen wie Profisportler und Schauspieler. Im Allgemeinen liegen bei diesen Berufen die Einkünfte sehr weit auseinander.

Selbsttäuschung

Halten Sie sich für einen durchschnittlichen Spieler, besteht eine gute Chance, dass Sie in Wirklichkeit unterdurchschnittlich gut sind. Die meisten Spieler überschätzen die eigenen Fähigkeiten und unterschätzen die der anderen. Diese Tendenz können Sie in allen Lebensbereichen beobachten, da die meisten Menschen die Schwächen der anderen eher registrieren als die eigenen.

Als Konsequenz all dieser Punkte lässt sich festhalten, dass Sie in Wirklichkeit weit besser als der Durchschnitt sein müssen, um erfolgreich abzuschneiden. Poker ist eine Tätigkeit, bei der Durchschnitt einfach nicht ausreicht. Wollen Sie beim Poker gewinnen, muss Ihr Ziel lauten, der beste Spieler am Tisch zu sein.

> Selbstkontrolle: Entwickeln Sie einen Plan, wie Sie Ihr Spiel verbessern. Dazu sollte gehören, dass Sie sich die Zeit nehmen, um Bücher, Magazine, Foren und Handverläufe zu studieren. Außerdem sollte dieser Plan anspruchsvoll genug sein, um Ihren Horizont zu erweitern, aber nicht so anstrengend, dass Sie sich nicht daran halten. Es ist an der Zeit, sich vom durchschnittlichen Spieler in Richtung Pokerelite zu entwickeln.

3.4. Risikoscheu

Riesige Industrien sind aufgrund der Tatsache entstanden, dass die meisten Menschen Risiken scheuen. Die Versicherungsbranche ist dabei die erfolgreichste, sie profitiert davon, dass Durchschnittsbürger Hunderte von Dollar pro Jahr dafür aufwenden, sich gegen die Möglichkeit eines großen finanziellen Verlusts zu schützen.

Die meisten Menschen akzeptieren in der Regel, dass sie sich gegen bestimmte Verluste versichern sollten, aber was ist der Grund dafür? Einige Antworten kann man entdecken, wenn man sich einen Zweig der Wirtschaftswissenschaften anschaut, der die Risikobereitschaft der Menschen untersucht. Die grundlegende Theorie lautet, dass Menschen sich in drei Gruppen einteilen lassen. Sie sind entweder risikoneutral, risikofreudig oder risikoscheu:

Risikoneutral: Sind Sie risikoneutral, glauben Sie an den absoluten Wert des Geldes. Für einen wirklich risikoneutralen Menschen ist es gleich gut, 20 $

zu haben oder eine 50/50-Chance auf 30 $ bzw. 10 $. Er geht jedes Glücksspiel mit positiver Erwartung ein und lehnt jedes mit negativer ab.

Risikofreudig: Ein risikofreudiger Mensch liebt es zu zocken. Er ist zu jedem Glücksspiel mit positiver und neutraler Erwartung bereit und geht vielleicht auch ein Glücksspiel mit negativer Erwartung ein, je nachdem wie groß die Wahrscheinlichkeit gegen ihn steht oder wie risikofreudig er ist.

Risikoscheu: Eine risikoscheue Person mag keine Glücksspiele. Sie wird niemals ein Glücksspiel mit negativer oder neutraler Erwartung eingehen und ist eventuell nicht einmal zu einem Glücksspiel mit positiver Erwartung bereit.

Natürlich ist es nicht ganz so einfach. Wie könnte man sonst erklären, dass jemand in seine Eigenheimversicherung investiert und gleichzeitig Lotto spielt? In welche Kategorie fällt er? Die Einstellung zum Risiko ist in der Tat weit komplizierter als sich dies mit den Begriffen risikofreudig, risikoneutral oder risikoscheu wiedergeben lässt.

Zunächst gibt es beim Glücksspiel einen "Spaßfaktor", der einige Menschen risikofreudiger erscheinen lässt, als sie in Wirklichkeit sind. Selbst ansonsten risikoscheue Menschen gehen Glücksspiele mit negativer Erwartung ein, wenn der damit verbundene Spaß mehr Wert ist als ihre Verluste. Es hat jedoch überhaupt nichts mit „Spaß“ zu tun, wenn jemand hofft, dass sein Haus nicht abbrennt oder er seinen Job nicht verliert und daher werden die gleichen Menschen in diesen Bereichen weiterhin risikoscheu sein.

Menschen sind in der Regel auch von Natur aus risikoscheu, wenn es um hohe Geldbeträge geht. Dies hängt vom Nutzen des Geldes ab. Je mehr Geld jemand anhäuft, umso weniger nützt ihm jeder weitere Dollar. Dies bedeutet, dass der tatsächliche Wert des Geldes sinkt, wenn es um hohe Gewinne geht und steigt, wenn man mit großen Verlusten umgehen muss. Schauen wir uns ein extremes Beispiel an: Wird einem angeboten, zwischen dem Erhalt einer Million Dollar und einer 50/50-Chance auf 2,1 Millionen Dollar zu wählen, erschiene es den meisten Menschen verrückt, die zweite Option zu wählen, obwohl diese den höheren Erwartungswert besitzt.

> Selbstkontrolle: Denken Sie über Ihre eigene Einstellung zum Risiko nach. Wie hoch müsste der Betrag sein, damit Sie ein Glücksspiel mit 50/50-Chance ablehnen würden, bei dem die Ausschüttung 5 zu 4 zu Ihren Gunsten ist?[1]

Im Allgemeinen neigen Menschen dazu, risikoscheu zu agieren. Zwar sind Sie meist gleichgültig, wenn es um niedrige Beträge geht, droht der Unterschied zwischen Gewinn und Verlust aber erheblich zu werden, versuchen die meisten Menschen, diesen zu minimieren.[16] Risiko wird als Feind wahrgenommen, als etwas, das möglichst immer vermieden oder reduziert werden sollte.

Eine verbreitete Fehleinschätzung lautet, dass Pokerspieler risikofreudig sein müssten. Auf viele trifft dies zu, aber nicht auf alle. Ein risikoscheue Person spielt unter Umständen Poker, wenn:

1. Das Vergnügen, das ihm das Pokerspielen bereitet, seine möglichen Verluste mehr als wettmacht. Vermutlich betrachtet er Poker weniger als Glücksspiel, sondern als Investition in seine Unterhaltung. Oder

2. Er ist ein erfolgreicher Spieler und geht das Risiko aufgrund der erzielten Gewinne ein. Denken Sie daran, auch ein risikoscheuer Mensch ist eventuell zu Glücksspielen bereit, wenn sein Vorteil ausreichend groß ist.

Nicht alle Pokerspieler, die Ihnen im Casino oder Internet begegnen, sind zwanghafte Zocker. Die meisten sind vielmehr normale Leute, die nebenberuflich um Geld spielen, dessen Verlust sie sich leisten können. Die meisten machen all das, was „normale" risikoscheue Menschen tun, sie schließen Eigenheim- und Lebensversicherungen ab.

Unabhängig davon, welche Einstellung ein Pokerspieler in seinem Alltagsleben zum Risiko hat, muss er am Pokertisch eine risikoneutrale Grundhaltung einnehmen. Wollen Sie beim Poker Geld gewinnen, müssen Sie möglichst oft den Spielzug wählen, der Ihnen im Durchschnitt das meiste Geld verspricht. Es gibt hierbei keinen Spielraum für Risikokontrolle. Sie werden in Schwierigkeiten geraten, wenn Sie eine Pokerhand (oder noch schlimmer eine ganze Session) spielen und sich Gedanken wie diese machen:

---

[16] Dies wird als Minimierung der Varianz bezeichnet.

Ich möchte viel Geld gewinnen, aber dabei nicht riskieren, zu viel zu verlieren.

Denken Sie daran, Poker ist ein Spiel kleiner Vorteile. Fällen Sie nicht jede Entscheidung aufgrund des maximalen Erwartungswerts, nehmen diese Vorteile noch weiter ab, und treiben Sie dies zu weit, sind Sie kein erfolgreicher Spieler mehr. Ein Spieler, der risikoscheu zu pokern versucht, kann zu folgenden Dingen neigen:

Zu häufiges Vertreiben der Gegner aus dem Pot

Einige Spieler versuchen, Ihre Gegner durch Bets und Raises aus Pots zu vertreiben, da sie befürchten, überholt zu werden und ignorieren dabei, dass ihr Erwartungswert höher wäre, wenn sie einen schlechten Call ihrer Gegner zuließen.

Nehmen wir zum Beispiel an, Sie spielen No-Limit Cash-Game. Auf dem Turn haben Sie eine starke Hand und setzen Ihren Gegner auf einen Draw. Ein guter Spielzug wäre nun eine Bet in Potgröße, wenn Sie davon ausgehen, dass Ihr Gegner diesen Betrag in der Hoffnung auf die Vervollständigung seines Draws mit unzureichenden Pot Odds callt. Ein risikoscheuer Spieler dagegen geht an dieser Stelle vielleicht All-In und ermuntert seinen Gegner zum korrekten Spielzug, dem Fold. Er zieht somit die garantierte “Sicherheit” des existierenden Pots dem kalkulierten Risikos eines noch größeren Gewinns vor.

Da dies aber kein Strategiebuch ist, wollen wir uns nicht zu sehr in die Details der genannten Hand vertiefen. Es kann Situationen geben, in denen ein All-In korrekt ist, entweder weil Ihr Gegner einen sehr starken Draw hält oder weil Sie vermuten, er würde es sogar callen. Abhängig von den Stackgrößen könnte Ihr Gegner sogar die korrekten Pot Odds für den Call eines All-Ins bekommen. Vermuten Sie jedoch, er würde ohne ausreichende Pot Odds callen, sollten Sie auf jeden Fall das Maximum setzen.

Entscheidend ist, dass der Versuch seine Hand möglichst stark zu schützen, häufig nicht der beste Spielzug ist. Niemand verliert gern einen Pot, von dem er glaubt, er hätte ihn durch aggressivere Einsätze gewinnen können, aber nur das Risiko diesen Pot zu verlieren, sollte niemand von der korrekten Entscheidung abbringen. Beim Treffen einer Entscheidung sollte nichts anderes eine Rolle spielen als der mathematische Erwartungswert. Es ist besser, in 90 Prozent der Fälle 60 $ zu gewinnen als in 100 Prozent der Fälle 50 $, egal, wie jämmerlich Sie sich in den 10 Prozent fühlen, bei denen Sie verlieren.

Zu seltene Value Bets

Mit einer Hand, die vermutlich die beste, aber anfällig ist, entscheiden sich viele Spieler nicht zu betten oder zu raisen, weil sie Angst haben, eine spätere Karte könnte die Situation verderben. Sie verzichten darauf, in einer vorteilhaften Lage Geld zu setzen, weil sie bewusst oder unbewusst beim Gewinn eines Pots lieber auf zusätzliches Geld verzichten als zusätzliches Geld verlieren, wenn der Pot an den Gegner geht.

Ein typisches Beispiel ist, wenn ein Spieler eine starke Hand auf dem Turn hat, aber weiß, dass sein Gegner viele Outs hat. Er könnte etwa die Nut Straight haben und aufgrund der heftigen Action vermuten, sein Gegner habe ein Set. Ein risikoscheuer Spieler wartet vielleicht auf den River, bevor er viel Geld setzt. Auf diese Weise kann er vermeiden, zu viel Geld zu verlieren, wenn auf dem River ein Paar auf das Board kommt (wonach sein Gegner ein Full House hat). Aus Sicht der Maximierung des Erwartungswerts sollte man mit den Nuts jedoch versuchen, so viele Bets wie möglich zu gewinnen.

Beachten Sie, dass dies fast das Gegenteil des zuvor beschriebenen Fehlers ist, wodurch Sie erkennen können, wie unterschiedlich sich die Risikoscheu bei verschiedenen Menschen äußern kann.

Beteiligung an weniger profitablen Partien

Im Großen und Ganzen sind Partien mit vielen loosen Spielern die profitabelsten. Dort machen Ihre Gegner die meisten Fehler, wodurch Ihre Gewinnquote steigt. Der einzige Nachteil besteht darin, dass Sie in loosen Partien viele Bad Beats hinnehmen müssen. Viele Gegner spielen minderwertige Hände, um spekulative Draws zu treffen und dies gelingt ihnen von Natur aus gelegentlich.

Manche Spieler sind wirklich davon überzeugt, dass es an diesen Tischen schwieriger sei, erfolgreich abzuschneiden, als an tighten. Dafür führen sie solch armselige Argumente an, wie:

- Top Pair hält nie bis zum Ende
- Man kann seine Hand nicht schützen
- Wenn jeder callt, wird jeder folgende Call immer „weniger schlecht", da sich die Gegner gegenseitig bessere Pot Odds verschaffen

Andererseits akzeptieren einige Spieler zwar, dass loosere Tische langfristig profitabler sind, spielen aber aufgrund ihrer Risikoscheu dennoch an tighteren Tischen. Sie ziehen kleinere, häufigere Gewinne den höheren Gewinnen und gelegentlichen Verlusten an sehr loosen Tischen vor. Im Endeffekt geben sie langfristig etwas auf, um die Varianz oder das Risiko eines großen Verlusts zu schmälern.[17]

Gehören Sie zu diesen Spielern, unterschätzen Sie vermutlich die Dimension dessen, was Sie aufgeben. Kurzfristig kann es leichter sein, nichts mit den Schwankungen von „No-Fold'em Hold'em" zu tun zu haben, aber langfristig schmälern Sie so in der Regel Ihre Gewinnquote. Am Ende eines Jahres stellen Sie fest, dass Sie die Hälfte, ein Drittel oder sogar noch weniger von dem gewonnen haben, was an besseren Tischen möglich gewesen wäre. Eventuell waren Sie nicht einmal in der Lage, in den tighten Partien positiv abzuschneiden. Wenn man das Rake berücksichtigt, muss man ein sehr starker Spieler sein, um an einem Tisch mit lauter tighten Spielern Gewinn zu erzielen. Das Spielen an diesen Tischen kann ein riesiger Fehler sein, der von Risikoscheu verursacht wird.

Es gibt weitere Beispiele von Risikoscheu, die am Tisch eine Rolle spielen. Einige Spieler raisen nicht häufig genug mit der besten Hand, weil sie einen Reraise befürchten, oder folden mit einem spekulativen Draw, obwohl sie ausreichende Pot Odds haben.[18] Jede Entscheidung, bei der die Angst vor einem Verlust Sie daran hindert, einen Spielzug mit positivem Erwartungswert zu machen, ist ein Zeichen, dass Sie kontraproduktive Risikoscheu an den Tisch mitbringen.

Bei vielen Spieler steht Risikoscheu in direktem Zusammenhang zu dem gespielten Limit. Dies geht auf das zurück, was wir an früherer Stelle über Menschen gesagt haben, die risikoscheuer werden, wenn sie Gefahr laufen, hohe Geldbeträge zu verlieren. Beispielsweise könnte ein Spieler gut mit den gelegentlichen Sessions zurechtkommen, in denen er auf 5 $/10 $ einen Betrag von 500 $ verliert, aber sich trotz ausreichender Bankroll extrem unwohl fühlen, wenn er nach seinem Aufstieg auf 10 $/20 $ mit vierstelligen Verlusten umgehen muss.

---

[17] Es lohnt sich zu erwähnen, dass dieses Verhalten sogar das Gegenteil des erwünschten Effekts auslösen kann. Wenn Sie den Mittelwert und die Varianz einer zufälligen Variablen senken, kann es durchaus sein, dass die Wahrscheinlichkeit eines hohen, negativen Werts höher ist.

[18] Tight-passive Spieler und "Rocks" neigen in der Regel dazu.

An diesem Punkt ist es häufig klug, einen Schritt zurückzugehen und auf dem Niveau zu bleiben, auf dem Sie sich wohlfühlen. Mit Geld zu spielen, vor dessen Verlust Sie sich fürchten, bringt Sie nicht weiter, wie wir im vorherigen Kapitel „Das Poker Mindset" ausgeführt haben. Spielen Sie auf einem Limit, dessen Schwankungen Ihnen Probleme bereiten, laufen Sie bewusst oder unbewusst Gefahr, in einer risikoscheuen Manier zu agieren. In Kapitel 7 betrachten wir uns eingehender den Aufstieg in den Limits und die damit verbundenen Fragen.

3.5. Gier

Wir leben in einer Gesellschaft, die Gier stark verachtet. Wird eine Handlung oder ein Mensch als "gierig" bezeichnet, löst dies im Allgemeinen negative Konnotationen aus, die ausdrücken sollen, dass jemand mehr an sich rafft, als er braucht.

Natürlich kann "Gier" ein höchst subjektiver Begriff sein. Was jemand „braucht", hängt sehr von der Perspektive ab. Allerdings ist in der westlichen Kultur der Gedanke verwurzelt, es sei verwerflich, sich immer mehr von etwas zu nehmen, das man bereits im Überfluss besitzt. Es ist sogar eine der sieben Todsünden!

Beim Poker müssen Sie alle Vorbehalte loswerden, laut denen Gier verwerflich ist. Gier ist beim Poker nicht nur akzeptabel, sondern *lebensnotwendig*. Tatsächlich hilft uns das Poker Mindset sogar dabei – denken Sie an *Verständnis und Akzeptanz der sieben Poker-Realitäten*. Sie müssen möglichst viel Geld aus jeder Situation herauspressen. Denken Sie daran, Poker ist ein Spiel kleiner Vorteile, daher können Sie es sich nicht leisten, irgendwo eine Bet liegen zu lassen. Streben Sie nach allen und rechtfertigen Sie sich nicht dafür.

"*Gier ist gut. Gier ist richtig. Gier funktioniert.*" – Gordon Gekko im Film *Wall Street*

Ein erheblicher Anteil unserer Verachtung der Gier ist ausschließlich unterbewusst und manchmal stellt sich dies am Pokertisch heraus. Einige Spieler checken zum Beispiel in großen Pots auf dem River oder raisen nicht mit einer Hand, die vermutlich die beste ist. Ihre Selbstrechtfertigung lautet, „Der Pot ist groß genug, es gibt keinen Grund, gierig zu sein."

Dieser Gedankengang besitzt keine wirkliche Logik. Der Pot ist nie groß genug und mit der vermutlich besten Hand sollten Sie setzen und raisen! Dies mag im klassischen Sinne des Wortes gierig sein, aber beim Poker gibt es dafür keine Strafe. Gelegentlich werden andere Spieler Sie dafür nicht leiden können, aber in Wirklichkeit können Sie gar nicht anders, als diese Spieler durch gutes Poker zu verärgern. Übrigens ist dies beim Internetpoker selten ein Thema. Die Anonymität des Internets sorgt dafür, dass Menschen ohnehin immer in ihrem Interesse handeln und schamlos betten und raisen, wenn Sie glauben, die beste Hand zu haben.

Eine ähnliche Beobachtung kann man manchmal machen, wenn ein Spieler eine gute Session absolviert. Einige Spieler hören auf, wenn sie einen bestimmten Betrag gewonnen haben, weil sie nicht so gierig sein wollen, noch mehr zu gewinnen. Unterbewusst denken sie, die Strafe für Gier könnte der Verlust ihrer gesamten Gewinne sein. Natürlich ist das unlogisch. Sie können unmöglich glauben, es gäbe jemanden, der Sie für Ihre offensichtliche Gier bestraft. Es handelt sich lediglich um einen Reflex auf die tiefsitzende Doktrin, dass Gier verwerflich sei.[19]

In Wirklichkeit hat der Begriff Gier überhaupt nichts am Pokertisch verloren. Poker ist ein Spiel und das Ziel besteht darin, Geld zu gewinnen. Was einige als „Gier“ bezeichnen, folgt lediglich den Regeln des Spiels. Das Ziel von Poker lautet, so viel Geld wie möglich zu gewinnen. Gefällt Ihren Gegnern dies nicht, sollten sie sich ein anderes Spiel suchen.

3.6. Verworrenes Denken

Was ist verworrenes Denken? Einfach gesagt handelt es sich dabei um einen Gedankengang, der einen logischen Fehler enthält und letztlich keinen Sinn ergibt. Selbst Menschen, die im Allgemeinen für intelligent gehalten werden, haben manchmal Gedankengänge, die zu unsinnigen Schlussfolgerungen führen. Die meisten Leute werden öfter Opfer verworrenen Denkens, als sie es wahrnehmen.

Nehmen wir zum Beispiel an, Sie sehen, wie jemand in einen Laden geht und einen Schokoriegel kauft. Dann öffnet er die Verpackung, aber der Schokoriegel

[19] Lesen Sie Kapitel 9, um ausführlich zu erfahren, wann man eine Session am besten beenden sollte.

fällt dabei auf den Boden. Nun werden einige Leute den Schokoriegel aufheben und essen – viel Vergnügen (dies ist kein Buch über Hygiene)!

Für alle anderen wäre es rational, sich einen neuen Schokoriegel zu kaufen. Schließlich besteht durchaus die Möglichkeit, dass jemand, der vor fünf Minuten einen Schokoriegel wollte, *immer noch* einen will. War er vor fünf Minuten sein Geld wert, ist er dies mit Sicherheit weiterhin. Der einzige wahre Grund, sich keinen neuen Schokoriegel zu kaufen, bestünde darin, sich diesen finanziell nicht leisten zu können.

Dennoch werden viele Menschen ihn nicht kaufen! Sie fluchen, zucken mit den Schultern und gehen weiter, ohne einen neuen Schokoriegel zu kaufen. Irgendwie hat der Umstand, dass Sie einen Schokoriegel gekauft und anschließend fallen gelassen haben, zur Unwilligkeit geführt, einen neuen zu kaufen. Würden Sie die betreffende Person dazu befragen, wäre sie im Allgemeinen nicht in der Lage, eine vernünftige Ursache für ihr Verhalten zu benennen. Sie will einfach kein weiteres Geld für etwas ausgeben, wofür sie glaubt, schon bezahlt zu haben. In Wirklichkeit ist der wahre Grund aber Starrköpfigkeit.

Dies ist nur ein sehr kleines Beispiel für verworrenes Denken. Wie Sie sehen führt verworrenes Denken im Alltag in der Regel nicht zu einer Katastrophe. Jede Form verworrenen Denkens, die ernsthafte Konsequenzen hätte, wird von der Notwendigkeit verhindert. Das Problem beim Poker besteht darin, dass *jede* Entscheidung und *jedes* bisschen verworrene Denken Sie Geld kostet. Und am Schlimmsten ist, Sie bemerken es möglicherweise gar nicht und haben daher keine Vorstellung, wie viel Geld Sie dadurch verlieren.

Es folgt eine unvollständige Liste verworrenen Denkens, das häufig mit an den Pokertisch gebracht wird.

Berücksichtigung irrelevanter Variablen

Schleichen sich irrelevante Faktoren in Ihren Entscheidungsprozess ein, führt dies zu schlechten Entscheidungen. Zwei dieser Faktoren wurden im Kapitel Poker Mindset benannt: Lassen Sie Ihr Ego zu Hause und halten Sie alle Emotionen von Ihren Entscheidungen fern. Häufig ist Ihr Ego der Auslöser für verworrenes Denken und Ihre Emotionen können dies ebenfalls begünstigen und Ihr Urteilsvermögen vernebeln. Passen Sie auch auf, dass Ihre zuletzt gespielten Hände keinen Einfluss auf Ihre Entscheidungen nehmen. Für eine Entscheidung beim Poker sollte es nur einen Grund geben – der korrekte Spielzug in der konkreten Situation.

Falsches Verständnis der Wahrscheinlichkeiten

Mangelhaftes Verständnis der Wahrscheinlichkeit kann bei Zufallsereignissen zu inkorrekten Entscheidungen führen. Ein Beispiel ist der bewusste oder unbewusste Irrglaube von Spielern, ein unabhängiges Zufallsereignis würde von den vorherigen bestimmt. Beispielweise könnte ein Spieler, der drei Flush Draws in Folge getroffen hat, denken, er würde den nächsten mit höherer (oder geringerer) Wahrscheinlichkeit treffen.[20]

Resultatorientiertes Denken

Einfach gesagt besteht resultatorientiertes Denken darin, eine Entscheidung anhand ihres Ergebnisses zu beurteilen. Beim Poker kann ein schlechtes Ergebnis von einer guten Entscheidung rühren und umgekehrt. Resultatorientiertes Denken kann zu einer voreingenommenen Einschätzung bei der Entscheidung führen. Wie bereits erörtert gibt es beim Poker nur einen schmalen Zusammenhang zwischen Wirkung und Gegenwirkung.

Falsche Rückschlüsse

Manchmal scheinen zwei zusammenhanglose Variablen in Beziehung zueinander stehen. Sie könnten zum Beispiel wahrnehmen, dass ein Dealer Ihnen in der Regel bessere Karten gibt als ein anderer, obwohl die Karten beider Dealer völlig zufällig sind und Sie nur kurzfristige statistische Störungen erleben.

Handlungen aus Prinzip

Am Pokertisch gibt es keinen Grund, aus Prinzip zu handeln. Es kann Sie zum Beispiel sehr viel Geld kosten, mit einer schwachen Hand einen aggressiven Spieler bis zum Ende zu callen, *nur weil jemand diesem aus Prinzip Widerstand leisten muss*. Handeln Sie immer, um Ihre Gewinne zu maximieren, und nie aus einem anderen Grund.

Aberglaube

[20] Um die Wahrscheinlichkeiten bei Hold'em vollständig zu begreifen, sollten Sie Matthews Buch *Texas Hold'em Odds and Probabilities: Limit, No-Limit, and Tournament Strategies* lesen.

Aberglaube ist eine irrationale Ansicht, laut der ein Objekt, eine Aktion oder ein Umstand, der in keinem logischen Zusammenhang zum eigentlichen Hergang steht, diesen beeinflusst. Am Pokertisch hat Aberglaube nichts verloren, obwohl man ihm häufig begegnet. Menschen haben „Glücks-“ und „Pechhände“ und glauben an merkwürdige Dinge – wie etwa, man solle immer in der nächsten Hand folden, nachdem man einem Gegner einen Bad Beat zugefügt hat. Immer wenn Sie so handeln, verschenken Sie etwas. Wenn Sie wirklich glauben, es gäbe Mächte außerhalb der Grenzen der normalen Wahrscheinlichkeit, sollten Sie vermutlich besser gar kein Poker spielen.

Dies sind nur einige Beispiele verworrenen Denkens, die Sie am Pokertisch beeinflussen können. Einige Fälle sind tatsächlich *derart* abgedreht, dass sie für die meisten Menschen überhaupt keinen Sinn ergeben. Ian kennt jemanden, der in Casinos kein Blackjack spielt, weil der Dealer seine Karten sehen kann. Er glaubt, dass dies dem Dealer einen Vorteil verschafft, obwohl der Dealer überhaupt keine Entscheidungen beim Blackjack treffen und diese Information daher gar nicht verwenden kann.

Glücklicherweise hat das verworrene Denken diesen Menschen zu einer guten Entscheidung gebracht, da Blackjack ohnehin ein Unterfangen ist, bei dem man nur verlieren kann. Denken Sie jedoch ähnlich, verleitet Sie dies höchstwahrscheinlich zu schlechten Entscheidungen. Gute Pokerspieler lernen, verworrenes Denken komplett von ihrem Spiel fernzuhalten.

Als positives Nebenprodukt schaffen es viele, dies auch aus ihrem Alltag zu verbannen.

> Selbstkontrolle: Versuchen Sie am Ende eines Tages, alle Handlungen aufzuschreiben, die als verworrenes Denken bezeichnet werden können. Dazu sollten alle Handlungen gehören, die keinen logischen Grund haben, darunter die oben genannten Dinge und alles weitere, was Ihrer Meinung nach in diese Kategorie fällt. Seien Sie sich selbst gegenüber ehrlich, Sie werden nicht überprüft und können die Liste jederzeit wegwerfen. Beachten Sie, schon das Auflisten dieser Dinge sorgt in der Regel dafür, dass Sie sich töricht fühlen. Wiederholen Sie dieses Experiment in regelmäßigen Abständen, sollte es Ihnen nicht nur gelingen, diese mit der Zeit abzustellen, sondern auch, diese am Pokertisch leichter zu erkennen.

Zusammenfassung

In diesem Kapitel haben wir sechs Bereiche untersucht, in denen uns instinktives Denken (oder anerzogenes Denken) am Pokertisch Probleme bereitet. Es ist wichtig, dass Sie aus Ihren vorprogrammierten Denkmustern ausbrechen und eine neue Art der Intuition entwickeln – nennen Sie diese Poker-Intuition, wenn Sie mögen. Dies sind die „Sechs Wahrheiten der Poker-Intuition“:

1. Wirkung und Gegenwirkung hängen nur schwach miteinander zusammen.
2. Es ist kontraproduktiv, sich kurzfristige Ziele zu setzen.
3. Durchschnitt ist beim Poker kein akzeptables Niveau.
4. Risikoneutralität ist die einzig akzeptable Einstellung zum Risiko.
5. Gier ist positiv.
6. Es wird klares, logisches Denken verlangt.

All diese Dinge können nicht über Nacht korrigiert werden, sondern bedürfen einer schrittweisen Umprogrammierung Ihrer Instinkte im Laufe der Zeit. Nicht alle Spieler haben mit allen sechs Instinkten Probleme. Einige sind ohnehin zielorientiert, von Natur aus gierig oder von sich aus hochgradig motiviert. Wichtig ist, dass Sie die Wahrheiten erkennen, die Sie betreffen und entsprechend vorgehen.

Die nächsten drei Abschnitte dieses Buchs drehen sich um einige der großen Hürden, die sich Ihnen am Pokertisch in den Weg stellen, insbesondere die Themen Verlust großer Pots, Pechsträhnen und Tilt. Die meisten Spieler reagieren unangemessen, wenn Sie mit dieser unvermeidbaren Situation konfrontiert sind und lassen Ihre Emotionen überhand gewinnen. Dieses Kapitel sollte Ihnen zeigen, wie Sie Ihre Instinkte überwinden können, um den nächsten Schritt zu vollziehen, die Kontrolle Ihrer Emotionen. Sobald wir unsere Emotionen überwunden haben, besitzen wir das gesamte Rüstzeug, um das Poker Mindset konstant anwenden zu können.

3.7. Rückblick auf das Kapitel

Viele Einstellungen, die man für gutes Poker benötigt, stehen in *Widerspruch* zu unseren Instinkten.

- **3.1. Wirkung und Gegenwirkung**
  - Beim Poker kann es schwierig sein, den Zusammenhang zwischen Wirkung und Gegenwirkung (bzw. in diesem Fall zwischen Entscheidungen und Resultaten) zu erkennen.
  - Nur weil Sie gewinnen, spielen Sie nicht zwangsläufig gut, und nur weil Sie verlieren, spielen Sie nicht unbedingt schlecht.
  - Beim Poker gelten die Gesetze von Wirkung und Gegenwirkung, aber in einer ganz anderen Weise als im Alltag. Die Resultate Ihrer Aktionen sind auf kurze Sicht derart volatil, dass man sich um sie fast keine Gedanken machen muss.
  - Stellen Sie einen Zusammenhang zwischen einem Spielzug und seinen Resultaten her, müssen Sie das Ergebnis sehr vieler Versuche betrachten.

- **3.2. Zielsetzungen**
  - Grob gesagt kann es sinnvoll sein, sich beim Poker Ziele zu setzen, aber diese sollten nie finanzieller Natur sein. Dafür gibt es drei wichtige Gründe:
    1. Es steht nur begrenzt in Ihrer Macht, finanzielle Ziele zu erreichen.
    2. Es ist schwierig, Schlüsse daraus zu ziehen, wenn Sie ein finanzielles Ziel verpassen.
    3. Finanzielle Ziele lenken Sie vom tatsächlichen Ziel (korrekte Entscheidungen zu treffen) ab.
  - Zielsetzungen beim Poker *sind* wichtig, solange diese zwei wichtigen Kriterien erfüllen:
    1. Es muss in Ihrer direkten Macht stehen, das Ziel zu erreichen.

2. Das Ziel darf nicht im Widerspruch zu Ihrer obersten Maxime stehen, möglichst oft die richtige Entscheidung zu treffen, oder Sie davon abhalten.

□ Ist "Durchschnitt" akzeptabel?

- Als durchschnittlicher Spieler verlieren Sie beim Poker Geld. Poker ist ein Spiel, bei dem Durchschnitt einfach nicht ausreicht.

□ 3.4. Risikoscheu

- Unabhängig von seiner Alltagseinstellung zum Risiko muss ein Pokerspieler am Tisch eine risikoneutrale Grundeinstellung einnehmen.
- Ein Spieler, der auf eine risikoscheue Weise Poker zu spielen versucht, kann zu folgenden Dingen neigen:
- Er vertreibt seine Gegner zu oft aus Pots.
- Er bettet nicht häufig genug mit seinen guten Händen.
- Er spielt in weniger profitablen Partien.

□ 3.5. Gier

- Beim Poker müssen Sie alle Vorbehalte ablegen, laut denen Gier verwerflich ist. Gier ist beim Poker nicht nur akzeptabel, sondern *lebensnotwendig*.

□ 3.6. Verworrenes Denken

- Bei verworrenem Denken handelt es sich um einen Gedankengang, der einen logischen Fehler enthält, und letztlich keinen Sinn ergibt. Das Problem beim Poker besteht darin, dass jede Entscheidung wichtig ist und jedes bisschen verworrenes Denken Sie Geld kostet.
- Zu den Arten verworrenen Denkens beim Poker zählen:
  - Berücksichtigung irrelevanter Variablen
  - Falsches Verständnis der Wahrscheinlichkeiten
  - Resultatorientiertes Denken
  - Falsche Rückschlüsse
  - Handeln aus Prinzip
  - Aberglaube

□ Zusammenfassung

- Es ist wichtig, dass Sie aus Ihren vorprogrammierten Denkmustern ausbrechen und eine neue Art der Intuition entwickeln – nennen Sie diese Poker-Intuition, wenn Sie mögen. Dies sind die „Sechs Wahrheiten der Poker-Intuition“:
  1. Wirkung und Gegenwirkung hängen nur schwach miteinander zusammen.
  2. Es ist kontraproduktiv, sich kurzfristige Ziele zu setzen.
  3. Durchschnitt ist beim Poker kein akzeptables Niveau.
  4. Risikoneutralität ist die einzig akzeptable Einstellung zum Risiko.
  5. Gier ist gut.
  6. Es wird klares, logisches Denken verlangt.

Kapitel 4

Bad Beats und der Verlust großer Pots

"Niemand ist immer erfolgreich und jeder der dies behauptet, ist entweder ein Lügner oder er spielt kein Poker." – Amarillo Slim

Bislang haben wir in diesem Buch:

- Ein Poker Mindset dargelegt, welches Sie lehrt, beim Poker den korrekten Ansatz zu wählen.
- Die sechs Wahrheiten der Poker-Intuition eingeführt, die einige Fälle illustrieren, in denen der beste Ansatz beim Poker sich grundlegend vom richtigen Ansatz der meisten anderen Alltagsthemen unterscheiden kann.

Im restlichen Buch zeigen wir Ihnen, wie, wann und wo Sie dieses Wissen anwenden können und behandeln jedes Thema einzeln. Sehr häufig wird es um die Folgen der Varianz für Ihr Seelenleben gehen. In diesem Zusammenhang bedeutet Varianz die Fluktuation der kurzfristigen Resultate als Konsequenz der immanenten Zufallskomponente des Pokerspiels. Der logische Punkt, um mit dieser Diskussion zu beginnen, ist der Blick auf die kleinste messbare Einheit der Resultate beim Poker, das Ergebnis einer Hand.

Offensichtlich werden Sie bei jeder Pokerhand entweder gewinnen oder verlieren.[21] Ein Gewinn löst in der Regel positive Emotionen aus, zum Beispiel Freude, Erleichterung oder Stolz. Im Allgemeinen wirken sich diese Gefühle nicht negativ auf Ihr Spiel aus sondern helfen Ihnen sogar, indem sie Selbstvertrauen geben, klareres Denken ermöglichen etc. Es gibt zwar immer die Möglichkeit, dass Sie zu selbstbewusst werden, aber der negative psychologische Effekt dessen ist minimal.

Da viele Spieler an einer Hand teilnehmen und nur einer gewinnt, ist eine Niederlage eher die Norm als die Ausnahme. Beim Verlust eines Pots sind es in

[21] Natürlich können Sie den Pot auch teilen. Bei Hi/Lo-Varianten gibt es auch die Möglichkeit, ein Viertel des Pots zu gewinnen. Dies kann zu Situationen führen, in denen Sie die Hand gewinnen, aber weniger Geld zurückbekommen als Sie investiert haben. Aus Gründen der Vereinfachung werden diese Situationen in diesem Kapitel nicht erörtert.

der Regel nur die größeren, die beim Durchschnittsspieler emotionales Unbehagen verursachen. Beispielsweise werden Hände, die Sie vor dem Flop gefoldet haben, kaum seelische Qualen verursachen, da Sie keinerlei Chips in den Pot investiert haben (außer eventuell einen Blind). Sie werden in der Mehrzahl Ihrer Hände nur wenig oder gar kein Geld verlieren, sofern Sie kein sehr looser Spieler sind. Die Hände, die einen großen emotionalen Einfluss haben, sind diejenigen, in denen Sie einen großen Pot verlieren.

Bei Limit Hold'em kann man vermutlich einen Pot mit acht Big Bets oder mehr als groß bezeichnen und bei No-Limit Hold'em jeden, der mehr als 30 Big Bets beträgt. Der Verlust dieser Pots ist das Thema dieses Kapitels.

4.1. Was passiert, wenn Sie einen großen Pot verlieren?

Die letzte Bet wurde gecallt, die Karten werden umgedreht und der Dealer schiebt Ihrem Gegner den Pot zu, einen großen Pot, in dem Sie sich gute Gewinnchancen ausgerechnet haben. Vielleicht hat Ihr Gegner mit einem legitimen Draw getroffen, vielleicht mit einem völlig abwegigen oder er lag die ganze Zeit ohne Ihr Wissen vorne. Was auch immer der Grund ist, Sie haben nur die zweitbeste Hand und gewinnen deshalb nichts. Dies ist der Punkt, an dem das Unheil beginnt.

Der Verlust eines großen Pots kann sehr aufwühlend sein, weil die menschliche Psyche fragil ist und häufig nicht mit Ereignissen umgehen kann, die unerwartet kommen. Obwohl die meisten Spieler akzeptieren, dass sie ein Glücksspiel betreiben und der Verlust von Pots ein Bestandteil ist, bedeutet dies nicht, ihn leichter akzeptieren zu können, wenn der Fall tatsächlich eintritt.

Natürlich spielt auch der finanzielle Aspekt eine Rolle. Beim Poker geht es ums Geld und der Verlust eines Pots bedeutet einen finanziellen Verlust, da vermutlich ein beträchtlicher Anteil aus Ihrem Stack stammt. Sind Sie ein starker Spieler und es kommt zum Showdown, liegt dies in der Regel daran, dass Sie Ihre Chance, die beste Hand zu halten, recht hoch einschätzen.[22] Eventuell haben Sie das Geld innerlich schon Ihrem Stack hinzugefügt und freuen sich darüber, einen solch beträchtlichen Pot gewonnen zu haben. Einen

[22] Dazu gibt es Ausnahmen. Manchmal ist ein Pot so groß, dass Sie deswegen mit einer sehr geringen Gewinnchance bis zum Ende callen und gleichzeitig wissen, wie gering diese ist.

Pot im letzten Moment weggenommen zu bekommen kann einen schweren inneren Schlag auslösen.

Es gibt weitere Gründe, warum der Verlust eines großen Pots derart wehtut. Für einige Spieler ist ein Verlust vor allem dann eine schmerzhafte Erinnerung an die Zufallskomponente beim Poker, wenn sie ohne eigenes Verschulden einen Pot verloren haben. Es ist, als würde eine Stimme in ihrem Kopf sprechen, „Du kannst alles richtig machen, aber das bedeutet nichts, denn Du bist ein Sklave der Zufallskomponente." Dies steht in Zusammenhang mit der Erörterung von Aktion und Reaktion im letzten Kapitel. Menschen haben gerne das Gefühl, alles unter Kontrolle zu haben und dass Ihre Aktionen ein vorsehbares Resultat zur Folge haben. Leider ist Poker das genaue Gegenteil von Kontrolle und Vorhersehbarkeit, und der Verlust eines großen Pots erinnert daran.

Wie sehr Sie der Verlust eines großen Pots beeinträchtigt, hängt von mehreren Faktoren ab, darunter:

Die Größe des Pots

Natürlich wollen Sie einen Pot umso mehr gewinnen, je größer er ist und sind umso enttäuschter, wenn dies nicht gelingt.

Die Einschätzung Ihrer Gewinnchancen

Callen Sie wegen der Größe des Pots bis zum Ende, obwohl Sie wissen, dass Ihre Siegchancen gering sind, wird eine Niederlage Sie vermutlich nicht so angreifen. Setzen und raisen Sie jedoch, weil Sie sich recht sicher sind, die beste Hand zu haben, kann es ein herber Schlag sein, wenn Ihr Gegner Sie übertrumpft.

Die Art und Weise, wie Sie den Pot verloren haben

Es gibt mehrere Möglichkeiten, einen Pot zu verlieren. Sie können einen Bad Beat erleiden, weil ein Gegner wider alle Wahrscheinlichkeit seinem Draw nachgejagt ist und getroffen hat. Oder Sie verlieren aufgrund eines eigenen Fehlers, weil Sie Ihre Hand nicht ausreichend geschützt haben oder eine klare Verliererhand nicht aufgeben konnten. Ihre Reaktion hängt teilweise von Ihrer Wahrnehmung ab, warum Sie den Pot verloren haben.

Der bisherige Verlauf der Session oder Ihre jüngsten Ergebnisse

Ihre Wahrnehmung des Verlusts eines großen Pots ist vermutlich stark davon abhängig, wie die bisherige Session verlaufen ist oder wie Ihre letzten Ergebnisse waren. Verlieren Sie serienweise große Pots, hat dies häufig wachsenden Einfluss auf Ihre Emotionen, wobei jeder verlorene Pot mehr schmerzt als der vorherige. Oder allgemeiner gesprochen, je schlimmer Ihre Session bislang verlaufen ist, desto mehr wird sich der Verlust eines weiteren Pots auswirken. Dies kann auch in mehreren Sessions hintereinander geschehen. Stecken Sie gerade in einer Pechsträhne, sind Sie emotional anfälliger und eher zu negativen Reaktionen imstande, wenn Sie einen großen Pot verlieren.

Die Frage, ob es sich um ein Turnier oder Cash-Game handelt

In Cash-Games ist der Wert eines Pots offensichtlich, aber in Turnieren gibt es weniger greifbare Faktoren. Der Verlust eines großen Pots zu Beginn eines Turniers ist in der Regel leicht zu verkraften. Sie sind so weit vom Preisgeld entfernt, dass Sie den Chips in diesem Stadium ohnehin keinen besonders großen Wert beimessen. Befinden Sie sich jedoch in der späten Phase eines Turniers, beginnen Sie einen Blick auf die Preisgelder für die vorderen Plätze zu werfen. Der Verlust eines großen Pots in dieser Phase stellt nicht nur Ihre verlorenen Chips dar, sondern auch den Rückgang Ihrer Gewinnchancen auf ein hohes Preisgeld.

Wie adäquat Ihre Bankroll ist

Mit einer großen Bankroll ist es einfacher, einen verlorenen Pot in den richtigen Zusammenhang zu bringen. Mit einer kleinen Bankroll ist die Konsequenz des Verlusts eines Pots deutlich größer und er schmerzt deshalb auch mehr.

Ihre Einstellung

Bringen Sie die richtige Einstellung an den Tisch, kommen Sie mit dem Verlust großer Pots besser zu Rande. Genau darum geht es in diesem Kapitel!

Betrachten Sie sich alle diese Faktoren im Zusammenhang, können Sie erkennen, warum es für viele Spieler so schwierig ist, Ihre Emotionen komplett auszuschalten. Die meisten Pots haben keinerlei Auswirkungen, aber der Verlust der großen Pots wird Sie höchstwahrscheinlich stark beeinflussen. Selbst ein Spieler, der nach außen diszipliniert und ruhig wirkt, kann innerlich zerstört werden, wenn seine Straight auf dem River von einem Flush geschlagen wird.

> Selbstkontrolle: Jeder Pokerspieler hat eine Lieblingsgeschichte über einen für ihn besonders unglücklichen Bad Beat. Denken Sie über Ihre nach und versuchen Sie zu verstehen, warum dieser so wehtat. Überprüfen Sie, ob dies mit den sieben zuvor genannten Faktoren zusammenhängen kann und notieren Sie sich auch alles andere, wodurch diese Hand für Sie besonders bedeutsam wurde. Auf diese Weise gelingt es Ihnen vielleicht, einige Ihrer eigenen Schwachstellen herauszufinden.

Glücklicherweise ist es nicht wichtig, wie der Verlust eines Pots Ihre Emotionen beeinflusst, sondern Ihr Spiel. Emotionen kommen und gehen, aber aus Ärger zum Fenster hinausgeworfenes Geld ist für immer weg. Die Hand ist vorbei und im besten Fall vergessen. Können Sie etwas aus ihr lernen, muss diese als nützliche Information verbucht werden, aber in jeder anderen Hinsicht müssen Sie handeln als wäre diese nie geschehen.

Lassen Sie zu, dass eine einzige schlecht verlaufene Hand Ihr Spiel beeinträchtigt, kann die Strafe gering, aber auch enorm ausfallen. Hüten Sie sich vor den folgenden Fallen, in die ein Spieler tappen kann, der gerade einen großen Pot verloren hat.

Beschimpfen des Gegners

Leider lieben es Spieler nach dem Verlust eines großen Pots, Ihre Gegner für deren Spielweise zu beschimpfen. Dies gilt vor allem, wenn der Verlust (oder das Ausmaß dessen) auf schwaches gegnerisches Spiel zurückzuführen ist. Wie wir in Kapitel 2 ausgeführt haben, ist dies im Hinblick auf Ihre Gewinnquote ein schlechtes Konzept. Sie wollen, dass schlechte Spieler schwach spielen. Denken Sie darüber nach: Warum sollten Sie sich ärgern, wenn andere Spieler Fehler begehen? Wäre es Ihnen lieber, diese spielten perfektes Poker? Es ist nicht sinnvoll, Ihre Gegner schulmeistern zu wollen oder noch schlimmer, diese dazu zu bringen, den Tisch zu verlassen. Denken Sie außerdem an die anderen Spieler an Ihrem Tisch. Letztlich geben Sie Ihren Gegnern Hinweise auf Ihre Denk- und Spielweise und dies werden gute Spieler gegen Sie ausnutzen.

Schlechtes Spiel in der nächsten Hand

Es ist schwierig, sich auf die nächste Hand zu konzentrieren, wenn Sie sich noch über die letzte ärgern. Sind Sie beim Geben der nächsten Hand nicht zu 100 Prozent konzentriert, laufen Sie Gefahr, diese schlampig zu spielen oder etwas zu übersehen, das Ihnen sonst auffallen würde. Dies gilt auch für die nachfolgenden Hände, aber in einem geringeren Ausmaß.

Schlechtes Spiel in späteren Situationen, die ähnlich sind

Menschen scheuen in der Regel vor Situationen zurück, die ihnen in der Vergangenheit Schmerzen verursacht haben. Dies ist im restlichen Leben eine gute Überlebensstrategie, aber am Pokertisch schädlich. Verlieren Sie zum Beispiel mit JJ einen großen Pot und bekommen anschließend wieder JJ ausgeteilt, während Sie der letzten Hand noch nachweinen, spielen Sie diese mit höherer Wahrscheinlichkeit schlecht.

Tilt

Manchmal kann der Verlust eines großen Pots der Auslöser für Tilt sein. Tilt ist ein Begriff, mit dem die meisten Pokerspieler vertraut sind und meint im Grunde, dass man auf bestimmte Weise schlechter als sonst spielt.[23] Die Auswirkungen eines Tilt können katastrophal sein, und daher ist es entscheidend, jeden denkbaren Auslöser vollständig zu begreifen, darunter auch den Verlust großer Pots.

Am einfachsten umgeht man diese Fallen, indem man so an das Pokerspiel herangeht, dass die Ergebnisse einzelner Hände emotional nicht wehtun. Im restlichen Kapitel werden wir zunächst die angemessene Reaktion nach dem Verlust eines großen Pots darlegen. Anschließend erklären wir, wie Sie eine Gefühlshaltung einnehmen, die automatisch zur angemessenen Reaktion unter

[23] Tilt wird erschöpfend in Kapitel 6 diskutiert.

Anwendung des Poker Mindset führt. Schließlich wenden wir uns noch den Bad Beats zu, die einen eigenen Abschnitt verdienen.

4.2. Reaktion auf den Verlust eines großen Pots

Einige Spieler verhalten sich nach dem Verlust eines großen Pots (und anderen Widrigkeiten beim Poker) sehr gut, während andere zu schlechten Reaktionen neigen. In mancherlei Hinsicht hilft Erfahrung. Ein gestandener Profi mit einigen Jahren Routine wird in der Regel besser reagieren als ein Anfänger, der sich gerade an die kurzfristigen Schwankungen gewöhnt. Für die meisten Spieler ist der Erwerb der Fähigkeit, auf ungünstige Verläufe von Händen gut umzugehen, eine Reise, die lange andauert.

Allerdings ist es falsch, anzunehmen, diese Reise verliefe linear oder sei zwangsläufig. Einige erfahrene Pokerspieler geraten immer noch außer sich, wenn sie einen Bad Beat hinnehmen müssen, während einige Anfänger selbst nach der grausamsten Hand eine instinktive, Zen-buddhistische Ruhe behalten. In der Tat ist es nützlicher, sich diese Reise als eine Abfolge von vier Phasen vorzustellen, in der jede Phase eine bessere Reaktion (und eine bessere innere Einstellung) als die vorherige darstellt.

Phase 1 – Ärger

Ein Spieler, der sich in Phase 1 befindet, sieht nur den finanziellen Wert eines verlorenen Pots. Verliert er eine teure Hand, entspricht seine erste Reaktion etwa dem Ärger von jemandem, dem das Portemonnaie gestohlen wurde. Ein Grund dafür ist der Zusammenhang, in den er sein Spielgeld mit Dingen bringt, die er sich dafür kaufen kann. Verliert ein Spieler 50 $, denkt er vielleicht an ein Abendessen in einem Restaurant, bei 200 $ an eine Stereoanlage und bei 1.000 an einen entgangenen Strandurlaub.

Dieser Ärger kann sich auf mehrere denkbare Ziele richten, je nachdem, was in der Hand geschah. Das meistverbreitete Ziel ist der Gegner und dies gilt vor allem, wenn der Spieler glaubt, der Verlust eines großen Pots sei das Ergebnis eines schlechten Spielzugs seines Gegners. Dabei kann es sich zum Beispiel um einen abwegigen Draw handeln, den der Gegner getroffen hat, obwohl die korrekte Spielweise ein Fold gewesen wäre.

Viele Spieler verleihen ihrem Ärger verbalen Ausdruck, indem sie ihren Gegner wegen seines schlechten Spiels schimpfen und herabsetzen. Dies trifft vor allem im Internet zu, wo es in der Regel keine Bestrafung für einen hasserfüllten Ausbruch gibt, der sich direkt an den Gegner richtet.

Resultierte der Verlust eines großen Pots aus einer unglücklichen Folge von Karten (etwa nach einer gefloppten Straight, aber dem Verlust des Pots gegen ein Full House), sucht der Spieler möglicherweise ein anderes Ventil für seinen Ärger. In Casinos ist häufig der Dealer der bedauernswerte Adressat. Im Internet fangen die Spieler an, die Zufälligkeit der ausgeteilten Karten anzuzweifeln. Diplomatischere Spieler geben die Schuld an ihrem Pech dem Schicksal, den Pokergöttern oder einer anderen Instanz, an die sie glauben.

Spieler, die sich in Phase 1 befinden, bringen sich in eine Situation, in der ihr Spiel wahrscheinlich unter dem Verlust eines Pots leidet. Sie beginnen häufig innerlich zu kochen und befinden sich in einem Zustand des Tilt, in dem sie zu loose und zu aggressiv spielen. Eventuell wollen sie auch die Scharte gegen denselben Gegner wieder auswetzen oder solange spielen, bis sie das verlorene Geld zurückgewonnen haben.

Es ist sehr schwierig, ein erfolgreicher Spieler zu sein, wenn man sich in Phase 1 befindet. Womöglich sind Sie technisch gesehen ein guter Spieler, aber dies wird selten die Verluste ausgleichen, die Sie im verärgerten Zustand erleiden.

Phase 2 – Frustration

Spieler, die sich in Phase 2 befinden, haben gelernt, ihre destruktiven Emotionen auszuschalten, wenn sie einen großen Pot verlieren. Diese Situation ist immer noch schmerzhaft, aber sie äußert sich mehr in Frustration als in Ärger. Spieler, die sich in dieser Phase befinden, sind von der Zufallskomponente des Pokerspiels frustriert. Häufig denken sie über das „Wenn doch nur“ der Hand nach.

> Wenn auf dem River doch nur eine Blank gekommen wäre.
> Wenn mein Gegner doch nur auf dem Flop gefoldet hätte, wie es die korrekte Spielweise gewesen wäre.
> Wenn ich meine Hand auf dem Flop doch nur besser geschützt hätte.
> Wenn er doch nur nicht AK bekommen hätte, als ich AQ hielt.
> Wenn ich doch nur meinen Draw nicht getroffen hätte, als ich schon hoffnungslos zurücklag.

Das Problem für Spieler in Phase 2 ist, dass sie immer noch auf kurzfristige Resultate fixiert sind. Das liegt nicht zwangsläufig an Ignoranz. Viele Spieler, die in Phase 2 stecken, erkennen, dass die Ergebnisse einzelner Hände irrelevant sind, haben dies aber nicht verinnerlicht. Erinnern Sie sich an die erste Grundeinstellung des Poker Mindset? Frustrierte Spieler verstehen die Realitäten beim Poker, haben sie aber dennoch nicht akzeptiert. Sie haben sich noch nicht vollständig davon gelöst, über das Geld im Pot nachzudenken. Im Gegensatz zu den Spielern in Phase 1, die mit dem Verlust eines Pots käufliche Dinge assoziieren, neigen sie dazu, den Verlust hinsichtlich der Auswirkungen auf die Session oder die Bankroll wahrzunehmen.

Manchmal bleiben auch starke Spieler in Phase 2 stecken, weil sie weiterhin den Verlust von Pots auf ihre Gewinnquote beziehen. Beträgt ihre Gewinnquote zum Beispiel 1 Big Bet pro Stunde und sie verlieren einen Pot im Wert von 10 Big Bets, denken sie, „Der Gewinn von zehn Stunden ist eben den Bach runtergegangen.“ Sie erkennen nicht, dass in ihrer Gewinnquote von 1 Big Bet pro Stunde bereits der normale Anteil verlorener Pots enthalten ist.

Zweifellos können Sie ein erfolgreicher Spieler sein, wenn Sie sich in Phase 2 befinden, aber Ihre Einstellung wird Sie behindern. Obwohl Sie nicht so leicht vor Wut schäumen wie Spieler in Phase 1, werden Sie aufgrund von Frustration schlechte Spielzüge machen und möglicherweise auf Tilt (vor allem in looser oder passiver Form) gehen. Dies gilt vor allem, wenn Sie in kurzer Zeit einige große Pots verloren haben. Um Ihr Potential voll auszuschöpfen, müssen Sie die Grundidee des langfristigen Spiels verinnerlichen und es sich ermöglichen, in Phase 3 vorzudringen.

Phase 3 – Akzeptanz

Spieler in Phase 3 verstehen und akzeptieren die Realitäten beim Poker – den ersten Teil des Poker Mindset. Sie begreifen, dass beim Poker viel kurzfristiges Glück enthalten ist und sie deswegen gelegentlich einige große Pots verlieren müssen. Werden sie von einem schwachen Spieler geschlagen, der einen abseitigen Draw getroffen hat, reagieren sie nicht negativ, weil sie wissen, dass sie langfristig Geld gewinnen, wenn die Gegner solchen Draws nachjagen.

Das soll nicht heißen, Spieler in Phase 3 seien nicht sensibel für den Ausgang der Pots. Sie sind weiterhin froh, wenn sie einen Pot gewinnen und bei einem Verlust ungehalten. Sie haben einfach nur gelernt, kurzfristige Resultate ins rechte Licht zu rücken und sich auf das Wesentliche zu konzentrieren.

Spieler in der Phase der Akzeptanz gehen weit seltener auf Tilt als Spieler in Phase 1 oder 2. Sie erkennen, dass die Fehler ihrer Gegner ihnen langfristig Geld bringen, auch wenn sie eine einzelne Hand verloren haben. Nach besonders harten Niederlagen sind sie vielleicht ebenfalls für schwächere Formen des Tilt anfällig, aber dies wird in der Regel unbewusst stattfinden. Sie werden nicht einmal dann wissentlich ihre Spielweise ändern, wenn sie die bitterste Niederlage einstecken mussten.

Phase 3 ist eine gute Grundeinstellung im Hinblick auf verlorene Pots. In dieser Phase haben Sie ausgezeichnete Voraussetzungen, ein erfolgreicher Spieler zu sein, und tatsächlich haben die meisten Gewinner diese Grundeinstellung verinnerlicht.

Phase 4 – Gleichmut

Um Phase 4 zu erreichen, bedarf es eines extrem disziplinierten Spielers mit bemerkenswerter Selbstkontrolle und nur wenige werden dies schaffen. Ein Spieler in Phase 4 wird keinerlei innere Qualen nach dem Verlust eines großen Pots bei sich feststellen. Statt Ärger oder Frustration zu empfinden oder die Hand einfach hinzunehmen, wird er sich vollständig darauf konzentrieren, wie seine Gegner die Hand gespielt haben und was er daraus lernen kann. Ob er die Hand gewonnen oder verloren hat, ist ein belangloses Detail.

Spieler in Phase 4 erkennen, dass es beim Poker nur auf die Langfristigkeit ankommt. Das Ergebnis einer einzelnen Hand ist irrelevant und lohnt keinen Gedanken. In jeder Hand zählt lediglich, ob sie die richtigen Entscheidungen getroffen haben. Trifft dies zu, war die Hand in Ordnung.

Spieler, die sich in Phase 4 befinden, haben in Bezug auf den Verlust großer Pots die perfekte Einstellung. Gehen Sie tatsächlich einmal auf Tilt, liegt dies sicher nicht an kurzfristigen Resultaten. Auf diese Weise besitzen sie einen riesigen Vorteil gegenüber Spielern, die sich diese Einstellung nicht zu eigen machen können.

Um den Unterschied zwischen den vier Phasen genauer zu illustrieren, schauen wir uns aus der Sicht eines Spielers, den wir Rick nennen wollen, eine Hand Limit Hold'em an.

Rick bekommt in mittlerer Position A♦K♥ ausgeteilt. Er eröffnet mit einem Raise, der Spieler auf dem Button reraist, der Big Blind callt und Rick tut dasselbe.

Auf dem Flop kommen A♣K♦8♠. Der Big Blind checkt, genau wie Rick. Der Button setzt, der Big Blind callt und Rick checkraist. Beide Gegner callen.

Auf dem Turn kommt die 9♣. Der Big Blind checkt, Rick bettet, der Button foldet und der Big Blind callt.

Auf dem River kommt die 6♣. Nun bettet der Big Blind, Rick callt und sein Gegner zeigt mit 7♦5♦ eine Backdoor Straight.

Wie wird Rick auf diese Hand reagieren? Das hängt ausschließlich davon ab, in welcher Phase er sich befindet.

> Phase 1 – Ich fasse es nicht! Was hat er sich dabei gedacht, diese ganzen Bets zu callen? Während der gesamten Hand hatte er nichts und gewann mit großem Glück. Ständig passiert mir so etwas, das ist nicht gerecht! Ich werde mein Bestes geben, um ihm meine Chips wieder abzunehmen.

> Phase 2 – Was für ein Bad Beat! Es tut wirklich weh, in einem Pot mit 11 Big Bets noch so überholt zu werden. Wie kann man beim Poker gewinnen, wenn die anderen Spieler mit Schrott bis zum Ende callen und dann treffen? Ich weiß, langfristig verliert er sein ganzes Geld, aber diesen Pot hätte ich dringend nötig gehabt. Das deprimiert mich wirklich!

> Phase 3 – Aua! So ist Poker nun einmal. Wenn mein Gegner so weiterspielt, werde ich ihm langfristig sein Geld abnehmen, daher muss ich geduldig sein. Ich werde mich auf jeden Fall daran erinnern, dass er eine Calling Station ist und entsprechend spielen. Ich frage mich, ob ich den Pot mit einer anderen Spielweise hätte gewinnen können.

> Phase 4 – In Ordnung, jetzt weiß ich, dass der Spieler im Big Blind mit fast allem bis zum Ende callt, und werde dies ab sofort berücksichtigen. Ich frage mich, was der Button wohl hatte. Vielleicht JJ oder TT. Gut zu wissen, dass er in dieser Situation eine Continuation Bet bringt. Vielleicht hätte ich auf dem Flop mit einer Bet die Initiative übernehmen und darauf hoffen sollen, dass der Button raist? Auf diese Weise hätte der Big Blind vielleicht vertrieben werden können. Allerdings bin ich gar nicht sicher, ob ich das überhaupt will, wenn er mit einem solch schwachen Draw diese ganzen Bets bezahlt.

Wie Sie sehen, hat Rick zwei Vorteile, wenn er sich in Phase 3 oder 4 befindet. Zunächst akzeptiert er den Ausgang der Hand und geht mit geringerer

Wahrscheinlichkeit auf Tilt, und außerdem verwendet er mehr Zeit darauf, über die wirklich wichtigen Dinge nachzudenken. Dies sind zwei gute Gründe, warum jeder Spieler, der sich in den früheren Phasen befindet, diese Ebenen erreichen sollte.

> Selbstkontrolle: Lesen Sie die obigen Ausführungen noch einmal und versuchen Sie sich vorzustellen, wie Sie in der Regel auf den Verlust großer Pots reagieren. Beachten Sie, dass Sie sich nicht zwangsläufig genau in einer bestimmten Phase befinden. Zum Beispiel könnten Sie irgendwo zwischen Phase 1 und 2 stecken. Betrachten Sie sich die nächsthöhere Phase und bestimmen Sie die mentalen Grundeinstellungen, die Sie von dieser trennen. Versuchen Sie, Ihr Poker Mindset weiterzuentwickeln, um diese nächste Phase zu erreichen. Lesen Sie dieses Buch in einigen Monaten noch einmal, um zu überprüfen, ob Ihnen das gelungen ist.

4.3. Die Anwendung des Poker Mindsets

Natürlich sollte jeder ernsthafte Spieler sich zumindest in Phase 3 befinden wollen. Obwohl der Unterschied zwischen jeder Phase nur eine veränderte Einstellung ist, geht dies nicht per Knopfdruck. Unter Umständen ist Ihnen die richtige Grundeinstellung bewusst, aber wie können Sie sicherstellen, diese in den entscheidenden Momenten abzurufen? Ein wirklich heißblütiger Spieler könnte den vorherigen Abschnitt durchlesen und völlig einverstanden sein, aber dennoch aus zwei Gründen durchdrehen, wenn er einen großen Pot verliert.

1. Emotionen sind schwer zu kontrollieren. Das Wissen um die richtige Betrachtung einer schlimmen Hand und die Umsetzung dessen sind zwei verschiedene Dinge.

2. Vielleicht begreift dieser Spieler zwar, dass er seine Reaktion auf den Verlust eines großen Pots verändern muss, aber sein gesamter Ansatz beim Poker ist verkehrt und ab einem solchen Moment läuft alles schief. Er muss zu den Grundlagen zurückkehren und seine Einstellungsprobleme lösen.

Das erste Problem ist schwer in den Griff zu bekommen. Sind Sie von Natur aus emotional oder cholerisch, können Sie maximal darauf hoffen, Ihre Einstellung langsam zu verbessern. Durch Erfahrung und Wiederholung können Sie sich

hoffentlich davon überzeugen, dass es nutzlos und kontraproduktiv ist, sich über einen verlorenen Pot aufzuregen.
Das zweite Problem können wir jedoch lösen. In Kapitel 2 definierten wir das Poker Mindset. Darin liegt der Schlüssel, Ihre Grundeinstellung in vielen Dingen zu ändern, darunter auch beim Verlust großer Pots. Nur zu Ihrer Erinnerung hier noch einmal das Poker Mindset, die sieben mentalen Grundeinstellungen für erfolgreiches Poker:

1. Verständnis und Akzeptanz der Realitäten beim Poker
2. Langfristiges Spiel
3. Legen Sie mehr Wert auf korrekte Entscheidungen als auf Geldgewinne
4. Machen Sie sich unempfindlich für Geld
5. Lassen Sie Ihr Ego zu Hause
6. Halten Sie alle Emotionen von Ihren Entscheidungen fern
7. Widmen Sie sich fortwährend der Analyse und der Verbesserung Ihres Spiels

Verstehen Sie einen dieser Punkte nicht, blättern Sie zurück und lesen den entsprechenden Abschnitt in Kapitel 2 noch einmal. Alle diese Eigenschaften werden Ihnen auf bestimmte Weise helfen, mit dem Verlust eines großen Pots besser zurechtzukommen. Sie zu verstehen ist zudem der Schlüssel, um ein Großteil des Materials in diesem Buch zu begreifen.

Verständnis und Akzeptanz der Realitäten beim Poker

Wenn Sie die Realitäten beim Poker verstehen und akzeptieren, erkennen Sie an, dass Poker ein Spiel mit hoher Varianz ist und daher kurzfristig das Glück regiert. Da Sie die Unumgänglichkeit begreifen, große Pots zu verlieren, werden Sie deshalb nicht mehr durchdrehen.

Langfristiges Spiel

Legen Sie Ihr Spiel langfristig an, wissen Sie, dass die kurzfristigen Ergebnisse unerheblich sind. Die Resultate einzelner Sessions sind praktisch bedeutungslos und diejenigen einzelner Hände ohnehin. Sie müssen sich über den Verlust eines großen Pots keine Gedanken machen, da Sie letztlich den Lohn für gutes Poker ernten werden.

Legen Sie mehr Wert auf korrekte Entscheidungen als auf Geldgewinne

Am Ende jeder Hand sollten Sie sich nicht fragen "Habe ich den Pot gewonnen", sondern "Habe ich die Hand korrekt gespielt?" Treffen Sie bessere Entscheidungen als Ihre Gegner, gehört das Geld langfristig Ihnen.

Machen Sie sich unempfindlich für Geld

Spielt das Geld vor Ihnen eine besondere Rolle für Sie, wird sich der Verlust eines großen Pots stärker auf Sie auswirken. Indem Sie sich für Geld unempfindlich machen, fällt es Ihnen leichter mit einem Schulterzucken über den Verlust eines Pots hinwegzugehen und sich dem nächsten zuzuwenden.

Lassen Sie Ihr Ego zu Hause

Obwohl es dadurch nicht einfacher wird, den Verlust eines Pots zu ertragen, passiert es Ihnen seltener, dies als persönlichen Angriff zu verstehen und Ihren Gegner dafür verantwortlich zu machen. Ein Spieler, der ohne Ego agiert, reagiert mit höherer Wahrscheinlichkeit rational und bewusst auf den Verlust eines großen Pots.

Halten Sie alle Emotionen von Ihren Entscheidungen fern

Auch dadurch wird es nicht einfacher, den Verlust eines Pots zu ertragen, aber Sie neigen weniger zu negativen Reaktionen. Zwar kann es weiterhin unerfreulich sein, einen großen Pot zu verlieren, aber Sie können beim Weiterspielen zumindest darauf vertrauen, dass dies Ihre Spielweise nicht beeinflusst.

Widmen Sie sich fortwährend der Analyse und der Verbesserung Ihres Spiels

Konzentrieren Sie sich darauf, Ihr Spiel zu verbessern, schauen Sie nach einer Hand eher auf die wesentlichen Dinge. Mit anderen Worten:

Was lehrt mich diese Hand über das Spiel meines Gegners?
Hätte ich die Hand besser spielen können?

Sind Sie auf diese wichtigen Dinge konzentriert, haben Sie weniger Zeit, sich mit Ihrer Enttäuschung über einen verlorenen Pot zu befassen.

Wenn Sie das Poker Mindset verinnerlichen, dürfte eine gute Reaktion auf den Verlust eines großen Pots letztlich automatisch kommen. Ärger und Frustration wird Ihnen dumm erscheinen. Die Bedeutung, souverän auf den Verlust großer Pots zu reagieren, kann gar nicht hoch genug eingeschätzt werden. Wie bereits erwähnt sinkt die Wahrscheinlichkeit dramatisch, dass Sie auf Tilt gehen, und Sie können weiter Ihr bestes Poker zeigen.

4.4. Bad Beats

Am liebsten befänden wir uns alle in Phase 4, in der uns die Resultate einzelner Hände gleichgültig sind. Allerdings schaffen es nur wenige dorthin und alle anderen Spieler müssen möglichst gut mit den Verlusten großer Pots klarkommen. Wie bereits zuvor in diesem Kapitel ausgeführt, hängt die Reaktion der Spieler auf den Verlust eines großen Pots zum Teil vom Verlauf der Hand ab. Dies kann man grob in drei verschiedene Typen einteilen:

1. Schlechtes Spiel – Sie begingen einen Fehler, der Ihnen den Pot kostete oder aufgrund dessen Sie mehr Geld als notwendig verloren.
2. Kartenpech – Weder Sie noch Ihr Gegner machten einen Fehler, aber die Karten kamen ungünstig für Sie.
3. Bad Beat – Ihr Gegner hatte Glück und besiegte Sie mit einer Hand, die er hätte folden sollen, bevor ein Großteil des Geldes in die Mitte wanderte.

Niederlagen aufgrund schlechter Karten sind von diesen drei Möglichkeiten im Allgemeinen am leichtesten zu verkraften. Sie konnten die Hand nicht besser spielen und ärgern sich auch kaum über Ihren Gegner, da dieser korrekt spielte. Obwohl Spieler regelmäßig auch nach einer Niederlage durchdrehen, die auf diese Weise zustande kam (weil sie häufig ihr Pech bedauern), sind die Auswirkungen in der Regel am schwächsten. Sie werden sich an die Fälle erinnern, in denen Sie Hände genauso *gewonnen* haben.

Der Verlust eines Pots aufgrund schlechten Spiels ist eine kompliziertere Ausgangslage. In verschiedener Hinsicht sind dies die Hände, über die Sie sich wirklich ärgern *sollten.* Sie sollten wegen dieses Fehlers auf sich selbst sauer sein und sich vornehmen, einen ähnlichen Fehler nicht noch einmal zu begehen. Allerdings merken die meisten Spieler gar nicht, wenn sie einen großen Pot wegen schlechten Spiels verloren haben. Wäre ihnen dies bewusst gewesen, hätten sie ihn vermutlich gar nicht erst gemacht. Wenn Spieler wegen eines eigenen Fehlers wütend werden, betrachten sie die Dinge häufig im Nachhinein, aber in der konkreten Situation war ihr Handeln in Wahrheit nicht falsch (ein Beispiel wäre ein Fold auf dem River mit einer Hand, die nur geringe Siegchancen bot).

Bad Beats sind ein völlig anderes Thema. Durchschnittsspieler ärgern sich über Bad Beats mehr als über alle anderen verlorenen Pots. Die Gründe dafür sind nicht unbedingt logisch, aber zumindest nachvollziehbar. In den meisten Fällen handelt sich um eine Kombination aus folgenden Punkten:

Anspruch auf den Pot

Häufig glauben Spieler mit einer starken Hand (unbewusst oder bewusst), sie hätten einen Anspruch auf den Pot. Innerlich haben sie ihn bereits gewonnen und ihrem Stack hinzugefügt. In dieser Phase ist der Verlust eines Pots unter allen Umständen schmerzhaft, aber ein Bad Beat ist besonders schwer zu akzeptieren. Gewinnt ein Gegner mit einem legitimen Draw, bedeutet dies nur, dass der Spieler dessen Pot Equity[24] unterschätzt hat. Sobald er aber einen Bad Beat nach schlechtem gegnerischen Spiel hinnehmen muss, scheint es ihm fast, sein Gegner hätte ihm das Geld gestohlen. Dann kommt es zu Vorwürfen (verbal oder innerlich) wie „Das war eigentlich mein Pot, da du folden musstest."

Belohnung für schlechtes Spiel

Kurzsichtige Spieler betrachten Bad Beats als Belohnung für schlechtes Spiel. Wie in Kapitel 3 erörtert, stellen Menschen gerne einen Zusammenhang zwischen Handlung und Ergebnis her und wenn ein schlechter Spielzug zum Gewinn eines großen Pots führt, wird ihr Glaube erschüttert, sie könnten mit gutem Spiel Geld gewinnen. In manchen Fällen ziehen Spieler aufgrund einer

[24] Pot Equity ist ein verbreiteter Pokerterminus, mit dem der Anteil eines Pots beschrieben wird, den ein Spieler am Ende durchschnittlich gewinnt.

Reihe von Bad Beats unlogische Schlüsse wie „Es ist schwieriger, an Tischen mit zu vielen schlechten Spielern zu gewinnen.“

Personenbezogener Ärger

Ärger ist häufig größer, wenn es jemanden gibt, auf den man diesen richten kann. Die meisten Spieler wissen tief im Inneren, dass es unsinnig ist, über den Dealer, die Karten oder die Pokergötter verärgert zu sein. Ein Gegner, der schlecht spielt und sich einen Pot schnappt, ist ein wesentlich reizvolleres Ziel.

Natürlich ergibt keiner der oben genannten Gründe besonders viel Sinn. Wie in den vorherigen Abschnitten dargelegt, ist der Verlust eines großen Pots langfristig irrelevant. Die einzig produktiven Gedanken sind folgende:

Was lehrt mich diese Hand über das Spiel meines Gegners? Hätte ich diese Hand besser spielen können?

Alle anderen Gedanken sind unproduktiv und häufig schädlich. Der Grund, warum Bad Beats in diesem Kapitel einzeln behandelt werden, ist nicht, dass diese schlimmer als andere verlorene Pots sind, sondern besser! Das mag merkwürdig klingen. Vermutlich wird ein durchschnittlicher Spieler, der gerade mit einem Set gegen einen Backdoor Flush verloren hat, nicht besonders getröstet sein, wenn man ihm erzählt, ein Bad Beat sei die beste Methode, einen Pot zu verlieren. Bei einer genauen Analyse ist ein Bad Beat nicht nur die beste Methode, einen Pot zu verlieren, sondern eine gute Nachricht für erfolgreiche Spieler!

“Bad Beats sind die besten Freunde guter Pokerspieler.“
Matthew Hilger (2004)

Um dies zu begreifen, müssen wir einen Schritt zurückgehen und uns betrachten, wie erfolgreiche Spieler beim Poker Geld gewinnen: Gute Spieler gewinnen Geld, weil sie in den meisten Fällen die beste Spielweise wählen, oder anders ausgedrückt, weniger Fehler als ihre Gegner machen. Während kurzfristige Resultate sehr volatil sind, gewinnen Sie langfristig garantiert Geld, wenn Sie weniger Fehler begehen als Ihre Gegner. Tatsächlich gewinnen Sie unter diesen Umständen Geld, unabhängig vom Ausgang einer Hand, einer Serie von Händen oder einer ganzen Session. Lassen Sie uns dies noch einmal wiederholen und zur Verdeutlichung kursiv setzen:

Wenn Sie beim Poker weniger Fehler als Ihre Gegner begehen, gewinnen Sie Geld.[25]

Beachten Sie, dass die effektiven Ergebnisse in dieser Aussage nicht erwähnt werden, da kurzfristige Resultate schlicht unwichtig sind. Schauen wir uns noch einmal die bereits oben eingeführte Beispielhand an. Der Gegner machte in dieser Hand diverse Fehler, aber wir konzentrieren uns auf den Turn. Versetzen Sie sich in Ricks Lage. Sie halten A♦K♥ und das Board sieht auf dem Turn so aus:

A♣K♦8♠9♣

Sie betten, der Button foldet und Ihr Gegner callt mit 7♦5♦, wie wir mittlerweile wissen. Die Mathematik ist einfach. Kommt auf dem River eine Sechs, gewinnt Ihr Gegner die Hand und in allen anderen Fällen Sie. Im Pot befinden sich 8 Big Bets (wenn wir 0,75 Big Bets als Rake annehmen) und Ihr Gegner muss 1 Big Bet für einen Call bezahlen. Er bekommt Pot Odds von 8 zu 1 für einen Draw, der mit einer Wahrscheinlichkeit von 10 zu 1 gegen ihn ankommt. Trifft er, kann er sicher sein, eine weitere Bet auf dem River zu gewinnen. Effektiv bezahlt er also 9 zu 1 bei einer gleichzeitigen Siegchance, die 10 zu 1 gegen ihn steht.

Zunächst kann man festhalten, dass sein Call auf Turn nicht annähernd so schlecht war, wie er zunächst erschien. Aufgrund der Besonderheiten dieser Hand bekam er fast die korrekten Pot Odds.[26] Nehmen wir an, dass der Button keine Sechs auf der Hand hatte (was angesichts seines Raise vor dem Flop sehr wahrscheinlich ist) und es wird noch knapper. Natürlich bedeutet dies nicht, dass dieser Call aus der Warte von „gutem Poker“ annähernd korrekt war. Er konnte weder sicher sein, dass Sie am Ende callen, noch dass alle Outs einwandfrei waren. Aus mathematischer Sicht verschenkte er mit seiner Entscheidung auf dem Turn jedoch wenig.

Als Zweites gilt es zu beachten, dass *Sie einen Call Ihres Gegners in dieser Situation haben wollen.* Foldet Ihr Gegner nach Ihrer Bet, gewinnen Sie in 100 Prozent der Fälle 8 Big Bets. Callt er, gewinnen Sie in 91 Prozent der Fälle 9 Big Bets (vorausgesetzt, er foldet auf dem River, wenn er seinen Draw verfehlt)

---

[25] Dies ist ein eingängiges Motto, aber leicht ungenau. Zum Beispiel können Sie zwar nur wenige Fehler begehen, aber diese können so groß sein, dass die vielen kleinen Fehler Ihrer Gegner ausgeglichen werden. Wenn Sie ein absolutes korrektes Motto wollen, lautet unser Vorschlag so: „Ist der Gesamtwert Ihrer Fehler beim Poker geringer als der Ihrer Gegner, gewinnen Sie Geld.“

[26] Beachten Sie, dies gilt nur für den Call auf dem Turn. Der Call auf dem Flop war weit schlimmer!

und verlieren 1 Big Bet (Ihr Call auf dem River) in den verbleibenden 9 Prozent. Multiplizieren Sie diese Wahrscheinlichkeiten, gewinnen Sie im Schnitt 8,1 Big Bets, also 0,1 Big Bets mehr als bei einem Fold.

Mit anderen Worten gewinnen Sie, wenn Sie diese Hand 100-mal spielen, allein durch den Call Ihres Gegners 10 zusätzliche Big Bets. In diesen 100 Händen wird Ihr Gegner gelegentlich seinen Draw treffen, aber dies spielt keine Rolle, da die Fälle, in denen er ihn verpasst, dies mehr als aufwiegen.

In dieser konkreten Hand traf Ihr Gegner seinen Draw. Sie sollten dies nicht so wahrnehmen, als hätten Sie den Pot verloren. In Wahrheit haben Sie durch seinen Call auf dem Turn 0,1 Big Bets gewonnen und wenn man seine Calls in den vorherigen Setzrunden berücksichtigt, sogar noch mehr. Begeht er weiterhin solche Fehler, gewinnen Sie Geld und er verliert es. *Zuallerletzt* sollten Sie ihn wegen seines Fehlers beschimpfen, wonach er diese eventuell einstellt.

Natürlich hängt dies alles mit einer auf langfristige Ziele ausgerichteten Spielweise zusammen. Wie wir wiederholt betont haben, sind die Ergebnisse einzelner Hände bedeutungslos. Sie sollten Bad Beats jedoch nicht nur ertragen, sondern geradezu dankbar dafür sein! Das nächste Mal, wenn Sie von einem Gegner geschlagen werden, der einem dubiosen Draw nachjagte und diesen traf, sollten Sie folgendes berücksichtigen.

Sie gewinnen durch schlechtes Spiel Ihrer Gegner langfristig Geld

Wie das vorherige Beispiel zeigt, gewinnen Sie jedes Mal Geld, wenn Ihr Gegner einen schlechten Call macht – unabhängig davon, ob Sie die aktuelle Hand gewinnen oder nicht. Im Verlauf von Tausenden von Händen nimmt der Glücksfaktor immer mehr ab und Sie fahren die Ernte für gutes Poker ein. Tatsächlich können Sie *nur* deshalb Geld gewinnen, weil Ihre Gegner schlecht spielen. Beschweren Sie sich also nicht.

Selbstkontrolle: Eine der meistverbreiteten Bad-Beat-Geschichten betrifft ein hohes Paar, das von zwei zufälligen Karten geschlagen wird, die nie und nimmer im Pot sein durften. Führen Sie folgendes Experiment durch. Nehmen Sie einen Kartenstapel und suchen aus diesem die beiden schwarzen Asse und T♠7♠ heraus (dies sind Ihre beiden Hände). Mischen Sie den Stapel und legen Sie die fünf Karten für Flop, Turn und River aus. Wiederholen Sie dieses Experiment mehrfach und notieren Sie, wie oft T♠7♠ gewinnt. Bei ausreichend vielen Versuchen werden Sie schlussendlich feststellen, dass die Asse in etwa 80 Prozent der Fälle gewinnen.[1] Denken Sie darüber nach.

Mit einem hohen Paar auf der Hand sind Sie immer etwa 4 zu 1 Favorit, wenn Ihr Gegner gleichfarbige Schrottkarten hält. Ihr Ziel lautet, dass Ihr Gegner möglichst viel Geld in den Pot schiebt und sicher nicht, dass er foldet, weil dadurch Ihr positiver Erwartungswert sinkt. Natürlich bleiben Ihnen die 20 Prozent der Fälle, in denen Sie verlieren, länger im Gedächtnis als die 80 Prozent der Fälle, in denen Ihnen Geld mehr oder weniger geschenkt wird.

Wegen Ihrer Bad Beats spielen schlechte Spieler weiter

Gäbe es keine Bad Beats, würden schlechte Spieler so gut wie nie gewinnen. Würden schlechte Spieler so gut wie nie gewinnen, wären diese zu rasch pleite und verlören das Interesse an Poker. Weil jede Hand gewinnen und jeder Spieler an einem guten Tag erfolgreich abschneiden kann, kommen langfristige Verlierer immer wieder an den Tisch.

Bad Beats fördern schlechtes Spiel durch Belohnungen

Viele Spieler beklagen sich, dass Bad Beats schlechtes Spiel belohnen und haben damit Recht. Schwache Spieler gewinnen gerne Geld und wenn eine Entscheidung ihnen Glück bringt, treffen sie diese in der Zukunft eher erneut. Erinnern Sie sich an unsere Diskussion über Wirkung und Gegenwirkung? Wenn schlechte Spieler mit einer schwachen Hand einen Pot gewinnen, wird ihre Spielweise durch die gewonnene Hand untermauert. Diese Spieler verstehen nicht, dass ihre Entscheidung sie langfristig Geld kostet. Diese Spieler sind auf ihre Gewinne fokussiert. Sie erinnern sich viel länger an einen Pot, in dem sie mit einem Runner-Runner-Flush viel Geld gewonnen haben, als an die Fälle, bei denen sie nicht getroffen und ein oder zwei Bets verloren haben. Jedes

Mal, wenn Sie einen Bad Beat hinnehmen müssen, sollten Sie daran denken, dass dies Ihre Gegner in deren Glauben bestärkt, richtig zu spielen.

Selbstkontrolle: Haben Sie eine Glückshand? Schneiden Sie etwa mit einer Hand wie T8o gut ab, obwohl alle Pokerbücher erzählen, diese Hand sei Schrott? Höchstwahrscheinlich sind Sie ein Opfer der Kurzfristigkeit in Verbindung mit selektiver Erinnerung. Unternehmen Sie einen weiteren Schritt zur Verinnerlichung des Poker Mindset und hören Sie auf, Ihre Glückshand zu spielen.

Ein guter Spieler erlebt mehr Bad Beats als Suckouts

Müssen Sie vermehrt Bad Beats hinnehmen, ist dies ein Zeichen für gutes Spiel. Gegen schwache Kontrahenten erleben Sie deutlich mehr Bad Beats als Suckouts, weil Sie im Allgemeinen die bessere Hand haben, wenn Sie um den Pot spielen. Umgekehrt sollten Sie sich in der Tat *dann* Sorgen machen, wenn Sie Ihren Gegnern viele Bad Beats zufügen, aber kaum welche hinnehmen müssen.

Bad Beats sind integraler Bestandteil des Pokerspiels

Als Sie sich zum Pokerspielen entschlossen haben, war Ihnen klar, dass die Hände durch zufälliges Austeilen der Karten entschieden werden, oder? Durch jedes zufällige Element entsteht Glück, und wo Glück ist, gibt es auch Pech. Langfristig kommen Bad Beats nicht häufiger oder seltener als normal vor und ohne sie wäre Poker extrem langweilig.

Unterm Strich sollten gute Spieler Bad Beats mögen. Noch einmal – Bad Beats sind die besten Freunde eines guten Pokerspielers! Während Sie lernen sollten, mit dem Verlust der vielen großen Pots umzugehen, sollten Sie sich über Bad Beats freuen. Das schlechte Spiel Ihrer Gegner ist der Schlüssel zu Ihrem Erfolg.

4.5. Rückblick auf das Kapitel

Hände, in denen Sie einen großen Pot verlieren, haben großen emotionalen Einfluss.

- **4.1. Was passiert, wenn Sie einen großen Pot verlieren?**
  - Wie sehr der Verlust eines großen Pots Sie beeinflusst, hängt von mehreren Faktoren ab. Dazu zählen:
    - Die Größe des Pots
    - Die Einschätzung Ihrer Gewinnchancen
    - Die Art und Weise, wie Sie den Pot verloren haben
    - Der bisherige Verlauf dieser oder der letzten Sessions
    - Ob es sich um ein Turnier oder ein Cash Game handelt
    - Wie adäquat Ihre Bankroll ist
    - Ihre Einstellung
  - Betrachten Sie alle diese Faktoren im Zusammenhang, können Sie erkennen, warum es für viele Spieler so schwierig ist, ihre Emotionen komplett auszuschalten.
  - Glücklicherweise ist es nicht entscheidend, wie der Verlust eines großen Pots Sie emotional beeinflusst, sondern wie er sich auf Ihr Spiel auswirkt.
  - Hüten Sie sich vor den folgenden Fallen, in die ein Spieler tappen kann, der gerade einen großen Pot verloren hat.
    - Beschimpfen des Gegners
    - Schlechtes Spiel in der nächsten Hand
    - Schlechtes Spiel in späteren Situationen, die ähnlich sind
    - Tilt

- **4.2. Reaktion auf den Verlust eines großen Pots**
  - Die mögliche Reaktion eines Spieler auf den Verlust eines großen Pots lässt sich in vier Phasen einteilen:
    1. Ärger
    2. Frustration

3. Akzeptanz
4. Gleichmut

- Jede spätere Phase stellt eine bessere Reaktion als die vorherige dar.
- Spieler, die sich in den späteren Phasen befinden, können mit dem Verlust eines großen Pots vernünftiger umgehen und lassen nicht zu, dass ihr Spiel dadurch beeinflusst wird.

□ Die Anwendung des Poker Mindset

- Ein Spieler kann durchaus die vier Phasen der Reaktion auf den Verlust eines großen Pots gelesen und verstanden haben, aber weiterhin nicht in der Lage sein, gemäß der Phasen 3 und 4 zu reagieren. Dafür gibt es zwei Hauptgründe:
  1. Emotionen sind schwer zu kontrollieren.
  2. Sein gesamter Ansatz beim Poker ist verkehrt und dadurch läuft alles schief.
- Das Verständnis der sieben Grundeinstellungen des Poker Mindset kann Ihnen zu einem korrekten Ansatz beim Poker verhelfen, was Ihnen wiederum hilft, besser auf den Verlust eines großen Pots zu reagieren.
- Immer wenn Sie einen großen Pot verlieren, sollten Sie sich statt auf Ihre Emotionen auf die folgenden beiden wichtigen Fragen konzentrieren:
  1. *Was lehrt mich diese Hand über das Spiel meines Gegners?*
  2. *Hätte ich die Hand besser spielen können?*

□ 4.4. Bad Beats

- Grob gesagt gibt es drei Arten, einen Pot zu verlieren.
  1. Schlechtes Spiel
  2. Kartenpech
  3. Bad Beat
- Der Durchschnittsspieler ärgert sich über einen Bad Beat mehr als über jeden anderen verlorenen Pot. Einige Gründe dafür sind:
  - Anspruch auf den Pot – Spieler mit einer starken Hand glauben oft (unbewusst oder bewusst), sie hätten einen Anspruch auf den Pot

    - Belohnung für schlechtes Spiel – Für den kurzsichtigen Spieler sind Bad Beats die Belohnung für schlechtes Spiel
    - Personenbezogener Ärger – Ärger ist häufig stärker, wenn er sich auf jemanden richten kann
- Bad Beats sind die beste Art und Weise, einen Pot zu verlieren, da Sie langfristig Geld gewinnen, wenn Ihre Gegner Fehler begehen:
    - Sie gewinnen durch schlechtes Spiel Ihrer Gegner langfristig Geld
    - Ihrer Bad Beats wegen spielen schlechte Spieler weiter
    - Bad Beats fördern schlechtes Spiel durch Belohnungen
    - Ein guter Spieler erlebt mehr Bad Beats als Suckouts
    - Bad Beats sind integraler Bestandteil von Poker
- Bad Beats sind der beste Freund eines guten Pokerspielers!

Kapitel 5

Downswings

"Jeder Spieler wird irgendwann einmal eine Pechsträhne haben, die schlimmer ist, als es ihm möglich erschien. Der Unterschied zwischen einem Gewinner und einem Verlierer ist, dass Letzterer meint, er hätte dies nicht verdient." – Craig Hartman

Die Wichtigkeit unserer Ausführungen im letzten Kapitel kann gar nicht hoch genug eingeschätzt werden. Die notwendige Grundeinstellung, um mit dem Verlust eines Pots zu Recht zu kommen, entspricht letztlich der Einstellung, die man benötigt, um eine weit größere Varianz zu bewältigen. In diesem Kapitel gehen wir einen Schritt weiter, schauen uns das schwierigere Thema der „Downswings" oder Pechsträhnen an, und vertiefen dabei die Ratschläge aus dem letzten Kapitel.

5.1. Einen negativen Lauf haben

Mit dem Begriff Pechsträhne beschreiben Pokerspieler eine längere Phase von Sessions, in der Sie wesentlich weniger gewinnen als normal. Es ist sehr schwierig, eine Pechsträhne genauer zu beschreiben. Die Gründe dafür werden im weiteren Verlauf des Kapitels deutlich. Irgendwann erlebt jeder Spieler eine Pechsträhne und diese Phase kann äußerst schlimm sein.

In Wahrheit werden wir feststellen, dass es Pechsträhnen aus einem theoretischen Blickwinkel gar nicht gibt. Sie sind ein Phantasiegebilde des betroffenen Spielers. Die Pokergemeinde aber spricht über sie, glaubt an sie und schreibt ihr bestimmte Eigenschaften zu. Obwohl Pechsträhnen in Wirklichkeit also gar nicht existieren, werden wir diesen Begriff dennoch in diesem Buch benutzen.

Wenn Pokerspieler von einer Pechsträhne sprechen, beziehen sie sich in der Regel auf erfolgreiche Spieler (solche deren Gewinnquote langfristig positiv ist), die über einen längeren Zeitraum Geld verlieren. Es lohnt sich jedoch zu erwähnen, dass Pechsträhnen je nach Spieler eine unterschiedliche Bedeutung besitzen. Alle folgenden Punkte können ebenfalls für eine Pechsträhne gehalten werden.

- Ein erfolgloser Spieler verliert sein Geld schneller als dies langfristig normal wäre.
- Ein Spieler mit ausgeglichenem Ergebnis verliert über einen bestimmten Zeitraum Geld.
- Ein erfolgreicher Spieler gewinnt weniger Geld als sonst.

In diesem Kapitel konzentrieren wir uns hauptsächlich auf die klassische Art der Pechsträhne, bei der ein erfolgreicher Spieler Geld verliert, da dies ein Szenario ist, das viele schlecht akzeptieren können.

Erweiterter Blickwinkel

Im letzten Kapitel sprachen wir über Spieler, die große Pots verlieren, also über etwas, das ständig passiert und unvermeidlich ist. Nun erweitern wir ein wenig den Blickwinkel und betrachten dies in einem größeren Rahmen. Welchen Effekt hat dieser Pot in Bezug auf die gesamte Session? Lassen Sie uns aus Gründen der Einfachheit mit der Beispielhand aus dem vorherigen Kapitel fortfahren. Es macht nichts, wenn Sie sich nicht mehr an die Details der Hand erinnern können, denn wichtig ist momentan nur das Ergebnis. Sie verloren in dieser Hand 4,5 Big Bets und hätte Ihr Gegner mit der letzten Karte nicht seinen abseitigen Draw getroffen, hätten Sie 5,5 Big Bets gewonnen.[27] Aus diesem Grund stünden Sie um 10 Big Bets besser da, wenn Ihr Gegner seinen Draw nicht getroffen hätte.

Diese 10 Big Bets können einen beträchtlichen Einfluss auf das Endergebnis Ihrer Session haben. Aus einem großen Gewinn kann ein bescheidener werden und aus einem bescheidenen Gewinn kann ein kleiner Verlust oder eine Session mit ausgeglichenem Ergebnis werden.

Und dies ist nur die Auswirkung einer einzigen Hand. Während einer Session sind Sie vermutlich in einige Pots involviert und sobald Sie nur ein paar mehr als den angemessenen Anteil verlieren, wird aus einer erfolgreichen Session eine mit negativem Ergebnis. Tatsächlich hätten Sie bei genauer Betrachtung in

[27] Die schlussendliche Potgröße betrug 11 Big Bets. Davon stammten 4,5 Big Bets von Ihnen, daher können Sie diese nicht als „Gewinn" betrachten. Wir nehmen an, dass Ihr Gegner nach einer Blank auf dem River gefoldet hätte.

den meisten Verlustsessions Ihrer Pokerkarriere Gewinn gemacht, wenn nur zwei oder drei Karten anders gekommen wären.

Selbstkontrolle: Schauen Sie sich Ihre Resultate an und rechnen Sie aus, in wie viel Prozent Ihrer Sessions Sie einen Gewinn verzeichnet haben. Sind Sie überrascht, wie niedrig die Anzahl ist?

Die Resultate jeder Session hängen hauptsächlich von einigen Karten ab, die gut oder schlecht für Sie gefallen sind. Aus diesem Grund wird ein guter Spieler ähnlich viele Gewinn- wie Verlustsessions verzeichnen. Gelingt es Ihnen, in 60 Prozent Ihrer Sessions Gewinn zu erzielen, schneiden Sie vermutlich sehr gut ab. Für die meisten Spieler ist aber ein Wert im Bereich von 55 Prozent realistischer.[28] Ein Teil des Problems erfolgreicher Spieler besteht in dem Glauben, ihre Quote gewonnener Sessions sollte höher als 55 Prozent sein. Ihre Erwartungen decken sich nicht mit der Realität beim Poker.

Tatsächlich könnte man sogar behaupten, ein höherer Anteil erfolgreicher Sessions sei nicht zwangsläufig ein gutes Zeichen. Zwar ist Gewinnen natürlich besser als Verlieren, aber zu viele Gewinnsessions könnten darauf hindeuten, dass Sie zu früh aufhören, wenn Sie vorne liegen. Vielleicht beenden Sie Ihre Session, wenn Sie einen kleinen Gewinn erzielt haben, um sicherzugehen, dieses Geld nicht wieder zu verlieren. Wie wir in Kapitel 9 erörtern werden, weist dies auf eine falsche Einstellung am Tisch hin. Die Resultate einzelner Sessions sollten für Sie nicht so wichtig sein.

Da selbst unter erfolgreichen Spieler Verlustsessions derart häufig vorkommen, ist die Wahrscheinlichkeit, mehrere an einem Stück zu erleben, recht hoch. Wenn Sie in 45 Prozent der Fälle eine Verlustsession erleiden, zeigt die folgende Tabelle die Häufigkeiten, mit denen Sie *n* aufeinander folgende Verlustsessions nach dem Gesetz der Wahrscheinlichkeit hinnehmen müssen.

[28] Dies variiert von Variante zu Variante. Sehr gute No-Limit Hold'em-Spieler schaffen in der Regel einen höheren Anteil Gewinnsessions als ein vergleichbarer Limit-Spieler. Außerdem erzielen Spieler, die mehr Hände pro Session spielen, in der Regel mehr Gewinnsessions.

Aufeinanderfolgende Verlustsessions	Wahrscheinlichkeit (%)	Odds (ungefähre Werte)
1	45,00	11:9
2	20,25	4:1
3	9,11	10:1
4	4,10	24:1
5	1,85	53:1
6	0,83	120:1
7	0,37	270:1

Mit anderen Worten: Schneiden Sie in 55 Prozent Ihrer Sessions erfolgreich ab, besteht jedes Mal ein Risiko von 1 zu 54, dass die nächsten fünf Sessions negativ verlaufen, bzw. eine Wahrscheinlichkeit von 1 zu 271, dass die nächsten sieben negativ verlaufen. Diese Zahlen wirken zwar niedrig, aber wenn Sie regelmäßig Poker spielen, sind Sie überhaupt nicht niedrig. Genauer gesagt ist es recht wahrscheinlich, dass Sie jedes Jahr eine Serie von sieben Verlustsessions hinnehmen müssen, wenn Sie fünfmal pro Woche spielen. Geradezu sicher müssen Sie jedes Jahr mehrere Negativserien mit wenigstens fünf Verlustsessions erleiden. Spielen Sie weniger, kommen schlechte Serien nominal seltener vor, aber sie dauern länger.

Es wird noch schlimmer. Bislang haben wir nur die Wahrscheinlichkeit von Negativserien erörtert, aber in Wirklichkeit sind Pechsträhnen nicht einfach nur Serien von Verlustsessions, sondern *Phasen*, in denen Sie konstant über einen langen Zeitraum Geld verlieren. Eine Gewinnsession bringt Ihnen wenig, wenn Sie in der nächsten Session viel mehr Geld verlieren als Sie zuvor gewonnen haben. Während einer Pechsträhne haben Sie in der Regel einige Gewinnsessions, die aber nur ein Tropfen auf den heißen Stein innerhalb eines stetigen Abwärtstrends Ihrer Bankroll sind. Erinnern werden Sie sich während dieser Phase aber lediglich an den stetigen Abwärtstrend Ihrer Bankroll.

Selbstkontrolle: Nehmen Sie einen Stift, ein Stück Papier und eine Münze. Schreiben Sie oben auf das Blatt die Zahl 100. Dann werfen Sie mehrere Male die Münze. Immer wenn Sie Kopf werfen, ziehen Sie 9 von der Gesamtsumme ab, und bei Zahl zählen Sie 10 hinzu. Werfen Sie die Münze häufig und verfolgen Sie dabei die Entwicklung der Gesamtsumme. Langfristig können Sie davon ausgehen, dass die Summe zunimmt, aber da der erwartete Zuwachs so gering ist, werden Sie längere Phasen beobachten, in denen Ihre Summe abnimmt. Dies ist eine nette Demonstration, wie Pechsträhnen beim Poker vonstatten gehen.

... und wieder zurück zur Nahaufnahme

Aufgrund der hohen Varianz beim Poker werden Sie von Zeit zu Zeit längere Verlustphasen erleben. Dies werden keine seltenen, außergewöhnlichen Vorkommnisse sein, sondern etwas, auf das sich die meisten Spieler regelmäßig einstellen müssen. Anfänger sind häufig vom scheinbar ultrakonservativen Bankroll-Management erfahrener Spieler überrascht. Sie erkennen nicht, dass der vermeintlich enorm große Betrag für das jeweilige Limit schnell durch eine Negativserie aufgefressen werden kann.

Einige Spieler könnten glauben, sie müssten sich über Pechsträhnen keine Gedanken machen, solange sie eine ausreichende Bankroll haben. Mit dieser kann man eine Pechsträhne locker überstehen, oder? Zumindest in der Theorie ist dies richtig. Könnte man eine Pechsträhne immer im Nachhinein aus der Perspektive eines Unbeteiligten betrachten, *handelt* es sich jedes Mal schlicht um einen Fall, bei dem man auf bessere Ergebnisse wartet.

Allerdings ist dies einfacher gesagt als getan, wenn man selbst mitten in einer Pechsträhne steckt. Erzielen Sie über einen längeren Zeitraum nicht die gewünschten Resultate, kann Poker ein sehr schreckliches Spiel sein. Die erfolgreichen Zeiten scheinen nur noch eine blasse Erinnerung zu sein und unabhängig von Ihren Aktionen wollen sich die Ergebnisse einfach nicht zum Guten wenden.

Möglicherweise gibt es für einen Pokerspieler nichts Schwierigeres, als eine Pechsträhne psychisch zu bewältigen.

Viele Spieler verlieren deutlich mehr als nötig, erleiden überflüssige seelische Qualen und hören schließlich sogar ganz mit dem Pokern auf, weil Sie mit einer Pechsträhne nicht zurechtkommen. Das Ziel dieses Kapitels ist, Ihnen zu vermitteln, wie Sie am besten mit den unvermeidlichen Pechsträhnen umgehen. Wir werden in das Gehirn eines Spielers eintauchen, der eine Pechsträhne hat, seine vermutlichen Gefühle untersuchen und die besten Methoden diskutieren, wie man damit zurechtkommen kann.

Bevor Sie dies wissen, werden Sie schon wieder auf der Erfolgsspur sein.

5.2. Die Wahrheit über Pechsträhnen

Um korrekt auf eine Pechsträhne zu reagieren, müssen Sie diese verstehen. Im vorherigen Abschnitt zeigten wir, wie negative Ergebnisse in einzelnen Händen schlussendlich negative Sessions verursachen, die bisweilen gehäuft auftreten und eine Pechsträhne hervorrufen.

Betrachten Sie sich das Ganze jedoch aus rein theoretischer Perspektive, gibt es in Wirklichkeit gar keine Pechsträhnen. Es handelt sich lediglich um eine Bezeichnung für ein beobachtbares Muster bei einer zufälligen Variablen, in diesem Fall ein Zwischenergebnis, das aus den Resultaten einzelner Session stammt. Die Resultate einzelner Session sind wiederum lediglich ein beobachtbares Muster, das sich vom Ausgang einzelner Hände ableitet. Oder noch einfacher – wenn Sie sich Ihre Ergebnisse betrachten und eine Pechsträhne vermuten, sehen Sie lediglich die Resultate einer bestimmten Anzahl von Händen.

Betrachten Sie Pechsträhnen wie den Großen Wagen, den man in einer klaren Nacht sehen kann. Der Große Wagen ist lediglich ein beobachtbares Muster in der zufälligen Anordnung der Sterne. Sie können nicht viel mehr über ihn sagen als seine Position, da er in Wirklichkeit gar nicht existiert. Er hat für sich genommen keine Substanz oder reale Eigenschaften.

Bei Pechsträhnen verhält es sich genauso. Sie sind keine eigenständigen Einheiten, sondern beobachtbare Ergebnismuster. Aus diesem Grund sollten Sie vorsichtig sein, von Pechsträhnen zu sprechen, damit Sie diesen nicht unbeabsichtigt Eigenschaften zuschreiben, die sie gar nicht haben. Zum Beispiel können Sie häufig folgende Aussagen von Pokerspieler vernehmen:

- Ich habe eine Pechsträhne, aber ich glaube, die Talsohle ist erreicht.
- Ich habe zuletzt 200 Big Bets verloren, daher müssen die Ergebnis bald wieder besser werden.
- In nächster Zeit sollte mich keine Pechsträhne mehr ereilen.

Erkennen Sie, was an diesen Aussagen falsch ist? Sie alle setzen voraus, Pechsträhnen wären Einheiten mit einer bestimmten Form, Größe oder Häufigkeit. In Wahrheit können Sie nichts von den oben genannten Aussagen mit Bestimmtheit sagen. Schauen wir uns die einzelnen Aussagen genauer an:

"Ich habe eine Pechsträhne, aber ich glaube, die Talsohle ist erreicht."

Fehler: Die Annahme, dass Pechsträhnen eine bestimmte Form haben.

Warum glauben Sie, die Talsohle sei erreicht? Nur weil Sie in Ihren letzten Sessions bessere Resultate erzielt haben, wird es nicht wahrscheinlicher, dass Sie auch in Ihren folgenden Sessions besser abschneiden. Sie können durchaus auch beim nächsten Mal wieder viel verlieren und die Pechsträhne kann noch länger andauern.

"Ich habe zuletzt 200 Big Bets verloren, daher müssen die Ergebnisse bald wieder besser werden."

Fehler: Die Annahme, dass Pechsträhnen eine bestimmte oder maximale Größe hätten.

Der Verlust von 200 Big Bets ist bei Limit Hold'em wirklich eine ziemlich große Pechsträhne, aber bei weitem nicht das Maximum. In Wahrheit gibt es für eine Pechsträhne theoretisch keine maximale Größe. Obwohl eine Pechsträhne mit 400 Big Bets Verlust bei einem guten Spieler recht unwahrscheinlich ist, gibt es keinen Grund, nach dem Verlust von 200 Big Bets davor gefeit zu sein, direkt weitere 200 Big Bets einzubüßen. Genau genommen ist die Wahrscheinlichkeit, dass dies passiert, *genau gleich groß* wie der Verlust der ersten 200 Big Bets, und nicht größer oder kleiner. Sie haben nicht einfach wieder Glück, nachdem Sie einen bestimmten Betrag verloren haben.

"In nächster Zeit sollte mich keine Pechsträhne mehr ereilen."

Fehler: Die Annahme, dass Pechsträhnen eine bestimmte Häufigkeit haben.

Es gibt keinen Grund, warum ein Spieler, der soeben eine große Pechsträhne überstanden und sich wieder erholt hat, nicht direkt danach wieder eine erleidet. Dies ist sogar absolut möglich und eines der deprimierendsten Vorkommnisse, das einem Pokerspieler zustoßen kann. Es wäre zwar schön, annehmen zu können, nach einer großen Pechsträhne für eine Weile Erfolge erwarten zu dürfen, aber dafür gibt es keine Garantie. Die Wahrscheinlichkeit, erneut schlecht abzuschneiden, ist genauso groß wie zu jedem anderen Zeitpunkt.

Alle diese falschen Aussagen haben eines gemeinsam: Sie versuchen Pechsträhnen in der Gegenwart oder Zukunft zu definieren und spätere Ereignisse mithilfe früherer Resultate vorherzusagen, was schlicht unmöglich ist. Jede Hand ist effektiv ein Neubeginn und die Karten haben kein Gedächtnis. Spielen Sie während einer Pechsträhne eine Hand, sind alle Faktoren gleich und Sie haben denselben Erwartungswert wie während einer großen Glückssträhne.

Während einer Pechsträhne vergessen viele Spieler diese simple Tatsache. Pessimistische Spieler glauben, Sie würden mit größerer Wahrscheinlichkeit Geld verlieren, weil Sie eine Pechsträhne haben. Optimisten meinen, sie hätten einen „Anspruch" auf einige gute Resultate, weil sie sich in einer Pechsträhne befinden, und erwarten deshalb überdurchschnittliches Glück. Beide Positionen sind unlogisch und gefährlich.

Versuchen wir zu erkennen, was wir über Pechsträhnen *verlässlich* sagen können:

Größe

Eine Pechsträhne hat keine maximale Größe. Häufig können Sie in einem Pokerforum einen Eintrag lesen, in dem ein erfahrener Spieler mit einer Aussage wie der folgenden eine Pechsträhne zu definieren versucht: „Bei Limit Hold'em ist jede Pechsträhne bis 250 Big Bets normal, alles was darüber hinausgeht, muss auf schlechtes Spiel zurückzuführen sein." Allerdings ist eine solch akkurate Unterscheidung zwischen Pech und schlechtem Spiel komplett falsch. Ein erfolgreicher Spieler kann eine Pechsträhne mit 250 Big Bets Verlust erleiden, die anschließend weitere 250 Big Bets anhält. Sowohl Pech als auch schlechtes Spiel haben daran vermutlich ihren Anteil, aber es ist unmöglich, beide Faktoren mit Sicherheit zu quantifizieren.

Mit Sicherheit können wir nur folgendes sagen: Je größer eine Pechsträhne ausfällt, desto größer ist die Wahrscheinlichkeit, dass andere Faktoren als reines Pech eine Rolle spielen. Als erfolgreicher Limit-Hold'em-Spieler müssen Sie regelmäßig mit Pechsträhnen von 100 Big Bets Verlust rechnen, gelegentlich mit Pechsträhnen von 200 Big Bets und selten mit Pechsträhnen von 400 Big Bets. Alle größeren Pechsträhnen sind zwar sehr unwahrscheinlich, aber dennoch möglich. Berichtet ein erfolgreicher Spieler regelmäßig von Pechsträhnen, bei denen er 400 Big Bets verliert, ist sehr wahrscheinlich Tilt ein Faktor, der die Größe nach oben treibt.

Form

Die meisten Spieler haben vorgefasste Meinungen über die "Form" einer typischen Pechsträhne. Die meistverbreitete Vorstellung besteht darin, dass die Resultate über einen gewissen Zeitraum negativ ausfallen und darauf eine Glückssträhne folgt (dazwischen liegt vielleicht noch eine Übergangsphase). Anschließend nehmen die Resultate wieder den gewünschten Verlauf, Ihre Bankroll erreicht den vorherigen Höchststand und entwickelt sich darüber hinaus.

Es ist leicht zu begreifen, warum Spieler so denken. Rückblickend haben ihre früheren Pechsträhnen vermutlich diesen Eindruck hinterlassen. Dabei vergessen sie, dass während dieser Phase einiges passiert ist, was nicht in dieses Denkmuster passt.

- Vermutlich gab es während der Pechsträhne einige Gewinnsessions (kurzzeitige Phänomene oder trügerische Hoffnung)
- Die Übergangsphase war vermutlich nicht gleichmäßig oder definiert.
- Vermutlich gab es auch während der Glückssträhne einige Verlustsessions.
- Die Glückssträhne könnte viel schneller oder sogar viel langsamer entstanden sein als die Pechsträhne.

In Wirklichkeit ist die Form von Pechsträhnen völlig willkürlich, da sie vom Zufall geprägt sind. Möglicherweise verlieren Sie einige Sessions, überwinden ihn dann aber rasch. Oder Sie haben sich von einer Pechsträhne weitgehend erholt und versinken direkt erneut darin. Es gibt keine Methode, mit einem Blick auf bestimmte Muster vorherzusagen, wie Ihr Ergebnis in der nächsten

Session aussehen wird, da diese Muster nur in Ihrer Phantasie existieren. Sobald Sie glauben, Pechsträhnen besäßen ein bestimmtes Muster, werden Sie diese überall erkennen. Sie setzen sich lediglich einem inneren Rückschlag aus, wenn die Realität gar nicht Ihren vorgefassten Gedanken entspricht.

Selbstkontrolle: Verfolgen Sie Ihre Resultate bis zur letzten Pechsträhne zurück, wenn Sie die Möglichkeit dazu haben. Erinnern Sie sich an die Zeit, als Sie das Gefühl hatten, die schlechten Ergebnisse würden nie aufhören? Erkennen Sie auch, wie beliebig die Resultate im Nachhinein wirken? Versuchen Sie daran zu denken, wenn Sie Ihre nächste Pechsträhne haben.

Häufigkeit

Die Frage, wie oft Sie eine Pechsträhne erleiden müssen, ist unsinnig. Pechsträhnen existieren nicht, sondern sind lediglich ein beobachtbares Muster innerhalb zufälliger Daten. Sie können nie sagen, dass Sie für eine Pechsträhne fällig sind oder nicht bzw. wie viele Sie in einem bestimmten Zeitraum erleiden müssen. Sie können nur davon ausgehen, dass Sie von nun an langfristig einen Geldbetrag gewinnen können, der im Einklang mit Ihrer langfristigen Gewinnquote steht.

In einer perfekten Welt könnten Sie Pechsträhnen komplett ignorieren, zumindest in der Gegenwart. Leider wird dies durch den psychischen Druck schlechter Ergebnisse während eines längeren Zeitraums erschwert. Ein Spieler, der eine Reihe schlechter Ergebnisse erzielt, wird sich unvermeidlich fragen, wie lange dies andauern wird. Eine große Pechsträhne zu meistern ist eine der schwierigsten Aufgaben, die Sie als Pokerspieler erfüllen müssen, und die Strafe für Versagen kann der Verlust der gesamten Bankroll sein. Im restlichen Kapitel konzentrieren wir uns darauf, wie man Pechsträhnen bewältigt und welche Klippen man dabei umschiffen muss.

5.3. Verbreitete schlechte Reaktionen auf Pechsträhnen

Pechsträhnen sind schon für sich genommen schlimm genug, aber es gibt viele Möglichkeiten, alles noch viel schlimmer zu machen. Während die ursprüngliche Pechsträhne durch Pech oder schlechte Karten verursacht werden kann, nehmen Dauer und Ausmaß eventuell zu, wenn der Spieler schlechte Entscheidungen trifft oder die Qualität seines Spiels nachlässt.

In diesem Abschnitt werden die meistverbreiteten schlechten Reaktionen auf Pechsträhnen aufgezählt. Einige davon sind selbstzerstörerische Denkprozesse. Andere sind bewusste Entscheidungen, die eine gute Idee zu sein scheinen, in Wirklichkeit aber gefährlich oder bestenfalls wirkungslos sind. Hier eine Aufzählung dieser schlechten Reaktionen:

- Abnehmendes Vertrauen in Ihre Fähigkeiten und Ihr Spiel
- Radikale Veränderungen in Ihrem Spiel
- Seelische Qualen durch Ihre Verluste
- Versuche, die Pechsträhne auszusitzen
- Aufstieg im Limit, um die Verluste wieder hereinzuholen

Einige dieser Fehler sind elementar, andere unterschwelliger. Schauen wir uns diese Reaktionen genauer an, um zu erkennen, warum sie schlecht sind.

Verlust des Selbstvertrauens in Ihre Fähigkeiten und Ihr Spiel

Pechsträhnen können lange dauern, zum Teil Wochen oder sogar Monate. Stecken Sie tief in einer Pechsträhne, ist es bisweilen schwierig, sich an bessere Zeiten zu erinnern. Läuft es gut, erscheint Gewinnen wie die natürlichste Sache der Welt. Sie haben nicht das Gefühl, besonders viel Glück zu haben, sondern es wirkt, als würden Sie alles richtig machen und Ihre guten Spielzüge würden ausbezahlt. Haben Sie aber eine Pechsträhne, erscheint umgekehrt das Verlieren als die normalste Sache der Welt. Raisen Sie zum Beispiel mit AK, wissen Sie zwar, dass dies der richtige Spielzug ist, glauben aber nicht, auf dem Flop etwas zu treffen. Und wenn Sie auf dem Flop Top Pair bekommen, gehen Sie davon aus, noch überholt zu werden. Die ersten Zweifel keimen auf:

Spiele ich so gut wie früher?
Ist meine Stammpartie stärker geworden?
War ich jemals wirklich ein erfolgreicher Spieler?
Sind die Gegner, die ich für schwach hielt, besser als ich?

Während einer Pechsträhne werden Ihnen alle zuvor genannten Punkte hin und wieder durch den Kopf gehen. Das Problem sind nicht diese Fragen an sich. Im Gegenteil, sie sind berechtigt, jeder Pokerspieler sollte sie sich regelmäßig stellen. Während einer Pechsträhne ist das Problem jedoch, dass diese Gedanken überhand nehmen können. Sie stellen sich diese Fragen zu häufig und leider lässt die falsche Antwort oft nicht lange auf sich warten. Metaphorisch gesprochen beginnen Sie, Monster unter Ihrem Bett zu sehen.

Falsche Schlüsse führen zu schlechter Einstellung und letztlich zu schlechten Entscheidungen. Wenn Sie beim Beginn einer Session von Anfang an erwarten, zu verlieren, kann dies eine selbsterfüllende Prophezeiung werden. Unter Umständen verändern Sie unnötigerweise Ihr Spiel (siehe den nächsten Abschnitt) oder Sie versuchen unterbewusst, Ihre Verluste zu reduzieren anstatt die Gewinne zu maximieren. Manche Spieler hängen in der Annahme, nicht mehr erfolgreich sein zu können, das Pokerspiel sogar völlig an den Nagel.

Obwohl Sie fast sicher Ihr Spiel während einer Pechsträhne neu bewerten und Verbesserungen vornehmen sollten[29], müssen Sie weiterhin sich selbst und Ihrer Spielweise vertrauen, wenn Sie die schlechte Phase überwinden und an die guten Zeiten anknüpfen wollen.

Radikale Veränderungen in Ihrem Spiel

Ein Pokerspieler sollte sich immer darum bemühen, sein Spiel zu verbessern, aber dabei gibt es eine richtige und eine falsche Methode. Wollen Sie Ihr Spiel verändern, sollte dies sorgfältig und objektiv überlegt sein und nicht aufgrund kurzfristiger Ergebnisse geschehen.

Wie wir in Kapitel 3 sehen konnten, wollen Menschen instinktiv etwas verändern, wenn die gewünschten Resultate nicht eintreten. Während einer Pechsträhne steigt das Risiko deutlich, dass Sie eine Veränderung vornehmen, mit der Sie schlecht beraten sind. Dies gilt vor allem, wenn Sie ein Muster wahrnehmen, das sehr kurzfristig ist. Stellen Sie zum Beispiel fest, dass Sie mit einer bestimmten Hand oder Gruppe von Händen besonders schlecht

[29] Dies wird in diesem Kapitel an späterer Stelle besprochen.

abschneiden, spielen Sie diese vielleicht gar nicht mehr oder anders. Oder wenn eine bestimmte Spielweise in letzter Zeit besonders gut funktioniert hat, greifen Sie zu häufig oder in den falschen Momenten auf diese zurück.
Allgemein ist es besser, während einer Pechsträhne nichts zu verändern, solange Sie nicht absolut sicher sind, dadurch etwas zu verbessern. Holen Sie sich auf jeden Fall eine zweite Meinung ein, indem Sie einen Experten fragen, einen Beitrag in einem Internet-Forum schreiben oder das entsprechende Kapitel in einem Strategiebuch nachlesen. In einer emotionalen Krise sind Ihre Instinkte weniger verlässlich als sonst.

> Selbstkontrolle: Schreiben Sie unmittelbar nach Ihrer nächsten großen Verlustsession drei Bereiche auf, in denen Sie sich verbessern müssen, bzw. Dinge, die Sie verändern sollten. Legen Sie die Liste bis zu Ihrer nächsten Gewinnsession zur Seite. Glauben Sie immer noch, dass Sie diese Dinge verbessern müssen?

Seelische Qualen durch Ihre Verluste

Es gibt zwei Gründe, warum man mit Pechsträhnen schwer umgehen kann. Erstens ist da wie erwähnt der Verlust des Selbstvertrauens und zweitens gibt es den tatsächlichen finanziellen Verlust. Sie können sehr rasch hohe Beträge verlieren und dies kann Sie in vielerlei Hinsicht beeinträchtigen.

Zunächst betrifft dies die oberflächliche Sorge um den Wert des Geldes. Wie in Kapitel 2 erörtert, neigen manche Spieler und vor allem unerfahrene dazu, sich Gedanken darüber zu machen, was sie mit dem eben verlorenen Geld hätten kaufen können. Zweitens, selbst wenn Sie für den tatsächlichen Wert des Geldes nicht empfindlich sind, kann der Betrag, den Sie während einer Pechsträhne verlieren, einen beträchtlichen Anteil Ihrer Bankroll ausmachen. Obwohl eine adäquate Bankroll für Ihr aktuelles Limit hilfreich ist, minimiert dies lediglich die Wahrscheinlichkeit, durch eine Pechsträhne alles zu verlieren. Sie müssen immer noch damit klarkommen, dass Sie nun eine kleinere Bankroll haben. Viele Spieler messen anhand ihrer Bankroll ihre Entwicklung und der Verlust eines großen Teils dieser kann für sie gleichbedeutend mit dem Abstieg ihrer Pokerkarriere sein.

Es ist wichtig, dass Sie durch Ihre Verluste keine seelischen Qualen erleiden. Obwohl es vermutlich wehtut, dass Ihre Bankroll nun bedeutend kleiner ist, müssen Sie darüber hinwegsehen. Sind Sie mehr damit beschäftigt, wo Sie waren als wo Sie sind, werden Sie vermutlich zu stark darauf fixiert sein, wieder dorthin zu kommen. Dies kann nicht nur wegen der hohen Aufgabenstellung demoralisierend sein, sondern Sie auch vom primären Ziel ablenken. Wie mehrfach erwähnt, geht es nur darum, am Tisch die besten Entscheidungen zu treffen.

Versuchen Sie sich darauf zu konzentrieren, wo Sie sich momentan befinden. Denken Sie nicht daran, wo Sie waren oder wie viel Sie verloren haben. Begreifen Sie jede Session als Neubeginn. Es bringt nichts, dem hinterher zu jammern, was Ihnen nicht mehr gehört.

Versuche, die Pechsträhne auszusitzen

Wie bereits erwähnt bringt es nichts, den Verlauf einer Pechsträhne vorhersagen zu wollen, weil dieser von Natur aus auf Zufall beruht. Dennoch warten viele Spieler mit kreativen Versuchen auf, eine Pechsträhne auszusitzen. Dazu gehört eventuell, eine gewisse Zeit nicht mehr zu pokern, um zu sehen, ob die Pechsträhne überstanden ist, wenn sie an den Tisch zurückkehren, oder einen Abstieg im Limit, um die Verluste zu begrenzen, bis die Pechsträhne vorüber ist.

Es gibt keine Methode, um eine Pechsträhne auszusitzen. Machen Sie eine Woche Pause und spielen dann wieder, ist die Wahrscheinlichkeit, mehr Glück zu haben, genauso groß wie morgen. Steigen Sie ein Limit ab, kehrt Ihr Glück vielleicht sofort zurück und Sie gewinnen deshalb weniger. Das soll nicht heißen, dass es generell verkehrt wäre, eine dieser Maßnahmen während einer Pechsträhne zu ergreifen. Eine Pause verhilft Ihnen vielleicht dazu, konzentrierter und weniger deprimiert an die Tische zurückzukehren und ein Abstieg im Limit kann dazu beitragen, Ihr Selbstvertrauen in schwächeren Partien wieder zu stärken. Allerdings ist es mehr als nutzlos, dies unter dem Vorwand zu tun, eine Pechsträhne aussitzen zu wollen.

Aufstieg im Limit, um die Verluste wieder hereinzuholen

Dies ist womöglich der schlimmste Fehler, den Sie während einer Pechsträhne begehen können. In diesem Moment erscheint Ihnen die Idee, ein Limit aufzusteigen, vermutlich verrückt. Sie sind mitten in der Lektüre eines Buchs über emotionale Kontrolle und voller Zuversicht, dass es Ihnen in Zukunft gelingt, dies besser zu lösen. Allerdings könnten die höheren Limits in einigen Monaten, wenn Sie verzweifelt wieder in die Erfolgsspur zurückkehren wollen, ein sehr verlockendes Ziel für Ihre Versuche sein, Ihre Bankroll wieder auf den alten Stand zu bringen.

Dies kann ein fataler Fehler sein, der zum Ende einer Pokerkarriere führen kann. Auf einem höheren Limit zu spielen als Ihre Bankroll verkraftet, ist selbst dann brandgefährlich und kann zum kompletten Verlust Ihrer Bankroll führen, wenn Sie dies nur bis zu dem Zeitpunkt tun wollen, an dem „Ihre Bankroll wieder ihren früheren Stand erreicht hat." Sie spielen nicht nur höher als es Ihre Mittel erlauben, sondern auch zum denkbar ungünstigsten Zeitpunkt: Ihr Selbstvertrauen ist angeschlagen, Sie könnten kurz vor einem Tilt stehen und die Gegnerschaft ist härter als sonst.

Beachten Sie, dass dieser Fehler besonders leicht von einem Internetspieler begangen werden kann. Bei einem Casino-Spieler erfordert der Aufstieg auf ein höheres Limit die physische Bewegung zu einem anderen Tisch und dabei wird er von den Stammgästen beobachtet, die sich fragen, warum er dies tut. Ein Internetspieler dagegen kann mit einem simplen Mouse-Klick auf ein höheres Limit wechseln. Er kann eine impulsive Entscheidung treffen und in weniger als einer Minute auf einem neuen Limit spielen.

5.4. Der richtige Umgang mit einer Pechsträhne

Wie aber sieht eine angemessene Reaktion auf eine Pechsträhne aus, wenn all die oben genannten Möglichkeiten schlecht sind? Diese Frage wollen wir im Rest dieses Kapitels beantworten. Natürlich können Sie gegen schlechte Karten, einen Spieler mit einem noch besseren Blatt und Bad Beats nichts tun, und das sind die Dinge, die eine üble Pechsträhne ausmachen. Kontrolle haben Sie aber über Ihre eigene Einstellung und Ihre Spielweise.

Sie bewältigen eine Pechsträhne auf die gleiche Weise, wie Sie alles andere beim Poker bewerkstelligen. Sie treffen die Entscheidungen, mit denen Sie langfristig am meisten Geld gewinnen.

Dies gilt nicht nur am Tisch, sondern auch bei allen anderen Entscheidungen. Es spielt eine entscheidende Rolle bei der Überwindung einer solchen Phase, welche Partien und Limits Sie spielen und wie Sie sich vorbereiten.

Eines der größten Probleme von Pechsträhnen ist der entstehende Teufelskreis. Während einer Pechsträhne kann Niedergeschlagenheit auftreten und im Allgemeinen spielt man im depressiven Zustand nicht gut. Spielen Sie nicht gut, werden Ihre Resultate schlechter und die Pechsträhne weitet sich noch aus, wodurch Sie noch niedergeschlagener werden. Dieser Teufelskreis kann solange anhalten,

a) bis Sie eine Glückssträhne haben, die Sie aus der Pechsträhne herausreißt, oder
b) bis Sie Pleite gehen.

Am besten bekämpft man diesen Teufelskreis, indem man ihn nicht gar nicht beginnen lässt. Dies klingt einfach, aber Sie müssen sicherstellen, dass Ihr Spiel während einer Pechsträhne nicht nachlässt. Natürlich ist dies einfacher gesagt als getan und erfordert sorgfältige Planung und strenge Disziplin.

Guter Lauf

Es ist eine gute Idee, sich auf eine Pechsträhne vorzubereiten, bevor sie eintritt. Sie können sie nicht verhindern, aber zumindest dafür sorgen, dass Sie die optimale Geistesverfassung haben, wenn diese Sie ereilt. Mit der korrekten Einstellung im Hinblick auf Ihre Bankroll und Gewinnquote während eines guten Laufs können Sie diese Einstellung aufrechterhalten, wenn Sie schließlich in eine Pechsträhne geraten.

Tappen Sie zum einen nicht in die Falle, zu glauben, die guten Zeiten würden ewig anhalten. Während eines guten Laufs nehmen viele Spieler an, sie könnten diese Gewinnquote unendlich lange bewahren. Informieren Sie sich, welche Gewinnquote in Ihrer Variante gut ist und überzeugen Sie sich davon, dass alles, was darüber hinausgeht, Kartenglück ist.

Außerdem ist es wichtig, während eines guten Laufs ein solides Bankroll-Management zu pflegen. Informieren Sie sich, welche Bankroll für Ihre Variante angemessen ist und betrügen Sie sich nicht. Während eines guten Laufs wirken die empfohlenen Bankroll-Beschränkungen sehr konservativ. Es scheint, als bräuchten Sie nicht derart viel Geld als Absicherung. Natürlich wird die weise Voraussicht einer konservativen Bankroll allzu offensichtlich, wenn es schlecht für Sie läuft. Betrügen Sie sich während eines guten Laufs mit Ihrer Bankroll, überträgt sich diese schlechte Angewohnheit auf eine schlechte Phase. Sie werden dazu verleitet, auf einem höheren Limit zu spielen, als es Ihre Bankroll diktiert, um Ihr Geld zurückzugewinnen.

Erste Reaktion

Nun sind Sie perfekt auf eine Pechsträhne vorbereitet. Und dann? Zunächst „treffen“ Pechsträhnen nicht zu einem exakten Zeitpunkt ein. Wie bereits erwähnt existieren sie eigentlich gar nicht. Sie können niemals sagen, dass eine Pechsträhne gerade begonnen hat. Vielleicht erleben Sie einige Verlustsessions, aber dies bedeutet nicht zwangsläufig den Beginn einer Pechsträhne. Möglicherweise erholen Sie sich und gewinnen das Geld direkt zurück.

Es gibt keine definierte Höhe eines Verlusts, an der Sie sagen können, „Nun habe ich offiziell eine Pechsträhne.“ In Wirklichkeit ist eine Pechsträhne eher eine Gefühlslage als eine objektive Realität. Sie verlieren in mehreren Sessions Geld und entscheiden daraufhin, dass Sie eine Pechsträhne haben. Hätten Sie das Poker Mindset komplett verinnerlicht, würden Sie stattdessen sagen, „Aufgrund der Varianz habe ich gerade einige unterdurchschnittliche Resultate hinnehmen müssen.“ Drücken Sie es tatsächlich so aus, haben Sie ein Verständnis demonstriert, das darauf hindeutet, dass Sie vermutlich ohnehin gut reagieren.

Wir sind jedoch Menschen und können nicht immer so klarsichtig sein. Pokerspieler haben das Wort „Pechsträhne“ verinnerlicht, um eine Phase zu bezeichnen, in der die letzten Resultate schlecht waren, und daher werden wir diesen Begriff verwenden. In Ermangelung einer besseren Bezeichnung – was tun Sie, wenn Sie sich plötzlich in einer Pechsträhne wiederfinden?

Der erste Schritt ist, nicht in Panik zu verfallen. Sie können diese überstehen, aber Sie brauchen einen klaren Kopf und die Fähigkeit, das Problem objektiv anzugehen. Geraten Sie in Panik, büßen Sie Ihr klares Denken ein und dieser Zustand kann zu emotionalen statt logischen Entscheidungen führen. Denken Sie daran, Sie sind nicht allein. Die Überwindung einer Pechsträhne erscheint einem unerfahrenen Spieler wie die schlimmste Sache auf der Welt, aber jedem Spieler blüht dieses Schicksal von Zeit zu Zeit, selbst den Spitzenspielern. Durchstöbern Sie die Internetforen und Sie werden zahllose Geschichten über Pechsträhnen finden. Tatsächlich ist die Geschichte von der „Pechsträhne“ in Pokerkreisen fast ebenso verbreitet wie die Bad-Beat-Geschichten.

Bringen Sie sich in die richtige Geistesverfassung, sind Sie besser auf eine Pechsträhne eingerichtet. Vielleicht hilft es Ihnen, die ganze Tortur als eine Herausforderung oder ein Experiment zu betrachten. Entschließen Sie sich, kein Spieler zu sein, der über seinen schlechten Lauf jammert. Dann sind Sie ein Spieler, der das Leben nimmt wie es ist und gut dabei wegkommt.

5.5. Die Kontrolle behalten

Sie können weder die Karten beeinflussen, die Sie aufnehmen, noch die Hände, die Sie und Ihre Gegner bekommen. Mal haben Sie mehr Glück und mal weniger, mehr gibt es dazu nicht zu sagen. Daher bleiben Ihnen zwei Dinge, auf die Sie Ihre Energien während einer Pechsträhne konzentrieren sollten: die Verbesserung Ihres Spiels und die Vermeidung von Tilt.

Gelingt es Ihnen während der gesamten Pechsträhne, Tilt zu vermeiden, können Sie sich selbst beglückwünschen. Sie haben das einzige getan, womit Sie den durch die Pechsträhne verursachten Schaden höchstwahrscheinlich begrenzen und diesen schneller überwinden konnten. Natürlich ist dies selten so einfach. Tilt und Pechsträhnen sind zwei Themen, die miteinander einhergehen. Tilt verursacht eine Pechsträhne, diese verursacht Tilt und dieser wiederum eine Pechsträhne.

Die Beziehung zwischen Tilt und Pechsträhne ist ein Teufelskreis und beides kann der Auslöser für das andere sein.

Da die meisten Spieler nicht in der Lage sein werden, Tilt während einer Pechsträhne komplett auszuschalten, kann man bestenfalls darauf hoffen, seine Auswirkungen zu begrenzen. Im nächsten Kapitel behandeln wir das Thema Tilt ausführlich, aber in diesem Abschnitt werfen wir nur einen Blick darauf, auf welche Weise Tilt Sie während einer Pechsträhne beeinträchtigt.

Die Wahrheit über Tilt

Ist von Tilt die Rede, denken viele Spieler an jemanden, der wütend oder verärgert ist und in einem Wutanfall mit Chips um sich schmeißt. In Wahrheit verläuft Tilt in der Regel wesentlich subtiler. Sie können auf Tilt gehen, ohne es zu bemerken und dies gilt sogar in der Rückschau. Auf Tilt zu sein bedeutet schlicht, schlechter als normal zu spielen.

Aus diesen Gründen ist es vor allem während einer Pechsträhne extrem schwierig, sich vor Tilt zu schützen und diesen zu erkennen. Sie sind derart mit Ihren Verlusten beschäftigt, dass Sie eventuell gar nicht wahrnehmen, wie Ihr Spiel fast unmerklich nachgelassen hat. Während einer Pechsträhne sind Sie jedoch anfälliger für Tilt als zu jedem anderen Zeitpunkt. Bewusst oder unbewusst sind Sie mehr damit beschäftigt, Ihre Verluste wieder hereinzuholen oder zu begrenzen und weniger darauf konzentriert, korrekte Entscheidungen zu treffen.

Verschiedene Arten von Tilt, mit denen Sie während einer Pechsträhne rechnen können

Natürlich reagiert jeder auf eine bestimmte Situation anders und aus diesem Grund kann man unmöglich vorhersagen, wie jemand auf eine Pechsträhne reagiert. Der eine Spieler schlägt vielleicht jede Vorsicht in den Wind, weil er mit Zockerei sein Geld zurückgewinnen will. Ein anderer beginnt sehr konservativ zu spielen, weil er sich unbewusst mit dem Verlieren abgefunden hat und seine Einbußen möglichst gering halten will. Ein dritter Spieler ist vergleichsweise ungerührt, spielt aber in der Hoffnung seine Verluste zurückzugewinnen zu lange und wird dann müde oder gelangweilt.

Die individuellen Reaktionen können zwar unterschiedlich ausfallen, bestimmte Muster sind Spielern während einer Pechsträhne aber gemein. Eine detailliertere Zusammenfassung der verschiedenen Arten von Tilt und deren Bekämpfung folgt im nächsten Kapitel, aber hier folgt eine Übersicht der meistverbreiteten Fallen, in die ein Spieler mit einem schlechten Lauf tappen kann.

Versuch, ein ausgeglichenes Ergebnis zu erzielen – Manchmal verleitet Sie die Angst vor einer weiteren Verlustsession zum Weiterspielen, um doch noch ein ausgeglichenes Ergebnis zu erreichen. Dies führt im Allgemeinen zu einer zu loosen Spielweise bzw. bisweilen zu einer automatisierten Spielweise, wenn Sie müde oder gelangweilt sind.

Schadensbegrenzung – Während einer Pechsträhne bemühen Sie sich unter Umständen eher Ihre Verluste zu begrenzen als zu gewinnen. Aus diesem Grund spielen Sie vielleicht zu passiv oder zu tight.

Mangelnde Bereitschaft, auf das Glück zu vertrauen – Da keiner Ihrer Spielzüge mit hohem Risiko-Chance-Verhältnis mehr zu funktionieren scheint, verzichten Sie auf diese ganz. Sie werden zu tight und zu passiv, indem Sie keine spekulativen Hände mehr spielen oder auf Bluffs verzichten.

Überschreiten der Schmerzgrenze – Manchmal läuft es so schlecht, dass Ihnen einfach alles egal ist. Sie haben so viel verloren, dass weitere Verluste Ihnen nicht mehr schlimm erscheinen. Als Folge spielen Sie zu loose oder zu aggressiv oder beides und dies sind sehr destruktive Formen von Tilt.

Jeder der genannten Punkte hat das Potenzial, Ihre positive Gewinnerwartung zu reduzieren oder gar ins Negative zu verkehren. Zum Glück können wir Ihnen die Hilfsmittel liefern, um während Pechsträhnen die Kontrolle zu behalten. Es sind dieselben, die Sie bei den meisten psychischen Widrigkeiten beim Poker anwenden sollten. Natürlich sprechen wir vom Poker Mindset.

5.6. Pechsträhnen und das Poker Mindset

Alles hängt von Ihrer Einstellung ab, wenn Sie während einer Pechsträhne Tilt abwenden wollen. Spielen Sie mit der richtigen Geistesverfassung Poker, gehen Sie mit geringerer Wahrscheinlich auf Tilt. Das Poker Mindset hilft Ihnen, eine Pechsträhne als das anzusehen, was sie ist. Schauen wir uns dies der Reihe nach an:

Verständnis und Akzeptanz der Poker-Realitäten – Poker ist ein Spiel mit hoher Varianz. Ihre negativen Erfahrungen müssen Sie nicht bekümmern, denn schlechte Phasen sind unvermeidlich, korrespondieren aber mit guten Phasen.

Langfristiges Spiel – Ihre Pechsträhne ist lediglich ein kurzfristiger Abfall Ihrer Resultate und für Ihren langfristigen Plan nicht relevant.

Legen Sie mehr Wert auf korrekte Entscheidungen als auf Geldgewinne – Treffen Sie die richtigen Entscheidungen, ist der Umstand, dass Sie verlieren, irrelevant. Sind Ihre Entscheidungen falsch, sollten Sie sich besser darauf konzentrieren anstatt auf Ihr Pech, das Ihnen hin und wieder widerfährt.

Machen Sie sich unempfindlich für Geld – Das Geld, das Sie verlieren, ist unwichtig. Treffen Sie die richtigen Entscheidungen, können Sie zufrieden sein.

Lassen Sie Ihr Ego zu Hause – Begreifen Sie die Pechsträhne nicht als Angriff. Versuchen Sie nicht mit aller Macht, ein ausgeglichenes Ergebnis zu erzielen oder sich selbst zu betrügen, indem Sie meinen, Sie könnten ein höheres Limit spielen als Ihre Bankroll zulässt.

Halten Sie alle Emotionen von Ihren Entscheidungen fern – Wenn Sie Ihre Entscheidungen logisch und ohne Emotionen treffen, gehen Sie nicht auf Tilt.

Widmen Sie sich fortwährend der Analyse und der Verbesserung Ihres Spiels – Machen Sie sich nichts vor, Ihr Spiel benötigt Studium. Bedauern Sie nicht Ihr Pech und tun Sie das Einzige, womit Sie Ihre Resultate verbessern können: Lernen Sie, besser zu spielen!

Das Poker Mindset ist der Schlüssel, um Tilt während einer Pechsträhne zu vermeiden. Lesen Sie es noch einmal nach, bevor Sie während einer Pechsträhne spielen. Wenn nötig, kopieren Sie es und nehmen es mit ins Casino (oder kleben es als Internetspieler an Ihren Bildschirm). Lesen Sie es immer durch, wenn Sie eine Pechsträhne entmutigt oder wenn Sie das Gefühl haben, wegen schlechter Resultate auf Tilt zu gehen.

Vor allem der letzte Teil des Poker Mindset bedarf genauerer Überprüfung im Hinblick auf Pechsträhnen. Hartes Studium, um das Spiel zu verbessern, ist die einzige Eigeninitiative, die Sie während einer Pechsträhne ergreifen können. Dieses Konzept ist so wichtig, dass wir ihm einen ganzen Abschnitt widmen.

5.7. Die Verbesserung des Spiels

Eins der schwierigsten Dinge während einer Pechsträhne ist es, objektiv zu beurteilen, wie gut Sie spielen. Spielen Sie perfekt, müssen Sie sich wegen einer Pechsträhne natürlich keine Gedanken machen. Sie können einfach weiterspielen und darauf warten, dass das Glück sich wieder dreht.

Es gibt aber niemanden, der Poker immer perfekt spielt. Egal wie hoch Sie Ihre Spielstärke einschätzen, können Sie sich immer noch verbessern. Während einer Pechsträhne tragen schlechte Entscheidungen demzufolge auch dann eine Teilschuld an den Verlusten, wenn Sie gar nicht auf Tilt gehen und genauso gut spielen wie vor der Pechsträhne. Allgemein gesagt sollten sie während einer Pechsträhne die beiden folgenden Punkte bedenken:

1. Es ist sehr unwahrscheinlich, dass Ihre Pechsträhne nur mit schlechtem Spiel zusammenhängt.
2. Genauso ist es sehr unwahrscheinlich, dass schlechtes Spiel überhaupt keinen Anteil an Ihrer Pechsträhne hat.

Das Studium zur Verbesserung Ihres Spiels ist während einer Pechsträhne besonders wichtig. Können Sie das Element „Schlechtes Spiel“ verringern und Ihre langfristige Gewinnquote verbessern, erholen Sie sich schneller.

Lassen Sie uns dies anhand einiger Zahlen demonstrieren. Angenommen Sie spielen Limit Hold’em und haben eine langfristige Gewinnquote von 1,2 Big Bets pro 100 Hände. Sie spielen im Internet und Ihre Sessions dauern immer 200 Hände (aus Gründen der Vereinfachung). In jeder Session beträgt Ihre Gewinnerwartung somit im Durchschnitt 2,4 Big Bets. Natürlich gewinnen Sie diese 2,4 Big Bets nicht exakt in jeder Session (dann wäre dieses Kapitel überflüssig). Möglicherweise gewinnen Sie in einer Session mit 200 Händen auch einmal mehr als 40 Big Bets oder verlieren diesen Betrag.

Was passiert jedoch, wenn Sie Ihre Gewinnquote auf 1,5 Big Bets pro 100 Hände steigern? Jetzt gewinnen Sie pro Session 0,6 Big Bets mehr. Die folgende Tabelle zeigt eine kleinere Serie von 10 Sessions. In der mittleren Spalte ist Spieler A mit einer Gewinnquote von 1,2 Big Bets aufgeführt und in der rechten Spieler B mit einer Gewinnquote von 1,5 Big Bets. Die Tabelle stellt identische zehn Sessions dar (gleiche Karten, gleiche Gegner usw.). Die gewonnenen Beträge werden in Big Bets ausgedrückt und sind größtenteils negativ, um eine Pechsträhne zu simulieren.

Session	Ergebnis (Spieler A)	Ergebnis (Spieler B)
1	-20,3	-19,4
2	-10,9	-11,1
3	+5,0	+5,1
4	-26,3	-27,5
5	-2,6	-1,3
6	-13,6	-12,3
7	+30,4	+29,2
8	-26,1	-24,2
9	-1,7	-1,5
10	-13,9	-11,0

Schauen Sie sich die beiden Spalten mit den Ergebnissen an. Sie sehen ähnlich aus und beim ersten Eindruck ist schwer zu erkennen, welcher Spieler mehr verloren hat. Sie werden feststellen, dass Spieler A in einigen Sessions mehr gewonnen (bzw. weniger verloren) hat, obwohl seine Gewinnquote niedriger ist. Das ist absolut möglich, da schlechtes Spiel beim Poker regelmäßig belohnt wird. Keiner der beiden Spieler wird mit dieser Phase zufrieden sein und die Unterschiede bei den Ergebnissen sind kaum sichtbar, da sie vom Ausmaß der gesamten Pechsträhne übertüncht werden.

Zählen Sie jedoch alle Ergebnisse zusammen, stellen Sie fest, dass Spieler A 80 Big Bets verloren hat und Spieler B nur 74 Big Bets.[30] Dieser Unterschied von 6 Big Bets kann langfristig sehr viel ausmachen und drückt aus, um wie viel besser Spieler A durchschnittlich *in jeweils 10 Sessions* abschneidet. Je länger die Pechsträhne andauert, desto größer wird die Differenz. Erleidet Spieler A eine 30 Sessions lang dauernde Pechsträhne muss er mit einem um 18 Big Bets höheren Verlust rechnen als Spieler B. Hat er sich nach 25 weiteren Sessions wieder vollständig erholt, hat Spieler B bereits wieder einen Gewinn von 33 Big Bets eingefahren (der zum Beispiel bei 15 $/30 $ etwa 1.000 $ entspricht).

Hoffentlich konnten wir hiermit demonstrieren, wie wichtig es ist, Ihr Spiel zu verbessern. Dies ist immer notwendig, aber besonders während einer Pechsträhne. Verbessern Sie Ihre Gewinnquote während eines guten Laufs, gewinnen Sie mehr Geld. Verbessern Sie diese während einer Pechsträhne, gewinnen Sie nicht nur mehr (oder verlieren weniger), sondern erreichen den Tiefststand bereits auf einem höheren Bankroll-Stand und können sich schneller davon erholen. Auf diese Weise verringern Sie auch die Wahrscheinlichkeit, auf Tilt zu gehen.

Verbesserung Ihres Spiels während einer Pechsträhne

Die Schwierigkeit, sein Spiel während einer Pechsträhne zu verbessern, liegt darin, dass es schwieriger ist, Mängel zu erkennen. Während einer Pechsträhne scheint *nichts* zu funktionieren, daher kann es kompliziert sein, Fehler auszumachen, während dies recht einfach ist, wenn die Karten wie gewünscht kommen. Richten Sie Ihr spezielles Augenmerk darauf, wie Sie Ihre Daten sammeln. Stellen Sie sicher, dass Sie nicht aus Versehen eine Entscheidung nur aufgrund der Resultate fällen, seit es schlecht läuft. Natürlich erscheinen

[30] Dies entspricht dem Erwartungswert. Der bessere Spieler gewinnt gemäß Erwartungswert 0,6 Big Bets mehr pro Session und es wurden 10 Sessions gespielt, was einem durchschnittlichen Wert von 6 Big Bets mehr entspricht.

bestimmte Hände und Spielzüge während eines schlechten Laufs unprofitabel, obwohl Sie ansonsten damit Geld gewinnen.

Während einer Pechsträhne können Sie zwei Arten von Fehler begehen:

Systematische Fehler – Dies sind Mängel in Ihrem Spiel, die immer vorhanden sind. Korrigieren Sie diese Mängel, können Sie Ihre gesamte Gewinnquote verbessern und schneller die Pechsträhne überwinden. Außerdem ermöglicht es Ihnen, langfristig eine höhere Gewinnquote zu erzielen, wenn die Pechsträhne längst vergessen ist. Es lohnt sich, diese Fehler zu beheben.

Abgeleitete Fehler – Dies sind spezielle Fehler, die Sie aufgrund einer Pechsträhne begehen oder anders gesagt Nebenprodukte Ihres Tilt. Mit solchen Fehlern ist es schwierig, sich aus der Pechsträhne zu befreien, da diese Ihre Gewinnquote dramatisch senken können. Tatsächlich sind Sie auf Tilt vielleicht gar kein erfolgreicher Spieler mehr. Diese Fehler zu beheben ist wesentlich, aber noch viel besser ist es, diese im Keim zu ersticken, indem Sie gar nicht erst auf Tilt gehen.

Obwohl das Entdecken und Abstellen der Mängel in Ihrem Spiel schon an sich ein Ziel ist, birgt es noch zusätzliche Vorteile. Zunächst sind Sie mit Ihrem Kopf woanders als bei Ihren schlechten Resultaten, wenn Sie sich darauf konzentrieren, Ihr Spiel zu verbessern. Viele Probleme bei Pechsträhnen entstehen durch die Fixierung auf Ihre schlechten Resultate zwischen den Sessions bis zu dem Moment, an dem Sie sich an den Tisch setzen und nicht glauben, gewinnen zu können. Rechnen Sie nicht mit Gewinnen, wird dies oft zu einer selbsterfüllenden Prophezeiung. Dies liegt nicht am Aberglauben, sondern daran, dass Sie unbewusst defensiv spielen, um Ihre Verluste zu minimieren.

Verbessern Sie aktiv Ihr Spiel, können Sie außerdem mit größerem Selbstvertrauen am Tisch Platz nehmen, weil Sie wissen, Ihr Spiel ist seit dem letzten Mal besser geworden. Obwohl der Unterschied vermutlich gering ausfällt, nützt Ihnen alles, was Ihren Glauben an Ihre Fähigkeit zu gewinnen stärkt.

5.8. Pechsträhnen und Ihre Bankroll

Wie Tilt ist das Thema Bankroll-Management wesentlicher Gegenstand jeder sinnvollen Diskussion über Pechsträhnen. Während einer Pechsträhne müssen Sie sorgfältig deren Auswirkungen auf Ihre Bankroll berücksichtigen und entsprechende Entscheidungen treffen. Ihre Bankroll hält Sie im Spiel und die Wahrscheinlichkeit, dass eine Pechsträhne fatale Folgen hat, hängt stark mit der Größe Ihrer Bankroll zusammen und mit Ihrer Fähigkeit, vernünftige Entscheidungen zu deren Schutz zu treffen. Gutes Bankroll-Management ist eine wesentliche Qualität eines erfolgreichen Spielers, weshalb wir diesem Thema ein ganzes Kapitel dieses Buchs widmen.

Ihre Bankroll steht immer in Relation zu dem Limit, auf dem Sie spielen. Zum Beispiel ist eine Bankroll mit 3.000 $ vermutlich ausreichend, wenn sie Limit Hold'em mit Blinds von 3 $/6 $ (oder No-Limit Hold'em mit Blinds von 0,50 $/1 $ und vollem Stack) spielen, aber viel zu niedrig, wenn Sie regelmäßig mit Blinds von 15 $/30 $ (oder No-Limit Hold'em mit Blinds von 2,50 $/5 $) spielen. Wollen Sie ein Limit aufsteigen, sollten Sie dies natürlich nicht tun, bis Sie die ausreichende Bankroll dafür haben. Lautet Ihre Strategie etwa, bei Limit Hold'em mit 300 Big Bets zu spielen, und Sie spielen mit Blinds von 5 $/10 $, sollten Sie nicht auf 10 $/20 $ aufsteigen, bevor Sie 6.000 $ (sprich 300 Big Bets für das neue Limit) haben.

Sogar noch wichtiger ist, daran zu denken, rechtzeitig im Limit abzusteigen. Während einer Pechsträhne schwindet Ihre Bankroll natürlich und wenn diese Pechsträhne ein entsprechend großes Ausmaß erreicht, besteht die Gefahr, dass Ihr Geld nicht ausreicht, um auf dem aktuellen Limit weiterzuspielen, und Sie absteigen müssen.[31] Leider haben Spieler während einer Pechsträhne oft Probleme, im Limit abzusteigen und dies kann mehrere Ursachen haben.

1. Es ist ein Rückschritt.

Der psychologische Effekt im Limit abzusteigen kann ziemlich heftig sein. Dies ist besonders ein Problem für Spieler, die sich erfolgreich für Geld unempfindlich gemacht haben, indem sie ihren Erfolg eher an den gespielten Limits als am gewonnenen Geld messen. Je höher das Limit, auf dem sie

[31] Dies wird auch in Kapitel 7 erörtert.

spielen, desto besser ihr Gefühl. Der Abstieg im Limit entspricht für diese Spieler einem großen Rückschritt.

2. Es ist schwieriger, die Verluste wieder gut zu machen.

Spieler, die Pechsträhnen verstehen (oder einfach optimistisch sind), neigen dazu, die Tatsache zu überbewerten, dass die nächste Session diejenige sein könnte, mit der sie wieder in die Erfolgsspur zurückkehren. Es kann für diese Spieler sehr schmerzhaft sein, ein Limit abzusteigen, weil Sie wissen, dass Sie bei einer erfolgreichen Session auf dem neuen Limit nur einen Bruchteil des Betrags zurückgewinnen, den sie auf dem aktuellen Limit erzielt hätten.

3. Der Spieler könnte sich selbst belügen.

Einige Spieler wehren sich, ein Limit abzusteigen, weil sie nicht akzeptieren, dass ihre Bankroll in Wirklichkeit kleiner ist. Die meisten Spieler achten auf den höchsten Stand ihrer Bankroll aller Zeiten. Haben sie weniger Geld, erinnern sie sich immer noch an diese Zahl, obwohl diese mittlerweile irrelevant ist.

Nehmen wir zum Beispiel an, ein Limit-Hold'em-Spieler hätte eine Bankroll von 3.000 $. Er verfolgt eine Strategie mit 250 Big Bets und kann deshalb bequem auf 5 $/10 $ spielen. Dann erlebt er einen kleinere Pechsträhne, bei der er 100 Big Bets verliert. Nun beträgt seine Bankroll 2.000 $ und er sollte auf 3 $/6 $ absteigen, aber er sieht das anders. Er glaubt, eine Pechsträhne gehabt zu haben (korrekt) und rechtzeitig als Ausgleich wieder in die Glücksspur zurückzufinden (falsch). Daher sieht er keinen Grund, ein Limit abzusteigen (falsch). Dieser Spieler meint, er könne mit Fug und Recht weiterhin 5 $/10 $ spielen, weil *er ein 5 $/10 $-Spieler ist.*

Dies erscheint zwar merkwürdig, ist aber die Art und Weise, wie viele Spieler denken und einige von ihnen merken es nicht einmal. Beträgt Ihre Bankroll 2.000 $, beträgt sie 2.000 $, unabhängig davon, wie groß sie in der Vergangenheit war. Der „frühere Spitzenwert“ von 3.000 $ ist völlig irrelevant bei der Ermittlung irgendwelcher Bankroll-Erfordernisse.

Bankroll-Schwindel

Schwindeln Sie bei Ihrer Bankroll, beschwindeln Sie natürlich nur sich selbst. Bankroll-Erfordernisse gibt es aus gutem Grund und wenn Sie ein zu hohes Limit spielen, riskieren Sie die Pleite. Dies gilt vor allem während einer

Pechsträhne, weil Sie womöglich schlechter als sonst spielen und die Wahrscheinlichkeit steigt, dass Sie weiterhin verlieren.

Egal was Ihre Beweggründe sein könnten, sollten Sie sich davor hüten, sich selbst im Hinblick auf Ihre Bankroll-Erfordernisse zu beschwindeln. Das menschliche Gehirn findet die cleversten Argumente, um etwas zu rechtfertigen, was es tun will. Beschwindeln Sie sich bei Ihrer Bankroll, *setzen Sie Ihre gesamte Pokerkarriere aufs Spiel.* In wenigen Monaten wird Ihre Pechsträhne vorbei und vergessen sein. Es sei denn natürlich, Sie entscheiden sich, Ihre Bankroll-Erfordernisse zu verfälschen, wonach es durchaus mit Ihrer Pokerkarriere vorbei sein kann. Die Entscheidung liegt bei Ihnen.

Selbstkontrolle: Besuchen Sie ein Poker-Forum wie InternetTexasHoldem.com und verbringen Sie einige Zeit damit, Beiträge von Spielern zu lesen, die gerade eine Pechsträhne haben. Versuchen Sie als unabhängige Person deren Erfahrungen objektiv zu betrachten. Schauen Sie, ob Sie bei der Lektüre einen Fehler in der Einstellung des betreffenden Spielers erkennen können.

5.9. Rückblick auf das Kapitel

- 5.1. Schlechter Lauf
  - Eine Pechsträhne ist eine Phase, in der ein Spieler über mehrere Sessions deutlich weniger gewinnt als normal.
  - Durch die hohe Varianz beim Poker ist es unvermeidlich, dass Sie von Zeit zu Zeit dauerhafte Verluste erleiden. Dies sind keine seltenen, außergewöhnlichen Ereignisse, sondern etwas, was den meisten Spielern regelmäßig widerfährt.

- 5.2. Die Wahrheit über Pechsträhnen
  - Pechsträhnen gibt es eigentlich gar nicht, sie sind lediglich ein beobachtbares Muster von Resultaten.
  - Ein verbreiteter Fehler besteht darin, Pechsträhnen Eigenschaften zuzuschreiben, etwa eine bestimmte Größe, Form oder Häufigkeit.
  - Viele Spieler versuchen, Pechsträhnen in der Gegenwart oder Zukunft zu definieren. Sie wollen zukünftige Ereignisse anhand vergangener Resultate vorhersagen. Dies ist unmöglich.
  - Leider ist es durch den psychischen Druck eines länger anhaltenden, schlechten Laufs schwierig, Pechsträhnen zu ignorieren.
  - Eine große Pechsträhne zu meistern ist eine der schwierigsten Aufgaben für einen Pokerspieler und die Strafe des Versagens kann der Verlust der gesamten Bankroll sein.

- 5.3. Verbreitete schlechte Reaktionen auf Pechsträhnen
  - Dies sind einige der meistverbreiteten schlechten Reaktionen auf Pechsträhnen:
    - Verlust des Vertrauens in Ihre Fähigkeiten und Ihr Spiel
    - Radikale Veränderungen in Ihrem Spiel
    - Seelische Qualen durch Ihre Verluste
    - Versuche, die Pechsträhne auszusitzen
    - Aufstieg im Limit, um die Verluste wieder hereinzuholen

5.4. Umgang mit einer Pechsträhne

- Sie bewältigen eine Pechsträhne auf die gleiche Weise, wie Sie alles andere beim Poker bewerkstelligen. Sie treffen die Entscheidungen, mit denen Sie langfristig am meisten Geld gewinnen.
- Dies gilt nicht nur am Tisch, sondern auch bei allen anderen Entscheidungen. Es spielt eine entscheidende Rolle bei der Überwindung einer solchen Phase, welche Partien und Limits Sie spielen und wie Sie sich vorbereiten.
- Spielen Sie nicht gut, werden Ihre Resultate schlechter und die Pechsträhne weitet sich noch aus, wodurch Sie noch niedergeschlagener werden. Dieser Teufelskreis kann solange anhalten,
  a) bis Sie eine Glückssträhne haben, die Sie aus der Pechsträhne herausreißt oder
  b) bis Sie Pleite gehen.
- Die korrekte Einstellung hinsichtlich Ihrer Bankroll und Ihrer Gewinnquote während eines guten Laufs hilft Ihnen, diese Einstellung aufrechtzuerhalten, wenn Sie der unvermeidliche schlechte Lauf ereilt.

5.5. Die Kontrolle behalten

- Es gibt zwei Dinge, auf die Sie Ihre Energien während einer Pechsträhne konzentrieren sollten: die Verbesserung Ihres Spiels und die Vermeidung von Tilt.
- Die Beziehung zwischen Tilt und Pechsträhne ist ein Teufelskreis und beides kann sogar der Auslöser des anderen sein.
- Verschiedene Arten von Tilt, mit denen Sie während einer Pechsträhne rechnen können:
  - Versuch, ein ausgeglichenes Ergebnis zu erzielen
  - Schadensbegrenzung
  - Mangelnde Bereitschaft, auf das Glück zu vertrauen
  - Überschreiten der Schmerzgrenze

5.6. Pechsträhnen und das Poker Mindset

- Alles hängt von Ihrer Einstellung ab, wenn Sie während einer Pechsträhne Tilt abwenden wollen. Spielen Sie mit der richtigen

Geistesverfassung Poker, gehen Sie mit geringerer Wahrscheinlichkeit auf Tilt.

- Das Verständnis der sieben Grundeinstellungen des Poker Mindset ist der Schlüssel, um Tilt während einer Pechsträhne zu vermeiden.

□ 5.7. Die Verbesserung Ihres Spiels

- Allgemein gesagt sollten Sie während einer Pechsträhne an die beiden folgenden Punkte denken:
  1. Es ist sehr unwahrscheinlich, dass Ihre Pechsträhne nur mit schlechtem Spiel zusammenhängt.
  2. Genauso ist es sehr unwahrscheinlich, dass schlechtes Spiel überhaupt keinen Anteil an Ihre Pechsträhne hat.
- Können Sie das Element „Schlechtes Spiel“ verringern und Ihre Gewinnquote verbessern, erholen Sie sich schneller.
- Obwohl das Entdecken und Abstellen der Mängel in Ihrem Spiel schon an sich ein Ziel ist, birgt es noch zusätzliche Vorteile:
  - Sie sind mit Ihrem Kopf woanders als bei Ihren schlechten Resultaten, wenn Sie sich darauf konzentrieren, Ihr Spiel zu verbessern.
  - Verbessern Sie aktiv Ihr Spiel, können Sie außerdem mit größerem Selbstvertrauen am Tisch Platz nehmen.

□ 5.8. Pechsträhnen und Ihre Bankroll

- Bei einer großen Pechsträhne besteht die Gefahr, dass Sie keine ausreichende Bankroll für das aktuelle Limit haben und absteigen müssen.
- Leider haben Spieler während einer Pechsträhne oft Probleme, im Limit abzusteigen und dies kann mehrere Ursachen haben.
  1. Es ist ein Rückschritt.
  2. Es ist schwieriger, die Verluste wieder zurückzugewinnen.
  3. Der Spieler könnte sich selbst belügen.
- Beschwindeln Sie sich hinsichtlich Ihrer Bankroll, *setzen Sie Ihre gesamte Pokerkarriere aufs Spiel.*

Kapitel 6

Tilt

"Poker ist eine Kombination aus Glück und Können. Die meisten meinen, es sei schwer, eine ausreichende Spielstärke zu erreichen, aber sie irren sich. Die Kunst beim Poker besteht darin, mit dem Glück fertig zu werden." – Jessie May (aus Shut Up and Deal)

Tilt ist ein Thema, das bis jetzt in jedem Kapitel dieses Buchs aufgetaucht ist, da es für die gesamte Materie wesentlich ist. Fast jeder Aspekt des Poker Mindset hat in bestimmter Weise mit der Verminderung des Einflusses von Tilt auf Ihr Spiel zu tun. In diesem Kapitel schauen wir uns an, warum Spieler auf Tilt gehen und kategorisieren unterschiedliche Arten von Tilt, indem wir die häufigsten Ursachen und Auswirkungen betrachten. Wir widmen uns verschiedenen Methoden, um Tilt zu verhindern, und den geeigneten Maßnahmen, wenn Sie feststellen, dass sich Tilt in Ihr Spiel eingeschlichen hat.

6.1. Was ist Tilt?

Mit Tilt bezeichnet man schlicht ein Verhalten, bei dem Sie schlechter spielen als es Ihnen möglich ist. Auf Tilt zu gehen bedeutet, dass Ihr Spiel in bestimmter Weise nachgelassen hat. Im Kern ist dies eine sehr einfache Definition, doch Tilt hat viele Schichten und Nuancen, wodurch es bisweilen schwierig ist, ihn zu erkennen.

Tilt ist nicht dasselbe wie schlechtes Spiel. Tausende von Spielern sind extrem schlecht, aber nicht, weil sie auf Tilt sind, sondern weil sie es nicht besser können. Tilt bedeutet, dass der fragliche Spieler sowohl die Fähigkeit als auch den Wunsch hat, besser zu spielen, aber dies aus irgendeinem Grund momentan nicht kann.

Die meisten Spieler haben eine recht klare Vorstellung von Tilt und am verbreitetesten sind diese beiden Meinungen:

- Tilt bedeutet, aus Wut eine große Menge Chips durch exzessives Setzen und Raisen zu verschleudern.
- Tilt bedeutet, zu viele Hände zu spielen und zu viele Bets mit schwachen oder mittelmäßigen Händen zu callen.

Beide Punkte sind zwar recht plausibel, aber es gibt viele andere Arten, wie sich Tilt bei einem Spieler äußern kann. Die Annahme, Tilt könne nur aus Wut und dem Nachjagen von Draws bestehen, ist eine sehr beschränkte Sichtweise. Tilt ist jede Abweichung von Ihrer optimalen Spielstärke und beinhaltet nicht immer eine große Veränderung Ihrer Spielweise. Im nächsten Kapitel werden Sie sehen, dass es in Wahrheit sechs verschiedene Typen von Tilt gibt. Ein Spieler kann durchaus auf Tilt gehen, ohne dass er oder seine Gegner dies merken.

Fast jeder Spieler leidet irgendwann unter Tilt. Einige sind disziplinierter als andere und gelegentlich treffen Sie auch Spieler, die behaupten, nie auf Tilt zu gehen. In Wahrheit gehen diese vielleicht nicht sehr oft auf Tilt oder nicht besonders schlimm, bzw. merken es gar nicht. Jeder Spieler hat schon das ein oder andere Mal einen schlechten Call gemacht, einen Flop mit einer Hand gesehen, die er hätte wegwerfen sollen oder einen Spielzug ohne korrekte Berücksichtigung der konkreten Umstände ausgeführt. Es ist fast unmöglich, in jeder Hand jeder Session optimal zu spielen.

Wichtig ist, daran zu denken, dass nicht jeder Tilt von denselben Ursachen herrührt und seine Auswirkungen sehr unterschiedlich sein können. Häufig hat Tilt kaum Einfluss auf die Ergebnisse, aber manchmal kann er zu einem Absturz der Spielstärke führen, der in einem loosen, unkontrollierten Durcheinander mündet. Die Auswirkungen auf Ihr Spiel hängen von mehreren Faktoren ab:

Typen

Einige Formen von Tilt sind natürlich destruktiver als andere. Spielen Sie zum Beispiel vor dem Flop zu tight, ist das Schlimmste, was Ihnen passieren kann, dass Sie in jeder Runde die Blinds und Antes verlieren. Im Gegensatz dazu kann ein looser Tilt dazu führen, dass Sie viel zu viele Hände spielen, was beträchtliche Auswirkungen auf Ihre Bankroll haben kann. Im weiteren Verlauf des Kapitels schauen wir uns verschiedene Typen von Tilt und deren jeweilige Gefahren an.

Heftigkeit

Auch derselbe Tilt-Typ kann je nach Ausmaß der Veränderung in Ihrem Spiel mehr oder weniger destruktiv sein. Unterscheidet sich Ihre Spielweise nur leicht von der Normalität, ist dies natürlich weniger gefährlich als wenn Sie extrem miserabel spielen.

Dauer

Die Höhe Ihrer durch Tilt verursachten Verluste hängt unmittelbar proportional mit der Dauer Ihres Tilt zusammen. Spielen Sie nur ein oder zwei Hände miserabel, sind die Auswirkungen vor allem bei Limit-Varianten vermutlich nicht katastrophal. Sind Sie jedoch länger oder sogar eine ganze Session auf Tilt, können die Verluste massiv sein.

Variante

Allgemein ist Tilt für No-Limit- und Pot-Limit-Spieler schädlicher als für Limit-Spieler. Die Möglichkeit, große Bets zu bringen oder zu callen, gibt Ihnen auch die Möglichkeit, größere Fehler zu begehen.

Durch diese Faktoren ist es unmöglich, definitiv zu sagen, wie gefährlich Tilt sein kann. Das Ergebnis kann von einem kaum wahrnehmbaren Rückgang Ihrer Gewinnerwartung bis zur kompletten Auslöschung Ihrer Bankroll reichen und genauso irgendwo dazwischen liegen.

Tilt ist deshalb so wichtig, weil die Vorteile beim Poker so gering sind und alles, was diese Vorteile weiter reduziert, ernsthafte Auswirkungen auf Ihr Endergebnis haben kann. Selbst wenn Sie über die technischen Fertigkeiten verfügen, um ein sehr erfolgreicher Spieler zu sein, braucht es nicht viel, damit Sie nur noch leichte Gewinne, ausgeglichene Ergebnisse oder sogar Verluste erzielen.

Viele Spieler haben die technischen Fertigkeiten, um langfristig zu gewinnen, aber ihr Mangel an einem korrekten Poker Mindset hindert sie daran, langfristig erfolgreich zu sein. Im Endeffekt verspielen sie ihre gesamten Gewinne mit Tilt.

Professionelle Pokerspieler zeigen häufig ihre optimale Spielstärke, andernfalls könnten sie nicht überleben. Aber Spieler, die aufgrund ihrer Fähigkeiten eine Menge Geld mit Poker verdienen könnten, gehen letztlich Pleite, wenn sie ihren

Tilt nicht unter Kontrolle haben. Dieses Phänomen ähnelt dem, was man in anderen Sportarten beobachten kann. Manchmal schaffen es sehr vielversprechende Akteure nicht an die absolute Spitze, aber nicht weil sie nicht über die entsprechende Fähigkeit oder Physis verfügen, sondern weil es ihnen an den notwendigen inneren Qualitäten fehlt. Unter Umständen mangelt es ihnen an der notwendigen Disziplin, um die Spitze zu erreichen, oder ihr Ego hält sie davon ab, die optimale Leistung abzurufen. Ein Spieler, der in der Hitze des Gefechts seine Gefühle nicht kontrollieren kann, wird sicher die Nerven verlieren, wenn der Druck zunimmt.

6.2. Warum gehen Spieler auf Tilt?

Diese Frage ist nicht leicht zu beantworten. Jeder Spieler ist anders und geht aus unterschiedlichen Gründen auf Tilt. Eine Situation, die den einen Spieler auf die Palme bringt, macht einem anderen unter Umständen überhaupt nichts aus. Man kann aber einige Verallgemeinerungen vornehmen, warum einige Formen von Tilt verbreitet sind und welche Situationen diesen vermutlich auslösen. Zu diesem Zweck müssen wir einige Schichten freilegen und uns anschauen, was die Art und Weise wie Menschen Poker spielen beeinflusst.

Denken Sie zurück, wie Sie gespielt haben, als Sie zum ersten Mal am Pokertisch saßen. Was sagte Ihr Instinkt über die korrekte Vorgehensweise beim Poker aus? Die meisten Spieler sind anfänglich zu loose. Ihr Gedankengang könnte in etwa so aussehen:

> Die besten Pokerspieler sind diejenigen, die am meisten Geld gewinnen.
> Am meisten Geld gewinne ich, indem ich Pots gewinne.
> Ich kann keine Pots gewinnen, wenn ich folde.
> Fazit: Ich muss viele Hände spielen, um ein guter Pokerspieler zu sein.

Anfänger neigen dazu, zu viele Hände zu spielen, obwohl man ihnen das Gegenteil rät. Genau diese Spieler bleiben nach dem Flop zu lange in der Hand und jagen in der Hoffnung auf die Gewinnerhand schwachen Draws hinterher. Es bedarf viel Disziplin, Studium und Erfahrung, bis ein Anfänger die korrekte Pokerstrategie verstanden hat und erkennt, dass es wichtig ist, nicht Pots, sondern Geld zu gewinnen.

Anfänger spielen außerdem instinktiv zu passiv. Sind sie in eine Hand involviert, checken und callen sie in der Regel eher, als dass sie betten und raisen, sofern sie kein Monster haben. Sie wollen billig den Showdown sehen, um zu „erfahren, ob sie gewonnen haben", sind aber nicht zu größeren Risiken bereit, wenn sie nicht recht sicher sind, die beste Hand zu haben. Noch einmal sei erwähnt, dass viel Studium und Disziplin erforderlich ist, bis ein Anfänger den Wert der Aggressivität in einer Hand begreift.

Anfänger neigen auch dazu, bei ihren Spielzügen nicht alle Variablen zu berücksichtigen. Sie spielen ihre eigene Hand, ohne sich um die möglichen Blätter ihrer Gegner zu kümmern. Mit Sicherheit nehmen sie auch keine Rücksicht auf komplexe Variablen wie Position, Pot Odds und die gegnerischen Setzmuster. Es ist harte Arbeit und erfordert strenge Disziplin, bei jeder Entscheidung jede Variable einzubeziehen.

Instinktiv neigen Spieler zu einer loosen und passiven Vorgehensweise, ohne dabei die Umstände am Tisch zu berücksichtigen. Es ist kein Zufall, dass Spieler auf Tilt meist zu loose, zu passiv und zu formelhaft sind.

Letztlich ist Tilt häufig (aber nicht immer) ein spielerischer Rückfall in alte Zeiten. Der Spieler verliert die Disziplin, die sein Spiel kontrolliert und fängt stattdessen an, impulsive Entscheidungen zu treffen.

Was bringt Spieler dazu, in diese undisziplinierte Form von Poker zurück zu verfallen? Wenn wir verstehen, warum Spieler auf Tilt gehen, können wir wesentlich besser erkennen, wann wir selbst Gefahr laufen, auf Tilt zu gehen. Traditionell wird Tilt als eine emotionale Reaktion auf negative Einflüsse betrachtet. Laut dieser Meinung geht ein Spieler zum Beispiel wegen eines Bad Beats, des Verlusts eines großen Pots oder einer Menge Geld auf Tilt. Dies ist jedoch nur ein Klischee, genau wie die Meinung, dass Tilt *immer* wütendes Setzen und exzessives Callen bedeute. Zwar sind Bad Beats und Downswings die Hauptursachen für Tilt, aber bei weitem nicht die einzigen. Alle folgenden Punkte können ebenfalls Tilt hervorrufen oder zu ihm beitragen:

- Jeder emotionale Zustand (nicht nur die Klischees Ärger, Depression und Selbstmitleid)
- Erschöpfung oder Müdigkeit
- Langeweile
- Eine ungewöhnlich verlaufende Partie
- Eine anormale Serie von Ergebnissen
- Alkohol

Mit anderen Worten müssen Sie sich vor Tilt nicht nur hüten, wenn es schlecht läuft, sondern permanent.

Betrachten Sie Poker als Kampf mit sich selbst, den klassischen Widerstreit zwischen Herz und Kopf. Auf der einen Seite sagt Ihnen Ihr Herz, bei Ihrem Spiel Ihren Emotionen zu folgen. Es drängt Sie, sich mit zweitklassigen Händen den Flop anzusehen, sich auf dem Flop mit einer schwachen Hand eine weitere Karte „zu gönnen" oder mit einer starken Hand lieber bis zum Ende zu callen anstatt zu raisen. Auf der anderen Seite sagt Ihnen Ihr Kopf, mit Verstand zu spielen, indem er Sie drängt, die Spielzüge auszuführen, mit denen Sie Ihre langfristige Gewinnerwartung maximieren, obwohl dies bedeuten kann, dass Sie sich besonders stark konzentrieren oder Spielzüge ausführen müssen, die Sie lieben unterlassen würden.

Bei den meisten Spielern gibt der Kopf unter normalen Umständen den Ausschlag bei den Entscheidungen.[32] *Allerdings ist die andere Stimme immer anwesend und drängt darauf, eine andere Richtung einzuschlagen.*

Bei manchen Spielern ist diese Stimme sehr leise, weshalb sie mit geringerer Wahrscheinlichkeit auf Tilt gehen. Bei anderen jedoch ist sie sehr laut. Vielleicht ist sie nicht laut genug, um den Kopf unter normalen Umständen zu überstimmen, aber sie übernimmt das Kommando, sobald etwas geschieht, wodurch sie lauter oder die Botschaft aus dem Kopf leiser und unsicherer wird. Schuld könnten zum Beispiel folgende Ereignisse sein:

---

[32] Beachten Sie, wir sprechen von den "meisten Spielern." Gelegentlich treffen Sie auf Spieler, welche die korrekte Spielweise kennen, aber fast immer schlecht spielen. Im Endeffekt sind diese immer auf Tilt.

- Sie erleiden einen Bad Beat. Ihr Herz ermuntert Sie zu mehr Zockerei, um eine Chance auf den Rückgewinn des Geldes zu haben.
- Sie spielen auf einem höheren Limit als sonst. Ihr Herz betont die zusätzliche Belastung für Ihre Bankroll und bringt Sie dazu, vorsichtig und passiv zu spielen, um einen großen Verlust zu verhindern.
- Sie sind gelangweilt. Ihr Herz ermuntert Sie, nach jedem Fold das Fußballspiel zu verfolgen, anstatt Ihre Gegner zu beobachten.
- Ein Maniac markiert den starken Mann. Ihr Herz sagt Ihnen, ihm frontal gegenüberzutreten, ihn permanent vor dem Flop zu reraisen und ihm zu zeigen, wer in Wirklichkeit das Sagen am Tisch hat.

Dies sind nur vier mögliche Szenarien von vielen. Sie treffen nicht mehr die besten Entscheidungen, weil nicht mehr Ihr Kopf, sondern Ihr Herz die Kontrolle über Sie übernommen hat. Eventuell merken Sie gar nicht, dass Sie schlecht spielen. Manchmal werden die beiden Stimmen sehr verwirrend und Sie stellen erst nachher fest, wie schlecht Sie gespielt haben.

Zusammengefasst lässt sich sagen, dass Tilt schlicht ein Zustand ist, in dem Spieler aus welchen Gründen auch immer ihre Fähigkeit verlieren, Entscheidungen zu Ende zu denken und den besten Spielzug zu machen. Tilt kann sehr kurzfristig sein und nur eine einzige Entscheidung lang andauern, aber in anderen Fällen auch mehrere Stunden oder gar Session anhalten. Kein Spieler ist davor sicher, weil jeder diese Stimme, wenn auch leise, irgendwo in seinem Bewusstsein in sich hat.

6.3. Verschiedene Typen von Tilt

Es gibt sechs verschiedene Typen von Tilt, die wir unter dem Aspekt kategorisieren, wie diese Ihr Spiel beeinträchtigen. Einige dieser Typen kommen häufiger vor als andere und einige sind gefährlicher als andere. In diesem Abschnitt behandeln wir jede Kategorie und erörtern, wie diese Form des Tilt Ihr Spiel beeinträchtigt, wie gravierend sie ist und was die vermutlichen Auslöser sind.

Im vergangenen Abschnitt konnten Sie erkennen, wie Tilt häufig eine emotionale Spielweise widerspiegelt. Daher ist es nicht verwunderlich, dass Spieler bei den drei meist verbreiteten Typen von Tilt zu den schlechten Angewohnheiten zurückkehren, die sie zu Beginn ihrer Karriere hatten, bevor sie lernten, gut Poker zu spielen. Diese sind:

Looser Tilt
Passiver Tilt
Formelhafter Tilt

Außerdem gibt es drei weniger verbreitete Formen von Tilt:

Aggressiver Tilt
Tighter Tilt
FPS-Tilt[33]

Diese drei Typen sind weniger verbreitet, weil für sie eine für die meisten Menschen unnatürliche Spielweise erfordern und ihre Auslöser nicht allzu oft vorkommen. Obwohl sie seltener sind als die drei anderen Tilt-Typen, können einzelne Spieler besonders stark zu ihnen neigen. Ein von Natur aus nervöser und risikoscheuer Spieler neigt zum Beispiel vermutlich eher zu tightem Tilt als jeder anderen Form. Ein hitzköpfiger Spieler mit einem starken Ego dürfte dagegen eher für aggressiven Tilt anfällig sein.

Looser Tilt

Looser Tilt ist vermutlich die am meisten verbreitete Form von Tilt, bei der vor dem Flop zu viele Hände gespielt und nach dem Flop zu wenige Hände gefoldet werden. Dieser Tilt-Typ ist hauptsächlich deshalb so verbreitet, weil er einen Stil verkörpert, den insgeheim alle Pokerspieler gerne anwenden würden. Die meisten Spieler mögen es nicht unbedingt, vor dem Flop 75 Prozent Ihrer Hände wegzuwerfen, denn Poker macht mehr Spaß, wenn man an der Action beteiligt ist.

Da tatsächlich fast alle Spieler lieber mehr Hände spielen würden, als es ihnen die Strategie vorschreibt, braucht es nicht viel, um jemanden dazu zu bringen. Aus diesem Grund gibt es viele mögliche Auslöser für loosen Tilt, wovon die folgenden die am meisten verbreiteten sind.

[33] Diese Abkürzung stammt vom englischen "Fancy Play Syndrome" - eine Bezeichnung, die von Mike Caro eingeführt wurde. Gemeint ist der Drang, besonders raffinierte Spielzüge zur Anwendung zu bringen.

Der Versuch, ein ausgeglichenes Ergebnis zu erzielen – Liegen Sie zurück, besteht immer die Versuchung, noch ein ausgeglichenes Ergebnis erzielen zu wollen. Sie spielen dann nicht nur länger als Sie vorhatten, sondern beteiligen sich auch an mehr Händen, weil Sie hoffen, die eine grandiose Hand zu treffen, mit der Sie in der Session ein ausgeglichenes Ergebnis erreichen. Vor dem Flop geraten Sie mit spekulativen Händen wie Suited Connectors und kleinen Paaren in die falschen Situationen und nach dem Flop sind Sie anfälliger, unwahrscheinlichen Draws wie Gutshot nachzujagen, obwohl die Pot Odds gegen einen Call sprechen. Im Wesentlichen beginnen Sie in Situationen auf Ihr Glück zu vertrauen, die einen negativen Erwartungswert besitzen, weil Sie darauf hoffen, Ihr Geld zurück zu gewinnen.

Frustration – Wenn Sie zu viele Bad Beats hinnehmen mussten, spielen Sie unter Umständen zu viele Hände und jagen schwachen Draws hinterher. Frustrierte Spieler finden sich oft in Situationen wieder, in denen Sie einen Pot gewinnen wollen, um in die Erfolgsspur zurückzukehren.

Ungeduld – Beim Poker gibt es Phasen, in denen Sie über einen längeren Zeitraum keine guten Karten bekommen. Sie erhalten so viel Schrott, dass Ihnen Blätter wie KTo oder Q7s als Monster erscheinen, wenn Sie diese ausgeteilt bekommen. Anstatt sich an Ihre Vorgaben für Starthände zu halten, beginnen Sie, marginale Blätter zu spielen, die Sie normal folden.

Übersteigertes Selbstvertrauen – Läuft es unglaublich gut für Sie, beginnen Sie eventuell, Ihre Fähigkeiten zu überschätzen. Sie halten sich allmählich für unbesiegbar, anstatt Ihre ungewöhnlich hohe Gewinnquote dem Glück zuzuschreiben. In diesem Moment beginnen Sie, zu viele Hände zu spielen, weil Sie glauben, Sie könnten Ihre Gegner nach dem Flop ausspielen. Obwohl dies bis zu einem gewissem Maß zutreffen kann, gibt es vor allem bei Limit Hold'em einen Punkt, an dem Ihre Fähigkeiten im Spiel nach dem Flop die schwachen Hände, mit denen Sie sich am Pot beteiligen, nicht mehr ausgleichen können.

Der Schaden, den Sie mit loosem Tilt anrichten, hängt davon ab, wie loose spielen und wie lange. Weicht Ihr Spiel nur leicht von der Normalität ab, spielen Sie glücklicherweise vermutlich nur leicht unprofitable Hände und callen auch nach dem Flop nur ein wenig zu häufig. Diese Fehler kosten Sie im Durchschnitt nur einen kleinen Betrag. Fällt Ihr Tilt aber heftig aus, kann der mögliche Schaden praktisch unbegrenzt sein. Zu looses Spiel ist der Fehler, der Sie langfristig am wahrscheinlichsten dauerhaft Geld kostet.

Passiver Tilt

Passiver Tilt ist der stille Feind eines Pokerspielers. Er kann sich in Ihr Spiel schleichen, ohne dass Sie es bemerken, und wenn er einmal da ist, kann man ihn schwer entdecken. Anstatt in den richtigen Situationen zu betten und zu raisen, fangen Sie an, zu häufig zu callen und zu checken. Passiver Tilt betrifft im Allgemeinen das Spiel nach dem Flop mehr als dasjenige vor dem Flop, da Raises vor dem Flop in der Regel aus Routine automatisch geschehen.
Passiver Tilt wird fast immer durch einen Verlust an Selbstvertrauen oder latente Risikoscheu hervorgerufen. Die häufigsten Auslöser werden im Folgenden benannt.

Schlechter Lauf – Eine schlechte Session führt eventuell dazu, dass Sie mit Ihren guten Händen seltener betten und raisen. Unbewusst gehen Sie vom Schlimmsten aus und befürchten, Ihr Gegner würde immer seinen Draw treffen. Um Ihre Verluste zu minimieren, wenn die „unvermeidliche" schlimme Karte kommt, hören Sie auf zu betten und zu raisen. Außerdem gehen Sie ohne extrem starke Hand tendenziell in den Check-Call-Modus über, wenn Sie mit gegnerischer Aggression konfrontiert werden.

Neues Limit – Spielen Sie zum ersten Mal auf einem höheren Limit, scheuen Sie sich vielleicht eher zu raisen, weil die Geldbeträge deutlich höher sind. Ihnen wird die Summe bewusst, die Sie unter Umständen verlieren können, wenn etwas schief geht. Zudem zollen Sie den Spieler auf dem neuen Limit wahrscheinlich mehr Respekt, obwohl deren Spielweise dies gar nicht rechtfertigt. Unbewusst schätzen Sie deren Spielstärke höher als Ihre ein, bis Sie sich an das neue Limit gewöhnt haben und sich zugehörig fühlen.

Unzureichende Bankroll – Spieler mit einer unzureichenden Bankroll neigen zu einer zu passiven Spielweise, da sie Pechsträhnen nicht gut verkraften können. Sie können sich knappe Situationen mit hoher Varianz und positivem Erwartungswert nicht leisten oder glauben zumindest, dies sei der Fall.

Ein großes Problem von passivem Tilt besteht darin, dass er über einen beträchtlichen Zeitraum unentdeckt bleiben kann. Dies gilt besonders, wenn ein schlechter Lauf der Auslöser war. Ian hatte einmal eine Pechsträhne mit einem Verlust von 250 Big Bets und entschloss sich, seine Handverläufe zur Analyse an einen Freund zu schicken. Sein Freund verwies auf mehrere Hände, in denen Ian Bets und Raises versäumt hatte und es wurde klar, dass er in einen passiven Tilt geraten war.

Passiver Tilt kann ein großes Problem sein, da er sich selbst am Leben erhält. Müssen Sie einige Bad Beats hinnehmen und gehen auf passiven Tilt, schützen Sie in Zukunft Ihre Hände eventuell nicht mehr ausreichend. Dadurch geben Sie Ihren Gegnern die Chance, Sie noch öfter zu überholen, wodurch Sie sich vermutlich noch mehr in Ihr Schneckenhaus zurückziehen. Bevor Sie es merken, sind Sie ein tighter, passiver Rock, der keinen positiven Erwartungswert mehr besitzt.

Formelhafter Tilt

Formelhafter Tilt bedeutet schlicht, dass Sie nur „nach Buch" spielen und sich nicht an die konkrete Partie anpassen. Im Grunde spielen Sie mit Autopilot und machen sich keine ausreichenden Gedanken über die spezifische Situation, in der Sie sich befinden. Zum Beispiel folden Sie nach einem Raise gemäß den üblichen Standards AJ, obwohl es keine Caller gibt und der Raiser in neun der letzten zehn Pots erhöht hat. Ein weiteres Beispiel ist ein Fold mit einer mittelmäßigen Hand auf dem Button, obwohl beide Blinds seht tight sind und sich kaum verteidigen. Mit anderen Worten spielen Sie uninspiriert und vorhersehbar.

Manch einer wird dies nicht für eine Form von Tilt halten, aber mit ziemlicher Sicherheit ist es eine. Gemäß unserer Definition ist Tilt ein Verhalten, bei dem Sie schlechter spielen als es Ihnen möglich ist. Lassen Sie sich ablenken und passen sich nicht der konkreten Partie an, sind Sie auf formelhaftem Tilt. Die meist verbreiteten Auslöser für diesen sind folgende Phänomene:

Langeweile – Wie man weiß, führt Langeweile dazu, dass unsere Gedanken abschweifen und wir uns leicht von anderen Dingen ablenken lassen. Kommt während einer Pokerpartie Langeweile auf, beginnen Sie, den minimalen Aufwand zu betreiben, den Sie für den Erfolg als notwendig erachten, anstatt das Maximum herausschlagen zu wollen. Poker ist ein Spiel kleiner Vorteile. Aus einem Spieler, der ansonsten erfolgreich ist, kann leicht ein Verlierer werden, wenn er die Konzentration verliert, oder zumindest jemand, der weniger gewinnt.

Müdigkeit – Müde Menschen können sich nicht so gut konzentrieren wie ausgeruhte. Je müder Sie sind, desto schwieriger fällt es Ihnen, sich zu konzentrieren, was dazu führt, dass Sie zu sehr Ihre Karten spielen anstatt auf die Tendenzen Ihrer Gegner zu reagieren.

Ablenkungen – In einer ähnlichen Weise wie Müdigkeit und Langeweile kann Sie jede Ablenkung daran hindern, sich zu 100 Prozent auf Ihr Spiel zu konzentrieren. Im Casino kann Ablenkung viele Gründe haben, etwa die Übertragung eines Spiels Ihrer Fußballmannschaft im Fernsehen oder ein abstoßender Spieler neben Ihnen. Internetspieler befinden sich in einem ganzen Minenfeld möglicher Ablenkungen wie Internet-Surfen, Emails, Telefon, Fernsehen oder Gespräche mit Freunden oder Familienmitgliedern.

Abschweifende Gedanken – Ablenkungen können auch von innen kommen. Sie verlieren die Konzentration, wenn Sie über andere Dinge Ihres Lebens nachdenken, die nichts mit der momentanen Pokerpartie zu tun haben. Dies kann vor allem dann vorkommen, wenn Sie an der aktuellen Hand nicht beteiligt sind und Ihre Gedanken abschweifen.

Geringschätzung der Gegner – Manchmal wird formelhafter Tilt durch mangelhaften Respekt vor Ihren momentanen Gegnern hervorgerufen. Eine mögliche Ursache könnte der gerade erfolgte Abstieg auf ein Limit sein, für das Sie sich zu stark fühlen oder auf dem Sie über einen langen Zeitraum dauerhaft gut abgeschnitten haben. Was auch immer der Grund ist, Sie sind nicht vollständig konzentriert, wenn Sie glauben, Sie könnten mit mechanischem Vorgehen gewinnen.

Glücklicherweise ist formelhafter Tilt in der Regel zumindest auf den niedrigeren Limits nicht so teuer. Als erfolgreicher Spieler sollten Sie immer noch Gewinne erzielen, allerdings in geringerem Ausmaß. Viele Internetspieler agieren tatsächlich in einer formelhaften Weise an mehreren Tischen gleichzeitig, um trotz niedrigerer Profite an den einzelnen Tischen Ihre absolute Gewinnquote zu erhöhen.[34] Noch einmal sei erwähnt, dass No-Limit-Spieler vorsichtiger sein müssen, da jeder Fehler teurer sein kann. Zum Beispiel könnten Sie statt eines „leichten Folds" nach einer hohen Bet eines Rock versehentlich callen, weil Ihnen nicht bewusst ist, dass es sich bei dem betreffenden Spieler um einen Rock handelt.

Die Gefahr formelhaften Tilts besteht darin, dass er jede Ihrer Entscheidungen beeinflussen und sich als natürliche Tendenz in Ihr Spiel einschleichen kann. Gegen schwache Kontrahenten können Sie auf formelhaftem Tilt gewinnen, wodurch dieser zu einer Angewohnheit werden kann. Je häufiger Sie auf formelhaftem Tilt spielen, desto schwieriger wird es, sich in der Zukunft zu konzentrieren. Zwar können Sie weiterhin erfolgreich abschneiden, aber Sie

[34] Natürlich ist dies dann kein Tilt mehr, da es sich um eine bewusste Entscheidung handelt.

schöpfen nicht Ihr Potenzial aus und entwickeln schon gar keine feineren Qualitäten. Steigen Sie dann im Limit auf, kann es ein böses Erwachen geben, weil Sie feststellen müssen, wie farblos Ihr Spiel in Wirklichkeit ist.

Aggressiver Tilt

Ein Spieler auf aggressivem Tilt überzieht seine Hände, indem er in Situationen bettet und raist, in denen er besser checken und callen oder sogar folden sollte. Die Auslöser für wirklich aggressiven Tilt betreffen wenige Spieler, aber die gefährdeten Kandidaten dafür umso häufiger.

Selbstaufgabe – Manchmal erreicht man einen derart emotionalen, wütenden, aufgelösten oder deprimierten Zustand, dass die Ergebnisse keine wirkliche Rolle mehr spielen. Sie sind über das Stadium des Schmerzes hinweg in eine Welt geraten, in der Ihre Verluste nicht mehr wehtun. Sie schmeißen in jedem Pot mit Chips um sich und raisen mit rücksichtsloser Unbekümmertheit.

Vendetta – Während des Verlaufs einer Partie könnte ein anderer Spieler etwas tun, worüber Sie sich derart aufregen, dass Sie sich bei ihm revanchieren wollen. Geschieht dies, laufen Sie Gefahr gegen diesen Spieler zu aggressiv vorzugehen, weil Sie unbewusst versuchen, ihm Ihre Autorität zu zeigen.

Überreaktion – Manchmal machen Sie sich einfach vor, Sie müssten aggressiver werden. In vielen Fällen ist dies ein Reflex auf diverse negative Ergebnisse in der letzten Zeit. Was auch immer der Grund ist, Sie können die Aggression leicht übertreiben. Sie beginnen, zu häufig und unter den falschen Umständen zu raisen. Wenn Sie die Session später noch einmal Revue passieren lassen, ist es durchaus möglich, dass Sie sich fragen, warum Sie in bestimmten Situationen geraist haben.

Die gute Nachricht über aggressiven Tilt ist, dass dieser in der Regel nicht sehr lange anhält und vergleichsweise leicht auszumachen ist. Schlecht ist jedoch, dass diese Form des Tilt kurzfristig vermutlich gefährlicher als jede andere ist. Er kann Sie in jeder Setzrunde mehrere Bets kosten und wenn Sie an einer schweren Form leiden, kann sich Ihr Stack vor allem beim Poker mit großen Einsätzen extrem schnell in Luft auflösen.

Aggressiver Tilt ist besonders verheerend, wenn er in Kombination mit loosem Tilt auftritt. Leiden Sie gleichzeitig an beiden Formen, stecken Sie wirklich in Schwierigkeiten. Dies geschieht am häufigsten, wenn Sie wie oben beschrieben „sich selbst aufgegeben“ haben.

Tighter Tilt

Auf tightem Tilt zu sein bedeutet, zu häufig zu folden. Vor dem Flop spielen Sie einige Hände nicht, die einen positiven Erwartungswert haben, während Sie nach dem Flop zu viele profitable Draws aufgeben und zu viele fertige Hände folden. Tighter Tilt ist vermutlich die seltenste Form aller Tilt-Typen, da es in der Tat wenigen Spielern Freude macht, so zu spielen und die Verführung daher sehr gering ist. Das Problem der meisten Spieler besteht darin, *tight genug* zu spielen.

Dennoch gibt es einige mögliche Auslöser für tighten Tilt, die wir im Folgenden auflisten:

Ähnliche Auslöser wie bei passivem Tilt – Tighter Tilt ist von Natur aus mit dem passiven Tilt verwandt, da er in der Regel von mangelndem Selbstvertrauen hervorgerufen wird. Obwohl passiver Tilt weit verbreiteter ist, können alle Auslöser für diese Form von Tilt auch tighten Tilt hervorrufen. Wenn Sie zuletzt schlechte Ergebnisse hinnehmen mussten, auf ein höheres Limit aufgestiegen sind oder im Hinblick auf Ihre Bankroll an zu teuren Tischen sitzen, müssen Sie vor tightem Tilt auf der Hut sein.

Absicherung eines Gewinns – So wie Spieler dazu neigen, ihre Verluste ausgleichen zu wollen, wenn sie zurückliegen, versuchen einige, ihre Gewinne abzusichern, wenn sie im Plus sind. Sie werden sehr tight und spielen nur noch die besten Hände, und selbst dann versuchen sie sich nicht mehr in Pots verwickeln zu lassen, wenn sie nicht klarer Favorit sind. Dies kann besonders zutreffen, wenn ein Spieler mit gutem Lauf nur noch auf die Blinds wartet, bevor er den Tisch verlässt.

Schlechte Ergebnisse mit einer bestimmten Hand – Wenn ein Spieler mit einer bestimmten Hand oder Handgruppe eine Serie schlechter Ergebnisse erzielt hat, verliert er bisweilen das Vertrauen in dieses Blatt, obwohl er in der Vergangenheit damit gut abgeschnitten hat. Zum Beispiel ist es möglich, dass ein Spieler, der mehrmals hintereinander seine Flush Draws nicht getroffen hat, diese nach einer bestimmten Zeit foldet. Dies trifft besonders für von Natur aus konservative, risikoscheue Spieler zu.

Tighter Tilt ist die am wenigsten gefährliche Form von Tilt. In der Regel geschieht keine Katastrophe, da Sie kein Geld in den Pot bringen. Wissen Sie, dass Sie auf Tilt sind, können die Partie aber aus einem bestimmten Grund nicht verlassen (etwa weil Sie ein Turnier spielen), kann zu tightes Spiel sogar eine gute provisorische Lösung sein, bis Sie sich wieder unter Kontrolle haben.

Das einzige Symptom zu tighten Tilts, das Sie wirklich viel Geld kosten kann, sind zu häufige Folds auf dem River. Diesen Fehler müssen Sie nur einige Male in einer Session begehen, um Ihre Gewinnquote ernsthaft zu reduzieren.

FPS-Tilt

“Fancy-Play-Syndrom” ist ein Ausdruck, den Pokerspieler benutzen, um Spielzüge zu beschreiben, die zu kompliziert und abwegig sind. Obwohl die zugrundeliegende Idee in der Regel solide ist, wäre es besser, einfach den geradlinigen, natürlichen Spielzug zu machen. Häufig ist dies ein einmaliger Vorfall, doch gelegentlich beginnt ein Spieler, zu viele ausgefallene Manöver in einem kurzen Zeitraum zu versuchen. An dieser Stelle kann von FPS-Tilt gesprochen werden. In bestimmter Weise kann man FPS-Tilt als das Gegenteil von formelhaftem Tilt bezeichnen. Anstatt sich zu wenige Gedanken zu machen, denkt der Spieler *zu viel* nach.

Die am meisten verbreiteten Anzeichen von FPS-Tilt sind zu häufige Bluffs und Slowplays. Zwar haben beide Methoden ihre Berechtigung, aber sie werden stumpfe Waffen, wenn sie zu oft angewendet werden. Viele Spieler sind auch auf bestimmte Tricks stolz, wie etwa den verzögerten Bluff auf dem Turn, den Bluff-Raise auf dem River oder den Reraise nach einem Limp. Leider benutzen sie diese Tricks ab einem bestimmten Zeitpunkt, wann immer es ihnen möglich ist, wodurch sie letztlich in ein Stadium kommen, wo der Überraschungsfaktor (auf den das ganze Manöver von Anfang an beruhte) weg ist. Die folgenden Punkte sind die häufigsten Auslöser für FPS-Tilt.

Übertriebenes Selbstvertrauen – Während eines guten Laufs beginnen Sie bisweilen, an Ihren eigenen Rummel zu glauben. Da alles funktioniert, fangen Sie an, immer verrücktere Dinge zu versuchen und merken dabei nicht, dass Sie nicht wegen, sondern trotz Ihres unkonventionelles Spiel gewinnen.

Versuch, die Dinge zu erzwingen – Während eines schlechten Laufs ist es oft verlockend, „es zu erzwingen“, indem Sie Bluffs starten. Ihr Gedankengang läuft etwa folgendermaßen ab, „Ich bekomme keine guten Hände, daher muss ich etwas versuchen und irgendwie gewinnen.“ Natürlich ist diese Begründung fehlerhaft. Besitzt ein Spielzug positiven Erwartungswert, sollten Sie ihn ohnehin ausführen und wenn nicht, ist es keine gute Idee, ihn jetzt zu versuchen.

Ungünstiger Tisch – Wenn Sie an einem ungünstigen Tisch (einer mit lauter guten Spielern) sitzen, sind Sie bisweilen eher versucht, die Herausforderung anzunehmen, anstatt aufzustehen und einen besseren zu suchen. Sie bluffen zu viel, spielen zu viel slow und übertölpeln sich in der Regel selbst.

FPS-Tilt ist nicht sehr verbreitet, aber wie bei anderen Tilt-Typen sind einige Spieler für diese Form besonders anfällig. Vermutlich wissen Sie, ob Sie ein Spieler sind, der gern ausgefallene Spielzüge macht oder nicht. Diese Tendenz ist nicht besonders gefährlich, solange sie solide strategische Gründe besitzt, derentwegen Sie diese Spielzüge versuchen. Allerdings ist FPS-Tilt schwer erkennbar und aus diesem Grund kann Ihre Gewinnquote deutlich reduziert werden, ohne dass Sie des Problems jemals gewahr werden. Leider geht diese Form von Tilt oft mit loosem Tilt einher, und dies kann eine sehr teure Kombination sein.

Selbstkontrolle: Versuchen Sie herauszufinden, für welche Tilt-Typen Sie anfällig sind und was bei Ihnen die typischen Auslöser sind.

6.4. Wie man auf Tilt vorbereitet ist und ihn verhindert

Eine wichtige Lektion, die man aus dem vorhergehenden Abschnitt lernen kann, besteht darin, dass Tilt kein eindimensionales Phänomen ist. Einige Spieler stellen sich Tilt als Linie mit „gutem Spiel" an dem einen und „schlechtem Spiel" an dem anderen Ende vor, wobei der Punkt, an dem Sie sich aktuell auf der Linie befinden, darauf hinweist, ob und wie stark Sie auf Tilt sind. Dies ist keine hilfreiche Methode, sich des Problems anzunehmen.

Tilt ist weitaus mehr zweidimensional. Eine bessere und genauere Methode, über Tilt nachzudenken, besteht darin, sich einen Kreis vorzustellen, in dessen Mitte sich eine Markierung befindet, die für gutes Spiel steht, und alle verschiedenen Formen von Tilt außen auf dem Ring platziert sind. Ihre Aufgabe ist, möglichst in der Mitte zu bleiben und sich nicht zum Rand hin zu bewegen, obwohl es Kräfte gibt, die Sie in alle Richtungen ziehen.

Sie wollen nicht der Versuchung erliegen und zu loose spielen, aber gleichzeitig wollen Sie sich auch nicht zu weit in die andere Richtung bewegen und zu tight spielen. Es ist wichtig, nicht zu passiv zu werden, aber zu viel Aggressivität könnte noch gefährlicher sein. Sie müssen sich auf die Partie konzentrieren und jedes Ihnen zur Verfügung stehende Mittel nutzen, dies aber nicht so weit treiben, dass Sie zu viele ausgefallene Spielzüge machen. Tilt zu vermeiden ist ein ständiger Balanceakt und genau dies ist der Grund, warum so viele Spieler an dieser Aufgabe scheitern.

Der Kampf gegen den Tilt ist ein dreistufiger Prozess. Der erste besteht darin, Vorkehrungen zu treffen, um die Gefahr eines Tilt zu minimieren. Der zweite Schritt ist, zu lernen, wie Sie erkennen, wenn Sie auf Tilt sind und der dritte Schritt besteht in der angemessenen Reaktion, wenn Sie feststellen, auf Tilt zu sein. Es ist weitaus leichter, mit einem Tilt klarzukommen, bevor er Sie ereilt, als mit dessen Konsequenzen, wenn er bereits Schaden angerichtet hat.

Es gibt einige Schritte, die Sie ergreifen können, um die Wahrscheinlichkeit zu reduzieren, auf Tilt zu gehen. Wenden Sie das in Kapitel 2 dargestellte Poker Mindset an, haben Sie eine exzellente Ausgangslage für diesen Prozess. Sie werden erkennen, dass viele der folgenden Konzepte direkt oder indirekt mit dem Erlernten aus Kapitel 2 verknüpft sind.

Stellen Sie sicher, eine ausreichende Bankroll zu haben

Eine angemessene Bankroll ist für erfolgreiches Poker fundamental, und nicht nur, um Sie vor Tilt zu schützen. Mit einer soliden Bankroll können Sie erlittene Verluste besser verarbeiten, weil Sie niemals das Gefühl haben müssen, Pleite zu gehen oder unter dem Druck stehen, ein ausgeglichenes Ergebnis zu erzielen. Dies befreit Sie von dem Stress und Druck, durch den Sie auf Tilt gehen können.

Wählen Sie Ihre Spielzeiten sorgfältig aus

Spielen Sie kein Poker, wenn Sie verstimmt sind.
Spielen Sie kein Poker, wenn Ihnen etwas auf der Seele brennt.
Spielen Sie kein Poker, wenn Sie müde sind.
Spielen Sie kein Poker, wenn Sie sich nicht hundertprozentig konzentrieren können.

Dies sind simple Ratschläge, die Sie immer befolgen sollten. Im Idealfall sollten Sie beim Poker in selbstbewusster (aber nicht in übermäßig selbstbewusster) Stimmung sein. Sie sollten komplett wach und munter sein, bevor Sie anfangen zu spielen, und nichts sollte in Ihrem Hirn herum spuken, was Sie vom Poker ablenkt. Trifft dies nicht zu, sind Sie in keiner idealen Verfassung, um Ihr bestes Poker zu zeigen. Sie sind eher abgelenkt, was zu Tilt führen kann.

Hüten Sie sich davor, Poker zur Lösung von Problemen in Ihrem sonstigen Leben zu begreifen. Zwar spielen viele Leute Poker, um sich zu entspannen, aber Sie sollten sich nicht an den Tisch setzen, wenn Sie etwas ernsthaft bekümmert. Tun Sie dies dennoch, gehen Sie viel leichter auf Tilt, da Sie emotional nicht ausgeglichen sind. Unter Umständen verlieren Sie einen Haufen Geld und fügen Ihrem Kummerkasten noch ein weiteres Problem hinzu.

Achten Sie nicht auf Ihre Ergebnisse in einer Session

Die meisten Spieler machen den Fehler, während einer Session im Auge zu behalten, wie weit sie „vorne" oder „hinten" liegen, aber Sie sollten sich davor hüten, Ihre Ergebnisse in dieser Weise zu verfolgen. Dies gereicht Ihnen nicht zum Vorteil, denn die beste Entscheidung ist die beste Entscheidung, ganz gleich wie Sie in der Session bisher abgeschnitten haben.[35] Die Beobachtung Ihrer aktuellen Ergebnisse ermuntert Sie nur, auf Tilt zu gehen, weil Sie wissen, dass es schlecht (bzw. bei manchen Spielern, weil es gut läuft) läuft.

Betrachten Sie jede Entscheidung als unabhängig

Jede Entscheidung sollte nur mit der Absicht getroffen werden, die langfristig maximale Gewinnquote zu erzielen. Spielt irgendetwas anderes eine Rolle beim Entscheidungsprozess, sind Sie auf Tilt. Jede Entscheidung muss unabhängig von allen anderen betrachtet werden. Es spielt keine Rolle, was in früheren Händen passiert ist, ob Sie einen Bad Beat hinnehmen mussten, einen großen Pot gewonnen haben, einen Streit mit einem anderen Spieler austragen oder sonst etwas war. Wie Doyle Brunson es eloquent ausdrückte:

"Versuchen Sie herauszufinden, wie gut Ihre Hand in diesem Moment ist. Nichts anderes spielt eine Rolle. Nichts!"

Dies bedeutet nicht, dass Sie vergessen sollten, wie andere Spieler in der Vergangenheit agiert haben – das sollten Sie auf keinen Fall. Aber Sie sollten

[35] Beim Poker mit großen Stacks müssen Sie Ihre Stackgröße im Auge behalten. Es besteht jedoch ein großer Unterschied darin, seinen Stack zum Zweck besserer Entscheidungen im Auge zu haben und seinen Stack im Hinblick auf Gewinn und Verlust zu beobachten.

diese Information nur verwenden, um eine bessere Entscheidung zu treffen und nicht als Ausrede für einen verfehlten Spielzug.

Haben Sie zu Ihren Gegnern die richtige Einstellung

Aus einer bestimmten Perspektive sind Ihre Gegner Ihre Feinde. Ihr Ziel besteht darin, deren Geld zu gewinnen, und deren Ziel ist, Ihr Geld zu gewinnen. In der Pokerliteratur wird häufig die Metapher der Schlacht oder des Krieges verwendet, wenn von Poker die Rede ist, und dieser Vergleich ist in der Tat ein berechtigt.

Aus einer anderen Perspektive sind Ihre Gegner aber keinesfalls Feinde. Zwar verhält sich deren kumulierter Gewinn reziprok zu Ihrem eigenen, aber Ihre Gegner sind lediglich ein weiterer Bestandteil des Spiels, auf den Sie sich einstellen müssen. Ihr Ziel ist nicht, Ihre Gegner zu schlagen, sondern am meisten Geld zu gewinnen und dies können Sie nur erreichen, wenn Sie die bestmöglichen Entscheidungen treffen.

Der Einzige, der Sie davon abhalten kann, in einer Pokerpartie die besten Entscheidungen zu treffen, sind Sie selbst.

Betrachten Sie Poker als Krieg, wollen Sie Ihren Gegner unbewusst beweisen, dass Sie der bessere Feldherr sind. Sie beginnen, Ihre Entscheidungen mit Ihrem Ego statt Ihrem Gehirn zu treffen und dadurch können Sie auf Tilt gehen. Sie wollen verzweifelt Ihre Verluste zurückgewinnen, Ihren Gegnern etwas beweisen oder Sie nehmen einen bestimmten Kontrahenten ins Visier, den Sie als Angstgegner erkannt haben. Glauben Sie an das Sinnbild, Poker sei ein Krieg, sollten Sie versuchen, dies nur als Metapher zu begreifen und keine kriegsähnliche Mordlust an den Tisch zu bringen.

Beachten Sie, wie viele dieser Gedanken mit dem Poker Mindset zusammenhängen. Eignen Sie sich die Einstellungen des Poker Mindset an, machen Sie schon vor dem Niederlassen am Tisch einen großen Schritt in Richtung Selbstschutz vor Tilt. Akzeptieren Sie die Realitäten des Pokerspiels, kennen Sie im Voraus die Wahrscheinlichkeit von Bad Beats und reagieren auf diese vermutlich besser. Indem Sie mehr Wert auf korrekte Entscheidungen als auf Geldgewinne legen, verfolgen Sie seltener Ihre Ergebnisse am Tisch und betrachten stattdessen jede Entscheidung als unabhängig von jeder anderen. Außerdem begünstigen Sie eine bessere Einstellung zu Ihren Gegnern, wenn Sie Ihr Ego zu Hause lassen.

6.5. Wie man Tilt erkennt

Der erste Schritt im Kampf gegen den Tilt besteht darin, alle Anstrengungen zu unternehmen, diesen zu vermeiden. Verlieren Sie diesen Kampf jedoch und Tilt schleicht sich *dennoch* in Ihr Spiel ein, müssen Sie zum nächsten Schritt übergehen. Schritt 2 ist das Erkennen des eigenen Tilts und das kann aus zwei Gründen schwieriger sein, als Sie vielleicht denken. Zum einen kann die Veränderung in Ihrem Spiel nur leicht und fast unmerklich sein. Zum anderen kann in einem emotional aufgeladenen Zustand Ihre Fähigkeit, das eigene Spiel objektiv zu bewerten, vernebelt sein.

Während Sie Poker spielen, müssen Sie ständig auf der Suche nach Anzeichen für Tilt sein. In diesem Kapitel bekamen Sie eine gute Vorstellung von den meistverbreiteten Tilt-Formen und deren Ursachen. Mit wachsender Erfahrung werden Sie auch begreifen, was bei Ihnen am leichtesten Tilt auslöst. Wie wir in diesem Kapitel an anderer Stelle ausgeführt haben, sind die Ursachen für schlechte Reaktionen bei jedem Spieler verschieden. Leider kennen Sie Ihren Auslöser für Tilt nicht, bevor Sie davon betroffen sind. Achten Sie auf folgende Anzeichen, die auf Tilt hindeuten:

Emotionen – In welchem emotionalen Zustand befinden Sie sich gerade? Sind Sie besonders traurig, verärgert, besorgt, deprimiert oder befinden sich in einer anderen Gefühlslage, die Ihre Stimmung beherrscht? Die Gefühlslage kann mit dem Pokern oder etwas anderem zu tun haben, aber das Ergebnis ist dasselbe. Selbst wenn Sie glauben, Ihr Spiel sei davon nicht betroffen, ist es dies vermutlich doch.

Schlechtes Spiel – Manchmal haben Sie Ihre Pokersinne noch ausreichend beisammen, um zu merken, dass Sie schlecht spielen. Sie schauen sich die letzte Hand noch einmal an und erkennen, dass Sie ohne triftigen Grund einen schlechten Spielzug gemacht haben. Glückwunsch, Sie haben gerade gemerkt, dass Sie auf Tilt sind – fahren Sie mit Schritt 3 fort. Sie müssen mit der Definition schlechter Spielzüge ein wenig vorsichtig sein. Manchmal erscheint eine Entscheidung im Nachhinein schlecht, aber als Sie diese getroffen haben, geschah dies aus gutem Grund. Versuchen Sie sich an Ihre damaligen Gedankengänge zu erinnern und überprüfen Sie, ob diese vernünftig waren.

Eigensinn – Stellen Sie fest, dass Sie einen Spielzug aus einem anderen Grund als der Maximierung Ihres Erwartungswerts machen, sollten Sie die

Möglichkeit in Betracht ziehen, auf Tilt zu sein. Ging Ihnen bei Ihrer Entscheidung einer der folgenden Sätze durch den Kopf?

> Ich sollte folden, aber …
> Ich liege in dieser Session zurück/vorne, daher …
> Er/sie geht mir auf die Nerven, daher …
> Ich hatte zuletzt einen guten/schlechten Lauf, daher …

Trifft dies zu, sind Sie fast sicher auf Tilt.

Mangelnde Konzentration – Denken Sie ständig an etwas anderes als Poker? Muss der Dealer (oder der Piepton im Internet) Sie gelegentlich daran erinnern, dass Sie am Zug sind? Macht Ihnen das Spielen momentan keinen wirklichen Spaß? Trifft dies zu, spielen Sie vermutlich nicht Ihr bestes Poker.

Inkonsequenz – Trafen Sie gerade eine Entscheidung, die sich von einer vorherigen unter ähnlichen Umständen unterschied? Trifft dies zu, sollten Sie innehalten und überlegen, ob es dafür einen guten Grund gab. Wenn nicht, sind Sie auf Tilt.

Reaktionen auf andere – Mit schwerem Tilt stellen Sie manchmal fest, dass sich das Verhalten Ihrer Gegner ändert. Diese beginnen, Sie mit ihrem Spiel ins Visier zu nehmen oder miteinander zu flüstern, während sie in Ihre Richtung schauen. Spieler, die normalerweise Ihr Spiel respektieren, machen sich plötzlich über Sie lustig. Oder ein Freund, der Ihre Partie verfolgt, stellt fest, dass Sie schlecht spielen. Tritt einer dieser Fälle ein, können Sie Ihr eigenes Spiel vermutlich nicht mehr einschätzen, weshalb Sie annehmen müssen, auf Tilt zu sein, und direkt zu Schritt 3 übergehen sollten.

Erkennen Sie einen der oben genannten Punkte, sind Sie entweder auf Tilt oder es besteht zumindest der Verdacht. Sind Sie unsicher, ist es immer klug anzunehmen, auf Tilt zu sein, bevor das Gegenteil bewiesen ist. Vorsicht ist besser als Nachsicht.

> Selbstkontrolle: Versuchen Sie zu erkennen, wenn Ihre Gegner auf Tilt sind. Achten Sie auf eines der oben aufgeführten Anzeichen in deren Spiel oder Verhalten. Mit dieser Methode können Sie nicht nur deren Schwächen ausnutzen, sondern auch dieselben Probleme in Ihrem eigenen Spiel besser wahrnehmen.

6.6. Bekämpfung des Tilt

Was tun Sie, wenn Ihnen bewusst wird, dass Sie auf Tilt sind?

Wenn Sie auf Tilt sind, hören Sie auf zu pokern!

Dies ist die goldene Regel für Tilt. Die Bekämpfung des Tilt ist Schritt 3 unseres Verfahrens und bei weitem am leichtesten zu bewerkstelligen. Es ist so leicht und dennoch geraten sehr viele Spieler auf die schiefe Bahn. Und dann kommen solche Aussagen zustande:

> Ich wusste, dass ich auf Tilt war, *aber* ...
>
> ... es hat mich nicht zu sehr beeinträchtigt.
> ... die Partie war so günstig.
> ... ich spielte immer noch gut genug, um erfolgreich abzuschneiden.
> ... ich hatte in den nächsten Stunden nichts vor.
> ... ich wollte versuchen, mein verlorenes Geld zurückzugewinnen.
> ... ich hatte mir vorgenommen, an diesem Abend x Hände zu spielen.

Dieses Denken kann katastrophale Folgen haben. Poker zu spielen und nicht die optimale Leistung zu bringen, ist bestenfalls eine grenzwertige Ausgangslage und im schlimmsten Fall enorme Geldvernichtung. Der Vorteil eines erfolgreichen Spielers ist schon ohne zusätzliche Reduzierung durch Tilt klein genug.

Es klingt simpel, aber wenn sie auf Tilt sind, scheinen viele Spieler zu glauben, sie könnten ungeachtet der Tatsache, dass sie im Nachteil sind, gewinnen. Es *ist* möglich, beim Poker auf Tilt zu gewinnen, wenn der Einfluss nur gering ist, denn möglicherweise bliebt immer noch etwas von Ihrem Vorteil übrig.[36] Aus den folgenden Gründen ist dies jedoch sehr riskant:

- Spieler neigen dazu, Ihren Vorteil zu überschätzen. Auch wenn Sie glauben, Sie könnten Ihren Gegner sogar auf Tilt Geld abnehmen, trifft dies vor allem unter Berücksichtigung des Rake nicht zwangsläufig zu.

[36] Als sehr erfahrener Spieler kann es daher durchaus vorteilhaft sein, mit Tilt in schwächerem Ausmaß weiter zu spielen. Sie können nicht immer optimal spielen, aber manchmal reicht auch Ihr zweitbestes Poker. Allerdings ist es im Rahmen dieser Diskussion ein guter Ratschlag, beim ersten Anzeichen von Tilt mit dem Spielen aufzuhören.

- Das Ausmaß Ihres Tilt ist schwer exakt zu bestimmen. Vielleicht haben Sie Ihren Tilt bemerkt, aber sind Sie sich auch des Ausmaßes bewusst? Vielleicht sind in einer Weise auf Tilt, die Sie nicht wahrnehmen.

- Tilt eskaliert häufig im Verlauf einer Session. Möglicherweise können Sie momentan noch erfolgreich abschneiden, aber wenn Ihr Spiel weiter nachlässt, verlieren Sie vielleicht Geld.

In Wirklichkeit ist es gefährlich auf Tilt zu spielen. Stellen Sie Tilt bei sich fest, sollten Sie sofort aufhören zu pokern und froh sein, sich rechtzeitig erwischt zu haben. Machen Sie sich auf den Heimweg und legen Sie an den Roulette-Tischen, den Geldspielautomaten oder anderen Orten, an denen Sie Ihr Geld verpulvern könnten, keinen Zwischenstopp ein.

Selbstkontrolle: Im Internet können Sie Poker auf extrem niedrigen Limits spielen. Manche Spieler nutzen diese "Mikro-Limit-Partien" als Ventil, wenn sie auf Tilt sind. Man kann an einem dieser Tische ohne ernsthafte finanzielle Auswirkungen extrem schlecht spielen. Der Verlust von 5 $ in einer Limit-Partie mit Blinds von 0.05 $/0,10 $ ist deutlich besser als der Verlust von 1.500 $ an einem Tisch mit Blinds von 15 $/30 $. Spielen Sie im Internet, sollten Sie dies das nächste Mal ausprobieren, wenn Sie das Gefühl haben, auf Tilt zu sein.

6.7. Tilt in Turnieren

Zu jeder Regel scheint es eine Ausnahme zu geben. Turniere sind insofern einzigartig, als Sie auf Tilt gehen können, nachdem Sie sich bereits finanziell verpflichtet haben. In diesem Fall müssen Sie das Beste aus der Situation machen und versuchen, Ihren Erwartungswert zu maximieren.[37]

Die bei weitem häufigste Ursache für Tilt in Turnieren ist einen Bad Beat eines Spielers mit einem großen Stack, der auf diese Weise einen Großteil seiner Chips verliert. Das Gefühl, eben noch unter den Chipleadern zu sein und dann plötzlich nur noch einen durchschnittlichen oder sogar kleinen Stack zu haben, ist für viele Spieler zu viel. Die Art und Weise, wie die Hand verloren ging, kann für die Auswirkungen ebenfalls eine Rolle spielen. Einige Spieler drehen durch, wenn sie einen Bad Beat erleiden, während andere größeren Ärger verspüren, wenn sie einen Fehler begingen, der Chips kostete. In solchen Situationen gehen Spieler oft auf Tilt, verschenken Chips und scheiden wenig später ganz aus dem Turnier aus.

Es gibt einige Möglichkeiten, sich unter diesen Umständen vor einem Tilt zu schützen. Auf Tilt laufen Sie Gefahr, schlechte Entscheidungen zu treffen, daher sollte Ihr Ziel sein, schwierige Entscheidungen solange auf das Minimum reduzieren, bis Sie wieder Ihr bestes Poker zeigen können. Im Folgenden einige Tipps, wie Sie dieses Ziel erreichen.

Machen Sie eine Pause

Sind Sie wirklich wütend, ist es vermutlich am besten, den Tisch zu verlassen und einen Spaziergang zu machen. Laufen Sie 10 bis 20 Minuten umher, schnappen etwas frische Luft oder beobachten einen anderen Tisch, kurzum, machen Sie einfach, worauf Sie Lust haben. Nach Ihrer Rückkehr an den Tisch sollten Sie sich vorstellen, Sie würden ein neues Turnier beginnen. Vielleicht denken Sie auch an ein bestimmtes Turnier, bei dem Sie gut abgeschnitten haben, als Sie sich mit einem kleinen Stack zurückkämpfen konnten. In der Regel ist die Situation nicht annähernd so trostlos, wie sie auf den ersten Blick

[37] An dieser Stelle sprechen wir von normalen Turnieren ohne Rebuys oder Rebuy-Turnieren nach Ablauf der Rebuy-Phase. Scheiden Sie während der Rebuy-Phase aus einem Rebuy-Turnier aus, während Sie auf Tilt sind, gilt weiterhin die Regel, das Spiel zu beenden.

scheint. Sie sind immer noch im Turnier und da dies besser ist, als schon ausgeschieden zu sein, sollten sie das Beste daraus machen.

Spielen Sie tighter

Vielleicht ist Ihr Tilt nicht so schlimm, dass Sie den Tisch verlassen müssen, aber Sie sind nicht in der Verfassung, Ihr bestes Poker zu zeigen. In diesem Fall sollten Sie tighter spielen und ausgezeichnete Hände warten, bevor Sie sich am Pot beteiligen. Ihre Gegner sind vielleicht überrascht von diesem Rhythmuswechsel, da die meisten Spieler auf Tilt in der Regel *mehr* Hände zu spielen beginnen. Unter Umständen werden Sie gut ausbezahlt, wenn Sie eine starke Hand treffen und Ihre Gegner annehmen, Sie stünden unter Strom.

> Selbstkontrolle: Spielen Sie viele Turniere, sollten Sie folgendes ausprobieren: Das nächste Mal, wenn Sie einen beträchtlichen Teil Ihres Stacks verlieren, erklären Sie die nächste Runde zur Phase der Beruhigung. Beteiligen Sie sich nur am Pot, wenn Sie AA, KK, QQ oder AK halten. Dies hält Sie von Dummheiten ab und gibt Ihnen etwas Zeit, um Ihre Konzentration wiederzufinden.

Natürlich gibt es während dieser Zeit lange Phasen, in denen Sie nur andere beobachten und nachdenken. Nutzen Sie die Zeit, um sich zu beruhigen und sich neu zu konzentrieren. Beobachten Sie andere Spieler und versuchen dabei, etwas zu lernen. Wer ist der Chef am Tisch? Wer sind die schwachen Spieler? Wer hat einen Lauf? Wer verliert und wie geht er damit um? Denken Sie an alles, nur nicht an Ihre eigene missliche Lage. Schlussendlich sollten Sie sich bereit fühlen, wieder an der Partie teilzunehmen und Ihr bestes Poker zu zeigen.

Spielen Sie ABC-Poker

Leichter Tilt ist nicht der richtige Zeitpunkt für ausgefallene Spielzüge, riesige Bluffs und schlaue Fallen. Setzen Sie mit Ihren guten Händen, ist das Risiko geringer, schlechte Entscheidungen zu treffen. Nur sehr wenige Spieler werden bemerken, dass Sie nun ABC-Poker spielen und dies gilt vor allem, wenn Ihr normales Spiel aus genügend Verschleierung besteht.

Spielen Sie vor dem Flop

Haben Sie Schwierigkeiten mit den richtigen Entscheidungen, ist die beste Methode, so zu spielen, dass Sie möglichst wenig schwere Entscheidungen treffen müssen. Bringen Sie sich in eine Position, in der nicht Sie, sondern Ihre Gegner vor schwierigen Entscheidungen stehen. Anstatt zu callen, sollten Sie vor dem Flop eher raisen oder folden, und beim Poker mit großen Einsätzen sollten Sie etwas höher als sonst raisen, um die Wahrscheinlichkeit zu erhöhen, eher einen kleinen Pot zu gewinnen, als einen großen zu gewinnen.[38]

Natürlich ist der Vorteil, in einem Turnier auf Tilt zu gehen, dass Sie nie mehr als Ihr Startgeld verlieren können, während Sie im Cash-Game unter Umständen eine Menge Geld oder sogar Ihre gesamte Bankroll einbüßen können. Die Kehrseite ist jedoch, dass Sie gegen Ende eines Turniers wegen Tilt die Chance auf den großen Zahltag verpassen können, bei dem Sie weit mehr gewonnen hätten als Ihre momentane Bankroll. Scheiden Sie wegen Tilt aus einem Turnier aus, gehen Sie nach Hause, studieren das *Poker Mindset* und geloben, denselben Fehler nicht noch einmal zu begehen.

---

[38] Beachten Sie, dass die gleiche Strategie empfohlen wird, wenn Sie gegen bessere Kontrahenten spielen. In seinem Buch „Turnierpoker für Fortgeschrittene“ stellt David Sklansky eine extrem Version dieses Systems vor, bei der Sie in jeder Hand vor dem Flop entweder All-In gehen oder folden. Es ist überraschend schwierig, sich dagegen zu verteidigen.

6.8. Rückblick auf das Kapitel

□ **6.1. Was ist Tilt?**

- Mit Tilt bezeichnet man schlicht ein Verhalten, bei dem Sie schlechter spielen als es Ihnen möglich ist.
- Tilt ist jede Abweichung von Ihrer optimalen Spielstärke und beinhaltet nicht immer eine große Veränderung Ihrer Spielweise.
- Die Auswirkungen des Tilt auf Ihr Spiel hängen von einigen Faktoren ab:
  - Typ
  - Heftigkeit
  - Dauer
  - Variante
- Viele Spieler haben die technischen Fertigkeiten, um langfristig zu gewinnen, aber das Fehlen des korrekten Poker Mindset hindert sie daran, langfristig erfolgreich zu sein. Im Endeffekt verspielen sie ihre gesamten Gewinne mit Tilt.

□ **6.2. Warum gehen Spieler auf Tilt?**

- Instinktiv neigen Spieler zu einer loosen und passiven Vorgehensweise, ohne dabei die Umstände am Tisch zu berücksichtigen. Es ist kein Zufall, dass Spieler auf Tilt meist zu loose, zu passiv und zu formelhaft sind.
- In der Tat ist Tilt häufig (aber nicht immer) ein spielerischer Rückfall in alte Zeiten.
- Betrachten Sie Poker als Kampf mit sich selbst. Auf der einen Seite sagt Ihnen Ihr Herz, bei Ihrem Spiel Ihren Emotionen zu folgen. Auf der anderen Seite sagt Ihnen Ihr Kopf, mit Verstand zu spielen und korrektes Poker zu zeigen.

6.3. Verschiedene Typen von Tilt

- Looser Tilt – Looser Tilt ist vermutlich die am meisten verbreitete Form von Tilt, bei der vor dem Flop zu viele Hände gespielt und nach dem Flop zu wenige Hände gefoldet werden.
- Passiver Tilt – Passiver Tilt bedeutet, dass Sie zu oft checken und callen.
- Formelhafter Tilt – Formelhafter Tilt bedeutet schlicht, dass Sie nur „nach Buch“ spielen und sich nicht an die konkrete Partie anpassen.
- Aggressiver Tilt – Aggressiver Tilt bedeutet, seine Hände zu überziehen, indem man in Situationen bettet und raist, in denen man besser checken und callen sollte.
- Tighter Tilt – Auf tightem Tilt zu sein bedeutet, zu häufig zu folden.
- FPS-Tilt – FPS-Tilt tritt auf, wenn Sie sich zu viele Gedanken machen und anfangen, Spielzüge zu machen, die zu kompliziert und irreführend sind.

6.4. Wie man auf Tilt vorbereitet ist und ihn verhindert

- Der Kampf gegen Tilt ist ein dreistufiger Prozess:
  1. Treffen Sie Vorkehrungen, um die Möglichkeit eines Tilt zu minimieren.
  2. Lernen Sie zu erkennen, wann Sie auf Tilt sind.
  3. Reagieren Sie angemessen, wenn Sie feststellen, auf Tilt zu sein.
- Es gibt einige Schritte, die Sie ergreifen können, um die Wahrscheinlichkeit zu reduzieren, auf Tilt zu gehen.
  - Stellen Sie sicher, eine ausreichende Bankroll zu haben.
  - Wählen Sie Ihre Spielzeiten sorgfältig aus.
  - Achten Sie nicht auf Ihre Ergebnisse in einer Session.
  - Betrachten Sie jede Entscheidung als unabhängig.
  - Haben Sie zu Ihren Gegnern die richtige Einstellung.

□ 6.5. Wie man Tilt erkennt

- Tilt zu erkennen, kann schwieriger sein, als Sie denken:
  - Die Veränderung in Ihrem Spiel kann gering und fast unmerklich sein.
  - In einem emotional aufgeladenen Zustand vernebeln Ihre Gefühle möglicherweise die Fähigkeit, Ihr Spiel objektiv zu bewerten.
- Achten Sie auf folgende Anzeichen, die auf Tilt hindeuten:
  - Emotionen
  - Schlechtes Spiel
  - Eigensinn
  - Mangelnde Konzentration
  - Inkonsequenz
  - Reaktionen auf andere

□ 6.6. Die Bekämpfung des Tilt

- Die goldene Regel für Tilt lautet: Wenn Sie auf Tilt sind, hören Sie auf zu pokern!
- Poker zu spielen und nicht die optimale Leistung zu bringen, ist bestenfalls eine grenzwertige Ausgangslage und im schlimmsten Fall enorme Geldvernichtung.
- Es *ist* möglich beim Poker mit Tilt zu gewinnen, wenn die Auswirkungen nur gering sind. Dennoch ist es aus den folgenden Gründen sehr riskant:
  - Spieler neigen dazu, Ihren Vorteil zu überschätzen.
  - Das Ausmaß Ihres Tilt ist schwer exakt zu bestimmen.
  - Tilt eskaliert häufig im Verlauf einer Session.

□ 6.7. Tilt in Turnieren

- Turniere sind insofern einzigartig, als Sie auf Tilt gehen können, nachdem Sie sich bereits finanziell verpflichtet haben.

- Auf Tilt laufen Sie Gefahr, schlechte Entscheidungen zu treffen, daher sollte Ihr Ziel sein, schwierige Entscheidungen solange auf das Minimum reduzieren, bis Sie wieder Ihr bestes Poker zeigen können. Hier einige Ratschläge, um dieses Ziel zu erreichen:
    - Machen Sie eine Pause
    - Spielen Sie tighter
    - Spielen Sie ABC-Poker
    - Raisen und folden Sie vor dem Flop mehr und callen sie weniger.

Kapitel 7

Gutes Bankroll-Management

“Bankroll-Management ist in mancherlei Hinsicht viel wichtiger als Talent.” – Annie Duke

7.1. Der größte Fehler beim Poker

Bislang haben wir in diesem Buch viele Themen behandelt, kamen aber immer wieder auf Ihre Bankroll zurück. Gutes Bankroll-Management ist schlicht und ergreifend eine der wichtigsten Fähigkeiten, die Sie als Pokerspieler beherrschen müssen. Tatsächlich ist schlechtes Bankroll-Management der vermutlich größte Fehler beim Pokern.

Was ist Bankroll-Management?

Bankroll-Management ist schlicht die Methode, mit der Sie sicherstellen, langfristig genügend Geld zum Pokerspielen zu haben. Im gesamten Buch haben wir daran erinnert, dass Poker ein Spiel mit hoher Varianz ist. Obwohl Sie mit gutem Poker langfristig Geld gewinnen, kann kurzfristig sehr viel passieren und diese kurze Frist kann unter Umständen erheblich länger dauern, als Sie glauben. In Kapitel 5 diskutierten wir, auf welche Weise diese Varianz zu Pechsträhnen führen kann, bei denen Sie über einen längeren Zeitraum Geld verlieren.

Sind Sie jedoch ein guter Pokerspieler, werden diese Pechsträhnen langfristig durch Phasen ausgeglichen, in denen Sie ungewöhnlich viel gewinnen, eben eine Glückssträhne haben. Verlieren Sie jedoch während einer Pechsträhne all Ihr Geld, sind Sie pleite und werden die lange Frist *nie erreichen.* Der Kern des Bankroll-Managements ist dafür zu sorgen, dass dies nicht passiert.

Leider gibt es keine absolute Sicherheit. Eine Pechsträhne kann sehr lange anhalten und unabhängig von der Größe Ihrer Bankroll besteht immer eine geringe Wahrscheinlichkeit, dass Sie Ihr gesamtes Geld verlieren. Durch sinnvolles Bankroll-Management können Sie dieses Risiko jedoch auf ein absolutes Minimum reduzieren, das nicht mehr wirklich *real* ist.

Natürlich ist Bankroll-Management nur für erfolgreiche Spieler sinnvoll. Ein schlechter Spieler kann nie genug Geld haben, um seine Pechsträhnen abzudecken, da er einen negativen Erwartungswert besitzt. In derselben Weise wie der erfolgreiche Spieler sein Poker langfristig anlegt, ist die lange Sicht der Feind des Verlierers. Ein schlechter Spieler wird seine Bankroll letztlich unabhängig von deren Größe einbüßen und kann in puncto Bankroll-Management nichts anderes tun, als möglichst niedrige Limits zu spielen, damit sein Geld länger ausreicht.

Will ein schlechter Spieler Geld gewinnen, besteht seine einzige Hoffnung in einem kurzfristigen Erfolg um danach für immer mit dem Pokern aufzuhören.[39] Die meisten Leute, die eine Glücksspiel-Reise nach Las Vegas unternehmen, hoffen genau darauf. Jeder weiß, dass das Casino langfristig gewinnt, aber es besteht immer die Chance, dass man während eines Wochenendes eine Glückssträhne hat und mit mehr Geld nach Hause fährt als man mitgebracht hat.

Psychologie und Bankroll

Wir haben eine einfache Wahrheit ausgesprochen: Verlieren Sie Ihre Bankroll, ist Ihre Pokerkarriere vorbei.[40] Dies ist der Hauptgrund, warum das Bankroll-Management so wichtig ist. Es gibt aber noch weitere Gründe.

Es geht nicht nur um Ihr tatsächliches Risiko, Ihr Spielkapital einzubüßen, sondern auch um die Angst davor.

Bei jedem Spieler hat sich diese simple Tatsache irgendwo im Unterbewusstsein festgesetzt. Aus der Sicht des Poker Mindset sind Sie psychisch in einer weit besseren Ausgangslage, wenn Sie eine ausreichend große Bankroll für Ihr aktuelles Limit haben. Berücksichtigen Sie einige Schlüsselelemente, die wir in diesem Buch besonders betont haben:

Korrekte Entscheidungen sind wichtiger als Resultate
Machen Sie sich für Geld unempfindlich
Seien Sie dem Verlust einzelner Pots gegenüber gleichgültig
Bewahren Sie während Ihrer Pechsträhnen Ruhe und Objektivität

---

[39] Oder er kann natürlich sein Spiel bis zu einem Grad verbessern, an dem er erfolgreich abschneidet.
[40] Zumindest bis Sie wieder Geld haben, um Ihr Konto neu aufzufüllen.

All dies fällt Ihnen leichter, wenn Sie eine ausreichend große Bankroll haben. Wir wollen dies mit einigen Zahlen untermauern. Würden Sie sagen, dass ein Verlust von 1.000 $ in einer Session groß ist? Natürlich hängt Ihre Antwort auf diese Frage von den Limits ab, auf denen Sie spielen. Ein Low-Limit-Spieler hielte dies für einen großen Verlust, während jemand der Limit Hold'em mit Blinds von 10 $/20 $ oder No-Limit Hold'em mit Blinds von 2 $/4 $ spielt, dies als völlig normal ansähe. Spielen Sie auf noch höheren Limits, erleiden Sie sogar regelmäßig weitaus höhere Verluste.

Welchen Unterschied kann aber die Größe Ihrer Bankroll ausmachen? Mit einer Bankroll von nur 2.000 $ wäre dieses Ergebnis eine Katastrophe. Sie hätten gerade die Hälfte Ihrer Bankroll in einer einzigen Session verloren und dies würde jeden Spieler extrem beunruhigen. Was aber, wenn Ihre Bankroll 30.000 $ betrüge? Dann sind 1.000 $ fast nur ein Tropfen auf dem heißen Stein. Sie werden über den Verlust dieses Betrages enttäuscht sein, aber Sie können dieses Ergebnis im rechten Licht betrachten, weil Sie wissen, dass er nur einen kleinen Teil Ihrer Bankroll ausmacht.

Dies kann schon der entscheidende Unterschied sein, um die nächste Session in selbstbewusster, entspannter Stimmung zu beginnen und nicht im bangen Wissen, dass eine ähnlich katastrophale Session Sie komplett auslöschen kann.

Wenn Angst vor der Pleite sich Ihrer Gedanken bemächtigt, führt dies wahrscheinlich zu schlechten Entscheidungen am Tisch.

Unter Umständen spielen Sie defensiv und sind nicht bereit, kleine Vorteile auszuschöpfen. Oder noch schlimmer, Sie beginnen looser zu spielen, weil Sie unterbewusst das Geld zurückgewinnen wollen, das Sie in der letzten Session verloren haben. Es ist schwierig, Ihr bestes Poker zu spielen, wenn Sie wissen, dass gefährlich nah an der Pleite sind. Wie im vorherigen Kapitel erörtert, ist Tilt ein Feind, der hinter jeder Ecke lauert, und eine solide Bankroll ist ein wichtiger Schutz im Kampf gegen ihn.

In Wirklichkeit könnte man sogar behaupten, dass gutes Bankroll-Management für dauerhaften Erfolg beim Poker noch grundlegender ist als das Poker Mindset. Ohne solides Bankroll-Management ist es viel schwieriger, das Poker Mindset zu verwirklichen.

Legen Sie Ihr Spiel langfristig an – Aber ohne solide Bankroll gibt es eventuell keine Langfristigkeit, auf die Sie spielen können.

Legen Sie mehr Wert auf korrekte Entscheidungen als auf Geldgewinne – Aber wenn Sie während einer schlimmen Pechsträhne Pleite gehen, ist es wenig tröstlich, dass dies trotz korrekter Entscheidungen geschehen ist.

Machen Sie sich für Geld unempfindlich – Aber wie ist Ihnen dies möglich, wenn eine schlechte Session Sie komplett auslöschen kann?

Kurz gesagt sind die Einstellungen des Poker Mindset die Bausteine für den Erfolg beim Poker, lassen sich aber nur mit einer soliden Bankroll als Fundament verwirklichen. Im restlichen Kapitel erläutern wir das Thema Bankroll-Management aus verschiedenen Blickwinkeln. Wir definieren einige sinnvolle Regeln für die Bankroll und schauen uns dann die Gründe an, warum Spieler häufig beim Bankroll-Management versagen. Später widmen wir uns noch den Themen Limit-Aufstieg, Limit-Abstieg und Auszahlung.

7.2. Die Bestimmung Ihrer Bankroll-Erfordernisse

Über die ideale Größe Ihrer Bankroll haben andere Autoren schon ausgezeichnete Beiträge verfasst, daher wollen wir uns mit diesem Thema nicht lange aufhalten. Um sicherzustellen, dass wir auf derselben Wellenlänge sind, ist es jedoch sinnvoll die Grundlagen des Bankroll-Managements noch einmal darzulegen. Wir behaupten nicht, dass dieses System definitiv der Stein der Weise ist, es handelt sich aber auf jeden Fall um ein sinnvolles, konservatives Bankroll-Management, bei dem Sie nicht viel verkehrt machen.

Ausgangsniveau der Bankroll

Bei der Ausarbeitung Ihres Bankroll-Managements ist es sinnvoll, zunächst ein Ausgangsniveau festzulegen. Die unten angeführten Werte sind die Ausgangspunkte für die drei Poker-Varianten. Suchen Sie den entsprechenden Wert heraus und modifizieren Sie ihn gemäß der Variablen, die im weiteren Verlauf dieses Abschnitts angegeben werden.

Limit Poker – Ihr Ausgangsniveau für Limit Poker sind 300 Big Bets, wobei eine Big Bet der Größe eines Einsatzes ab dem Turn (bei Hold'em oder Omaha) bzw. der fünften Setzrunde (beim Stud) entspricht.

Pot-Limit und No-Limit – Beim Poker mit hohen Einsätzen (Pot-Limit und No-Limit) sollte Ihr Ausgangsniveau 20 Buy-Ins betragen. Mit Buy-In meinen wir das maximal erlaubte Geld, das Sie an den Tisch bringen können. In der Regel sind dies 100 Big Blind. Sind es weniger, müssen Sie die Anzahl der Buy-Ins erhöhen.

Turniere– Ihr Ausgangsniveau für Turniere sollte etwa 75 Buy-Ins betragen. Da Multi-Table-Turniere eine höhere Varianz aufweisen als Single-Table-Turniere, die im Internet sehr verbreitet sind, können Sit-and-Go-Spieler diese Zahl vermutlich auf 40 reduzieren.

Modifikationen

Die oben genannten Werte sind vernünftige Richtlinien für die Größe einer Bankroll, die Sie bei den verschiedenen Poker-Varianten benötigen. Entsprechend den Umständen und der Partie müssen Sie diese jedoch verändern. Allgemein gesagt benötigen Sie eine umso kleinere Bankroll, je größer Ihre Gewinnquote und/oder je niedriger Ihre Varianz ist. Im Folgenden einige der Variablen, die Ihre Bankroll-Erfordernisse beeinflussen können.

Variante – Einige Varianten erfordern eine größere Bankroll, da sie in der Regel mehr Varianz aufweisen. Hold'em-Spieler erleben zum Beispiel meist größere Schwankungen als Omaha-Hi/Lo-Spieler.

Gegner – Gegen tighte und passive Kontrahenten sind die Schwankungen in der Regel kleiner als gegen loose und aggressive Spieler. Auf diesem Grund brauchen Sie gegen Letztere eine größere Bankroll.

Anzahl der Spieler – In Partien mit weniger Spielern gibt es meist mehr Varianz als in den entsprechenden Partien mit neun oder zehn Akteuren. Die Varianz beim Heads-Up ist sogar noch größer. Je weniger Spieler sich an der Partie beteiligen, desto größer muss Ihre Bankroll sein.

Gewinnquote – Ein Spieler, der nur kleine Gewinne erzielt, erleidet größere Pechsträhnen als ein Spieler mit einer höheren Gewinnquote[41] und benötigt daher eine größere Bankroll. Wie schon erwähnt kann ein Verlierer nie eine ausreichende Bankroll haben. Spielen Sie erst recht kurz Poker und haben noch keine verlässliche Gewinnquote, sollten Sie Ihre Bankroll erhöhen, da Ihre Gewinnquote vermutlich niedriger als die eines erfahrenen Spielers ist (auch wenn Sie momentan vielleicht exzellente, kurzfristige Resultate erzielen).

Akzeptables Risiko – Beim Bankroll-Management geht es um die Reduzierung des Risikos. Sie können mit einer kleineren Bankroll spielen, wenn Sie bereit sind, ein größeres Pleite-Risiko zu akzeptieren.

Auszahlung – Bei den oben genannten Bankroll-Erfordernissen wird davon ausgegangen, dass Sie Ihre Bankroll eher vergrößern als sich Ihre Gewinne auszahlen lassen. Lassen Sie sich alle oder einen Teil der Gewinne überweisen, müssen Sie Ihre Bankroll-Erfordernisse entsprechend nach oben korrigieren. Dies wird an anderer Stelle in diesem Kapitel erörtert.

Abstieg im Limit – Sind Sie bereit, bei einer Pechsträhne rasch im Limit abzusteigen, können Sie mit einer kleineren Bankroll auskommen, als wenn Sie eine eingebaute Pufferzone haben, mit der Sie nicht auf ein tieferes Limit wechseln müssen. Auch dies wird später in diesem Kapitel eingehender behandelt.

> Selbstkontrolle: Berechnen Sie mithilfe der oben genannten Werte und empfohlenen Modifikationen eine sinnvolle Bankroll für Ihr aktuelles Limit. Ist diese berechnete Zahl deutlich größer als Ihre momentane Bankroll, sollten Sie einen Abstieg im Limit in Betracht ziehen, um sich besser gegen Pechsträhnen zu schützen. Auf InternetTexasHoldem.com gibt es einen Bankroll-Rechner, mit dem Sie eine Mindset-Bankroll anhand Ihres Limits, Ihrer Gewinnquote und der Varianz ermitteln können.

[41] Dies wurde in Kapitel 5 erläutert.

Zwei extreme Beispiele

Zur Demonstration des Einflusses, den die oben genannten Faktoren auf Ihre Bankroll haben können, betrachten wir uns zwei Spieler, Adam und Stefan. Beide sind Limit-Spieler und langfristige Gewinner, aber in vielen anderen Punkten unterscheiden sie sich stark.

Adam spielt Omaha Hi/Lo auf niedrigen Limits. Er spielt an vollbesetzten Tischen in seinem örtlichen Casino, in dem die Gegnerschaft schwach ist. Er ist stark, spielt aber hauptsächlich als Freizeitvergnügen und verdient an seinem Arbeitsplatz eine Menge Geld. Falls Adam seine gesamte Bankroll verlöre, wäre dies für ihn kein Weltuntergang, da die Geldbeträge beim Poker für ihn nicht besonders viel bedeuten. Er könnte seine Bankroll locker mit eigenem Geld wieder auffüllen.

Stefan ist ein professioneller Pokerspieler, der im Internet an Tischen mit hohen Limits sitzt. Er ist ein sehr starker Spieler, aber seine Gewinnquote ist nur bescheiden, weil er meist mit anderen starken Kontrahenten konfrontiert ist. Er spielt eine Reihe verschiedener Partien und muss häufig an Tischen mit reduzierter Spieleranzahl sitzen, da es an guten vollbesetzten Tischen mangelt. Er lässt sich jeden Monat einen Fixbetrag als Gehalt auszahlen, um seinen Lebensunterhalt zu bestreiten. Verläuft sein Monat schlecht, ist er unter Umständen dazu gezwungen, mehr abzuheben, als er in diesem Monat verdient hat. Verlöre er seine Bankroll, wäre dies eine Katastrophe, denn er besäße keine Mittel mehr, um Geld zu verdienen.

Wie groß sollte die Bankroll der beiden Spieler sein? Adam benötigt weniger als den Standard von 300 Big Bets. Er ist seinen Gegnern klar überlegen und spielt eine Variante mit wenig Varianz. Außerdem spielt er im Casino, wodurch er bisweilen aufgrund der Körpersprache seiner Gegner etwas erkennen kann, was Steve nicht möglich ist. Adam ist bereit, ein höheres Risiko einzugehen, da das Geld seiner Bankroll für ihn nicht so wichtig ist und er nicht damit seinen Lebensunterhalt bestreiten muss. Adam könnte durchaus auch mit einer Bankroll von 200 oder sogar 150 Big Bets spielen.

Stefan braucht natürlich eine größere Bankroll, aber um wie viel? Seine niedrige Gewinnquote und der Umstand, dass er sich jeden Monat eine Menge Geld auszahlen lässt, bedeutet, dass es Zeiten gibt, in denen seine Bankroll stark gefährdet ist. Er spielt zudem an Tischen mit weniger Spielern, wodurch seine Varianz insgesamt steigt. Stefan lebt gefährlich, wenn seine Bankroll kleiner als

1.000 Big Bets ist und unter Umständen sollte er zur zusätzlichen Sicherheit sogar noch mehr haben. Der Unterschied ist wirklich so groß.

Wie verbindlich sind diese Werte?

Wie Sie anhand dieses Beispiels sehen können, ist es von Bedeutung, die Faktoren zu kennen und zu begreifen, die Ihre benötigte Bankroll beeinflussen können. Überraschenderweise sind jedoch die tatsächlichen Werte weit weniger wichtig als die Disziplin, mit der Sie sich an Ihr Bankroll-Management halten. Es ist viel einfacher, in widrigen Zeiten gute Entscheidungen zu treffen, wenn Sie auf einem strengen Regelwerk beharren. Ein Spieler, der ein strenges Bankroll-Management befolgt, steigt im Limit ab, wenn es nötig ist und neigt weniger zu Dummheiten wie Limit-Aufstieg, um seine Verluste wieder hereinzuholen.

7.3. Warum geraten Spieler auf Abwege?

Möglicherweise haben Sie bisher den Eindruck, Bankroll-Management sei einfach und tatsächlich liegen Sie damit richtig, denn nichts daran ist kompliziert. Sie müssen einfach nur ein wenig gesunden Menschenverstand walten lassen, um eine sinnvolle Bankroll festzulegen und sich anschließend daran halten.

Warum gehen dann so viele Spieler schlecht mit Ihrer Bankroll um? Warum scheitern Spieler, die es geschafft haben, die schwierigen Schritte beim Poker zu meistern, an der möglicherweise einfachsten Hürde? Leider liegt alles an menschlichen Schwächen wie Kurzsichtigkeit, Eitelkeit und Gier. Sogar ein Spieler, der gut zu pokern gelernt hat, kann aus vielen Gründen mit seiner Bankroll schlecht umgehen.

Die Bankroll-Erfordernisse erscheinen sehr konservativ

Bankroll-Erfordernisse können einem sehr konservativ vorkommen. Ein guter Spieler mit mangelnder Erfahrung kann durchaus Mühe haben zu begreifen, warum er so viel Geld für seine Bankroll benötigt. Gewiss hat er schon einige Verlustsessions erlitten, nimmt aber dennoch an, er würde auf seinem aktuellen

Limit ewig weiter gewinnen. Er muss erst eine schlimme Pechsträhne erleiden, um komplett die brutale Realität beim Poker zu begreifen.

Spieler überschätzen ihre eigenen Fähigkeiten

Die meisten Pokerspieler halten sich für besser, als sie sind. Deutliche Verlierer glauben, sie würden nur wenig verlieren oder sogar ein ausgeglichenes Ergebnis erzielen, wenn es keinen Rake gäbe. Spieler, die wenig verlieren, glauben, Sie würden ein ausgeglichenes Ergebnis erzielen, oder würden dies zumindest erreichen, wenn sie nicht so viel Pech hätten. Knappe Gewinner glauben, sie würden mehr gewinnen als dies tatsächlich der Fall ist. Diese Spieler schreiben in der Regel den Karten die Schuld zu, dass sie nicht die Gewinnquote schaffen, die ihrem Limit angemessen wäre. Selbst große Gewinner überschätzen häufig Ihren langfristigen Vorteil.

Nicht nur beim Poker, sondern überall ist es eine typische menschliche Schwäche, seine Fähigkeiten zu überschätzen. Wie viele Menschen würden zum Beispiel zugeben, dass sie keinen beruflichen Aufstieg oder eine Gehaltserhöhung verdienen? Bei den Bankroll-Erfordernissen betrifft dies die Missachtung der großen Summen, die häufig empfohlen werden. Der Gedankengang verläuft ungefähr so: „Andere Spieler brauchen vielleicht so viel Geld, aber ein so starker Spieler wie ich nicht.

Der Reiz der höheren Limits

Unabhängig von Ihrem aktuellen Limit erscheint das nächste höhere immer sehr reizvoll, und dies gilt vor allem, wenn es gut läuft und Sie vor Selbstvertrauen strotzen. Einige Spieler wollen auf ein höheres Limit wechseln, um mehr Geld zu gewinnen und sind daher bereit, sich hinsichtlich ihrer Bankroll-Erfordernisse zu beschwindeln. Der menschliche Geist ist im Erfinden von Begründungen ausgezeichnet, um etwas zu rechtfertigen, von dem man im tiefsten Inneren weiß, dass dies verkehrt ist.

Schlechte Angewohnheiten durch die niedrigeren Limits

Spieler, die auf niedrigeren Limits spielen, sind bisweilen ziemlich gleichgültig, was die Bankroll-Erfordernisse angeht. Sie haben immer im Hinterkopf, dass sie neues Geld einzahlen können, wenn dies erforderlich ist. Hat man sich einmal angewöhnt, mit kleiner Bankroll zu spielen, ist es leider vor allem dann schwierig sich dies abzugewöhnen, wenn man das Glück hatte, während des Aufenthalts auf niedrigeren Limits keine schwere Pechsträhne erleiden zu müssen. Kommt man schließlich auf den höheren Limits an, hat man unter Umständen viel zu wenig Spielkapital und läuft Gefahr, Pleite zu gehen, was *sehr* schmerzlich wäre.

Dummes Verhalten in Drucksituationen

Einige Spieler sind klug genug, die Bankroll-Regeln meist zu befolgen, treffen unter Druck aber schlechte Entscheidungen. Etwa steigen sie während einer Pechsträhne nicht im Limit ab, obwohl sie dies sollten. Eventuell gehen sie auch auf Tilt und wechseln plötzlich zu einer Partie mit höheren Limits, um einen verzweifelten Versuch zu starten, ihr Geld zurück zu gewinnen. Es gibt viele Methoden, wie ein Spieler in einer Drucksituation oder auf Tilt „Bankroll-Selbstmord" begehen kann.

Unabhängig vom Grund ist es eindeutig so, dass eine Vielzahl erfolgreicher Spieler ein schlechtes Bankroll-Management pflegen. Viele der berühmten Spieler, die Sie aus dem Fernsehen kennen, sind hinter den Kulissen in Wirklichkeit pleite oder auf Sponsoren angewiesen, die ihnen die Startgelder bezahlen. Nur ein guter Pokerspieler zu sein garantiert noch keinen Erfolg.

Bankroll-Management ist nicht schwierig. Sie müssen lediglich die richtigen Einstellungen haben und einige Grundregeln lernen und anwenden. Mit dem Poker Mindset können Sie Ihre Fähigkeiten beim Bankroll-Management verbessern, weil Sie nicht die oben genannten Fehler begehen. Es folgen drei ausgewählte Punkte aus dem Poker Mindset, die mit dem Bankroll-Management zusammenhängen.

1. Verständnis und Akzeptanz der Realitäten beim Poker

Sie müssen begreifen, dass Poker ein Spiel mit hoher Varianz ist. Selbst die besten Spieler haben Sessions und Phasen, in denen sie Geld verlieren. Daher ist es absolut notwendig, über eine ausreichende Bankroll zu verfügen, mit der man jede Pechsträhne aushalten kann.

2. Langfristiges Spiel

Gute Pokerspieler können nur langfristig damit rechnen, Geld zu gewinnen. Mit einer unzureichenden Bankroll laufen Sie Gefahr, die Phase der Langfristigkeit nie zu erreichen, da Sie zuvor von kurzfristigem Pech ausgelöscht werden.

3. Lassen Sie Ihr Ego zu Hause

Das Ego zeigt oft seine hässliche Fratze, indem Spieler schlechte Entscheidungen im Hinblick auf Ihre Bankroll treffen. Diese glauben nicht, eine große Bankroll zu benötigen, da sie ihre Fähigkeiten und ihre Überlegenheit überschätzen. Sie sträuben sich auch, im Limit abzusteigen, wenn dies notwendig ist, da sie meinen, dies sei unter ihrer Würde. Es ist wichtig, Ihr Ego zu Hause zu lassen und Entscheidungen zu treffen, die Ihre langfristigen Gewinne maximieren und Ihnen nicht nur kurzfristig ein gutes Gefühl geben.

Sorgen Sie dafür, das Poker Mindset nicht nur an den Tischen anzuwenden, sondern auch vor dem Spiel, wenn es um Entscheidungen geht, die Ihr Bankroll-Management betreffen. Im restlichen Kapitel untersuchen wir weitere Themen, die sich um das Bankroll-Management drehen.

7.4. Aufstieg in den Limits

Die Frage, welches Limit Sie aktuell spielen, unterliegt einer gewissen Dynamik. Zwar können Sie momentan die ausreichende Bankroll für ein bestimmtes Limit haben, aber nur eine schlechte Session vom Abstieg oder nur eine gute Session von einem höheren Limit entfernt sein. Die meisten Spieler freuen sich in der Tat auf den Moment, an dem Ihre Bankroll ausreicht, um auf das nächste Limit aufzusteigen, da dieses neue Möglichkeiten, neue Herausforderungen und eine neue Etappe in ihrer Pokerkarriere darstellt.

Natürlich müssen Sie nicht zwingend aufsteigen, wenn Sie die Bankroll für das nächste Limit haben. Die Bankroll-Erfordernisse gelten nur in eine Richtung und es gibt keine Regel, dass Sie nicht mit deutlich mehr Spielkapital als notwendig auf einem Limit bleiben können. Zu den Gründen, warum man nicht so schnell wie möglich auf das nächste Limit aufsteigen sollte, zählen:

Sie haben Ihr aktuelles Limit noch nicht gemeistert – Da Sie noch nicht lange auf Ihrem aktuellen Limit spielen, fühlen Sie sich eventuell wohler damit, vor dem Aufstieg noch weitere Hände dort zu spielen. Unter Umständen haben Sie über einen gewissen Zeitraum ungewöhnlich gut abgeschnitten oder Ihre Bankroll mit einem Jackpot für die beste Hand, einem Bonus[42] oder eigenem Geld künstlich vergrößert.

Sie trauen sich nicht zu, auf dem neuen Limit erfolgreich abzuschneiden – Vielleicht haben Sie einige Partien auf dem höheren Limit verfolgt und trauen sich dort keinen Erfolg zu. In dieser Situation ist es sehr vernünftig, nicht aufzusteigen, bis Sie glauben, das notwendige Niveau zu haben, um dort erfolgreich abzuschneiden zu *können*. Versuchen Sie aber, die aufrichtige Sorge, dass die Partien schwieriger verlaufen, nicht mit der natürlichen Nervosität und Paranoia zu verwechseln, die viele Spieler beim ersten Aufstieg auf ein neues Limit verspüren.

Die größeren finanziellen Schwankungen machen Ihnen Angst – Bei einem bevorstehenden Aufstieg auf ein neues Limit können die höheren Geldbeträge furchteinflößend wirken. Ein Aufstieg fühlt sich zunächst zwangsläufig seltsam an, da die Blinds, die Einsätze und die Pots deutlich größer als sonst sind. Gehen Ihre Gefühle soweit über simples Unwohlsein hinaus, dass sie Ihr Spiel negativ beeinflussen, sollten Sie eine Rückkehr auf das alte Limit erwägen, bis Sie die betreffenden Geldbeträge vollständig nüchtern betrachten können. Bei einigen Spielern kann es eine Grenze geben, die Sie nie überschreiten können, ohne sich mit den dortigen Geldbeträgen unwohl zu fühlen. Gehören Sie zu diesen Spielern, sollten Sie so hoch spielen, dass Sie sich noch wohl fühlen und sich über einen weiteren Aufstieg keine Gedanken mehr machen.

> Selbstkontrolle: Manchmal ist es besser, in den Limits schrittweise aufzusteigen. Spielen Sie zunächst jeden Abend eine Stunde auf dem neuen Limit und anschließend nur noch auf Ihrem normalen Limit. Nach einer Woche spielen Sie zwei Stunden auf dem neuen Limit. Dadurch gewöhnen Sie sich schrittweise an den Verlust größerer Pots, ohne das Risiko einer großen Verlustsession einzugehen. Probieren Sie dies beim nächsten Limit-Aufstieg aus.

[42] Boni in Form von Geld werden von den Internetanbietern häufig angeboten, um Spieler anzuziehen oder zu halten. Der Bonus kann für die Anmeldung, weitere Einzahlungen oder das Spielen einer bestimmten Anzahl von Händen vergeben werden.

Was auch immer der Grund für Ihr Unwohlsein ist, es bringt sehr wenig, in einer Partie zu spielen, an der Sie gar nicht teilnehmen wollen. Zwar gibt es wenig Spielraum für suboptimale Entscheidungen beim Poker, aber die Auswahl des Limits im Rahmen der Bankroll ist etwas, was jedem Spieler freigestellt ist.

Das Peter-Prinzip beim Poker

Obwohl es keine eindeutige Beziehung zwischen Limit und Anspruch der Partie gibt, kann man im Allgemeinen davon ausgehen, dass die Partien mit steigenden Limits immer schwieriger werden. Dafür gibt es zwei Gründe. Zunächst verlieren schwache Spieler ihr Geld auf den hohen Limits schneller und verschwinden schneller wieder. Außerdem bewegen sich die besseren Spieler in der Regel von niedrigeren auf die höheren Limits. Bei jedem Aufstieg sollten Sie davon ausgehen, dass die Spieler dort im Durchschnitt besser sind als auf dem alten Limit. Als Konsequenz geht Ihre Gewinnquote im Hinblick auf die Big Bets wahrscheinlich im Vergleich zu vorher zurück.

In der Welt der großen Konzerne gibt es eine Theorie, die man das „Peter-Prinzip“ nennt. Demnach wird jeder Mitarbeiter solange befördert, bis er auf einer Position angekommen ist, in der er inkompetent ist. Folge dieses Prinzips ist, das ganze Unternehmen mit inkompetentem Personal besetzt sind, das seine Aufgaben nicht mehr erfüllen kann, weil es solange befördert wurde, bis es sich auf einer Stufe wiederfindet, die genau eine Ebene über der liegt, an der es noch gute Arbeit leistete.

Ganz gleich, ob diese Theorie stimmt oder nicht[43], das Peter-Prinzip kann auf jeden Fall im Casino beobachtet werden. Spieler beginnen in der Regel auf den niedrigeren Limits und falls sie über die entsprechenden Fähigkeiten verfügen, gewinnen sie Geld und steigen auf die höheren Limits auf. Schlussendlich kommen sie auf einem Limit an, auf dem sie nicht mehr erfolgreich sind.

Das Peter-Prinzip beim Poker: In Casinos gibt es viele ehemalige Gewinner, die auf einem Limit angekommen sind, auf dem sie nicht mehr erfolgreich sind.[44]

Unsere Absicht ist nicht, Sie vom Aufstieg in den Limits zu entmutigen. Wir wollen lediglich illustrieren, beim Aufstieg in den Limits immer daran zu denken, dass diese (mit gelegentlichen Ausnahmen) schwerer werden.

---

[43] Aufgrund einiger Konzerne, die wir kennen, glauben wir, dass dies zumindest teilweise stimmt.

[44] Die Anwendung des Peter-Prinzips auf das Pokerspiel wurde zum ersten Mal von Mark Blade in seinem Buch *Professional Poker* vorgenommen.

Irgendwann steigen Sie auf und stellen anschließend fest, dass Sie auf dem neuen Limit nicht mehr erfolgreich sein können. An diesem Punkt gibt es drei Möglichkeiten:

1. Sie steigen wieder auf Ihr altes Limit ab.
2. Sie bleiben hartnäckig auf dem neuen Limit und gehen schließlich Pleite.
3. Sie verbessern Ihr Spiel so sehr, dass Sie auf dem neuen Limit erfolgreich sein können.

Natürlich sollten Sie versuchen, den letzten Punkt zu erreichen. Dies führt uns einmal mehr zum Poker Mindset.

Widmen Sie sich fortwährend der Analyse und der Verbesserung Ihres Spiels.

Es ist denkbar, dass Sie auf ein Limit aufsteigen, dass Sie ungeachtet Ihres Lernaufwands zur Verbesserung Ihres Spiels nicht erfolgreich bewältigen können. An diesem Punkt ist es natürlich besser, wieder auf ein Limit abzusteigen, auf dem Sie erfolgreich sind, anstatt hartnäckig auf dem höheren zu bleiben. Gehen Sie lieber einen Schritt zurück und gewinnen Geld, als ein Opfer des Peter-Prinzips beim Poker zu werden.

7.5. Abstieg in den Limits

In den Limits abzusteigen ist weit weniger aufregend als aufzusteigen, aber deutlich wichtiger. Haben Sie eine derart üble Pechsträhne, dass Sie (nach den entsprechenden Regeln) für Ihr aktuelles Limit keine ausreichende Bankroll mehr haben, sollten Sie absteigen. Spielen Sie dagegen auf Ihrem aktuellen Limit weiter, kann es Ihnen ist das mindestens genauso schlecht, als hätten Sie von Anfang an gar keine Bankroll-Regel gehabt. Unter Umständen ist das sogar noch viel übler, weil Sie aufgrund Ihrer Pechsträhne auf Tilt sein könnten. Wollen Sie dies nicht wahrhaben, werden Sie eventuell dazu verleitet, auf einem höheren Limit zu spielen, obwohl Ihre Bankroll dies verbietet.

Pokerspieler hassen einen Limit-Abstieg aus denselben Gründen, derentwegen Sie den Aufstieg mögen. Er stellt einen Rückschritt in ihrer Pokerkarriere dar. Bewusst oder unbewusst wird er als Niederlage oder Eingeständnis des Versagens wahrgenommen, was dem Ego missbehagt. Eventuell fühlen Sie sich beschämt, wenn andere Spieler Ihnen auf dem niedrigeren Limit begegnen und *wissen*, dass Sie zuletzt schlechte Ergebnisse hatten. Vielleicht beruhigt es Sie zu wissen, dass selbst die besten Spieler gelegentlich ein Limit absteigen müssen und dies auch nicht gerne tun. Ziemlich oft hört man aus dem Munde von Pokerspieler Sätze wie die folgenden:

> Ich spielte mit Blinds von 15 $/30 $, während ich darauf wartete, dass die Partie mit Blinds von 30 $/60 $ begann.
> Ich fand keine Partie mit Blinds von 10 $/20 $, daher spielte mit Blinds von 5 $/10 $.
> Ich spiele normalerweise mit Blinds von 20 $/40 $, aber heute war die Partie mit Blinds von 15 $/30 $ sehr gewinnbringend.

An diesen Begründungen, auf einem niedrigeren Limit zu spielen, ist nichts falsch, aber warum fühlt sich jemand dazu gezwungen, *überhaupt eine zu nennen*? Es liegt wohl daran, dass Spieler sehr stark an ihrem normalen Limit hängen. Unbewusst oder bewusst meinen sie, die niedrigeren Limits seien unter ihrer Würde. Bekommen Sie von einem anderen Spieler eine Geschichte erzählt, die sich auf einem niedrigeren Limit als seinem normalen zugetragen hat, können Sie sich absolut darauf verlassen, dass dieser Ihnen den Grund nennt, warum er an diesem Tisch gespielt hat. In Wirklichkeit ist es durchaus möglich, dass der wahre Grund für den Limit-Abstieg eine Pechsträhne war und die Bankroll für das normale Limit nicht mehr ausreichte, der Spieler sich aber schämt, dies zuzugeben.

Natürlich möchte niemand ein Limit absteigen und es ist verständlich, dadurch in Verlegenheit zu geraten. Klar, haben Sie jedoch das Poker Mindset vollständig verinnerlicht, macht Ihnen ein Abstieg kaum etwas aus, da Sie wissen, dass dies aufgrund der Varianz passieren kann. Diese „perfekte“ Einstellung ist jedoch nicht unverzichtbar, sondern es genügt schon, seinen Stolz zu überwinden und abzusteigen.

Pufferzonen

Zum Schutz vor Selbstbetrug bei den Bankroll-Erfordernissen ist es sinnvoll, die Kriterien etwas flexibler zu gestalten. Zum Beispiel könnten Sie statt einer unumstößlichen Regel von 300 Big Bets bei Limit-Varianten, für einen Aufstieg das Erreichen von 320 Big Bets festlegen und dafür erst absteigen, wenn Sie nur noch 280 Big Bets haben.

Diese Strategie bietet mehrere Vorteile. Zunächst erlaubt sie einem Spieler mit schlechten Ergebnissen, etwas länger auf seinem aktuellen Limit zu bleiben, ohne sich selbst zu betrügen. Denken Sie daran, die tatsächlichen Werte für den Umgang mit Ihrer Bankroll sind nicht so wichtig wie deren disziplinierte Einhaltung.

Außerdem verhindert diese Strategie zu viel Hin und Her. Befindet sich Ihre Bankroll am Scheitelpunkt zweier Limits, wechseln Sie eventuell ständig zwischen den beiden hin und her. Dies ist nicht nur frustrierend, sondern kann auch Ihrem Spiel schaden, da Sie sich nicht auf ein Limit und die dortigen Spieler und Partien konzentrieren können. Manchmal treffen Sie dabei sogar auf unterschiedliche Regeln, wie etwa beim Wechsel zwischen 2 $/4 $ und 3 $/6 $, bei dem Sie sich ständig mit einem unterschiedlichen Verhältnis zwischen Small Blind und Big Blind arrangieren müssen.[45]

Wir empfehlen Ihnen, in Ihrer Bankroll eine Pufferzone einzurichten, geben dazu aber zwei Einschränkungen:

1. Der Punkt, an dem Sie absteigen, muss weiterhin realistisch sein. Eine Pufferzone, die größer als 20 Prozent ist, können wir definitiv nicht empfehlen.
2. Sie sollten keine Pufferzone einrichten, wenn Sie sich inmitten einer Pechsträhne befinden. Legen Sie zu Beginn eine Regel fest und halten Sie sich daran.

Sofern diese beiden Regeln eingehalten werden, können Pufferzonen sehr sinnvoll sein.

7.6. Auszahlungs-Strategien

Sind Sie ein erfolgreicher Spieler, kommt der Zeitpunkt, an dem Sie über eine Auszahlung nachdenken, um sich von Ihren Gewinnen etwas zu gönnen. Ob, wann und wie Sie sich ausbezahlen lassen sollten, ist nicht eindeutig, da ein Interessenskonflikt besteht. Auf der einen Seite wollen Sie Ihre Bankroll weiter aufbauen, damit Sie auf immer höheren Limits spielen und immer mehr Geld gewinnen können, aber andererseits haben Sie nichts davon, wenn Sie die Früchte Ihrer Anstrengungen nie ernten können. Schließlich gibt es, sofern Sie

[45] In einer Partie mit Blinds von 3 $/6 $ beträgt der Small Blind in der Regel nur 1 $.

nicht gerade Stammgast an den teuren Tischen des Bellagio sind, immer ein höheres Limit, nach dem Sie streben können.

Was Auszahlungen betrifft, gibt es keine eindeutige Regel. Erfahrene Spieler empfehlen in der Regel mit den Auszahlungen möglichst lange zu warten, aber dieser Rat gründet sich meist auf deren eigene Erfahrungen. Verdienen Sie in einer Partie mit Blinds von 30 $/60 $ pro Stunde 50 Dollar, bedauern Sie vermutlich, das Anwachsen Ihrer Bankroll gehemmt zu haben, indem Sie sich auf 5 $/10 $ Geld auszahlen ließen. Andererseits haben Sie vielleicht nicht die Spielstärke, um bei Blinds von 30 $/60 $ pro Stunde 50 Dollar zu gewinnen. Dann ist es weitaus besser, auf 5 $/10 $ zusätzliches Geld zu verdienen, als sich an einem Limit zu versuchen, auf dem Sie nicht erfolgreich sind.

Wann und wie viel Sie sich auszahlen lassen, ist ganz allein Ihre Entscheidung. Es gibt keine korrekte Auszahlungs-Strategie, aber zumindest so etwas wie eine inkorrekte. Vermeiden Sie die folgenden Fehler, wenn Sie eine Auszahlung erwägen:

- Sich mehr als den monatlichen Durchschnittsverdienst auszahlen lassen. Natürlich führt dies zu einem sukzessiven Rückgang Ihrer Bankroll (und demzufolge auch Ihrer potenziellen Gewinnquote).
- Sich unbedeutende Beträge auszahlen lassen. Internetspieler können auf derart niedrigen Limits spielen, dass es sich nicht lohnt, sich die Geldbeträge auszahlen zu lassen. Welche Beträge „bedeutend“ sind, ist natürlich von Spieler zu Spieler verschieden. Gewinnen Sie jedoch auf 0,05 $/0,10 $ einen Betrag von 10 $, ist es vermutlich besser, diesen in den Aufbau Ihrer Bankroll und Limit-Aufstiege zu investieren, als ihn sich ausbezahlen zu lassen.
- Sich nie etwas ausbezahlen lassen. Gewinnen Sie beim Poker viel Geld und lassen sich nie etwas ausbezahlen, haben Sie vermutlich den Sinn des Spiels nicht verstanden. Der Aufbau Ihrer Bankroll kann eines Ihrer Ziele sein, aber Poker macht viel mehr Freude, wenn Sie Ihre Gewinne für etwas Greifbares ausgeben können. Belohnen Sie sich von Zeit zu Zeit für Ihre harte Arbeit.
- Dem Peter-Prinzip beim Poker zum Opfer fallen. Es ergibt wenig Sinn, sich nichts auszahlen zu lassen, um auf ein Limit aufzusteigen, an dem Sie wegen mangelnder Spielstärke nicht vom Fleck kommen. Gelangen Sie an einen Punkt, an dem Sie trotz aller Anstrengungen sich zu verbessern nicht erfolgreich abschneiden, ist es vermutlich besser, auf einem niedrigeren Limit zu spielen und sich seine Gewinne ausbezahlen zu lassen.

- Auszahlungen innerhalb der Bankroll-Strategie nicht zu berücksichtigen. Denken Sie daran, je mehr Sie sich regelmäßig ausbezahlen lassen, desto größer muss Ihre Bankroll sein, um eine schwere Pechsträhne überstehen zu können.

Häufig besteht der beste Kompromiss zwischen Aufbau der Bankroll und Auszahlungen in einer gemischten Strategie, innerhalb derer Sie sich einiges auszahlen lassen und den Rest für den Aufbau der Bankroll verwenden. Sie können an dem Größenverhältnis Ihrer Auszahlungen herumbasteln, um Ihren Bedürfnissen und Prioritäten gerecht zu werden. Jemand der sich den Großteil seiner Gewinne auszahlen lassen und dennoch seine Bankroll aufbauen will, könnte sich 80 bis 90 Prozent überweisen lassen. Ein Spieler, der sich nur ein bisschen etwas von seinen Gewinnen gönnen will, wird sich dagegen vielleicht mit 25 Prozent begnügen.

Wichtig ist, ein System zu entwickeln, das bei Ihnen funktioniert. Bankroll-Management, Auf- und Abstieg in den Limits und Auszahlungen hängen bis zu einem gewissen Grad vom individuellen Geschmack ab. Wir können Ihnen einige allgemeine Richtlinien an die Hand geben, aber jeder Spieler hat verschiedene Bedürfnisse und Prioritäten. Sie müssen festlegen, was Ihre Ziele beim Poker sind und zu welchen Risiken Sie bereit sind. Stellen Sie aber sicher, dass Sie sich folgender Teile des Poker Mindset bewusst sind, die wir an früherer Stelle in diesem Kapitel diskutiert haben.

1. Verständnis und Akzeptanz der Realitäten beim Poker
2. Langfristiges Spiel
3. Lassen Sie Ihr Ego zu Hause

Erinnern Sie sich daran, was wir vorher gesagt haben: Sie müssen nicht nur mit dem tatsächlichen Risiko des Verlusts Ihrer Bankroll umgehen, sondern auch mit der Angst davor. Das Poker Mindset und ein solides Bankroll-Management helfen Ihnen beim Überwinden dieser Angst und Ihr Poker wird davon profitieren.

7.7. Rückblick auf das Kapitel

7.1. Der größte Fehler beim Poker

- Gutes Bankroll-Management ist schlicht und ergreifend eine der wichtigsten Fähigkeiten, die Sie als Pokerspieler beherrschen müssen. Umgekehrt kann schlechtes Bankroll-Management als der größte Fehler beim Pokern betrachtet werden.
- Bankroll-Management ist schlicht eine Methode, mit der Sie sicherstellen, langfristig genügend Geld zum Pokerspielen zu haben.
- Es geht nicht nur um Ihr tatsächliches Risiko, Ihr Spielkapital einzubüßen, sondern auch um die Angst davor.
- Wenn Angst vor der Pleite sich Ihrer Gedanken bemächtigt, führt dies wahrscheinlich zu schlechten Entscheidungen am Tisch.

7.2. Die Bestimmung Ihrer Bankroll-Erfordernisse

- Beim Limit-Poker sollte Ihr Ausgangsniveau 300 Big Bets betragen und bei Pot-Limit- und No-Limit-Varianten 20 Buy-Ins. Spielen Sie Turniere, sollten Sie als Startkapital 75 Buy-Ins haben.
- Diese Richtlinien sollten aufgrund spezifischer Umstände in Ihren konkreten Partien modifiziert werden.

7.3. Warum geraten Spieler auf Abwege?

- Sogar ein Spieler, der gut zu pokern gelernt hat, kann mit seiner Bankroll aus vielen Gründen schlecht umgehen.
  - Die Bankroll-Erfordernisse erscheinen sehr konservativ
  - Spieler überschätzen ihre eigenen Fähigkeiten
  - Der Reiz der höheren Limits
  - Schlechte Angewohnheiten durch die niedrigeren Limits
  - Dummes Verhalten in Drucksituationen

7.4. Aufstieg in den Limits

- Es gibt keine Regel, aufsteigen zu müssen, bloß weil Sie die Bankroll für das nächste Limit haben. Zu den Gründen, nicht so schnell wie möglich auf das nächste Limit aufzusteigen, zählen:
  - Sie haben Ihr aktuelles Limit noch nicht gemeistert

  - Sie trauen sich nicht zu, auf dem neuen Limit erfolgreich abzuschneiden
  - Die größeren finanziellen Schwankungen machen Ihnen Angst
- Das Peter-Prinzip beim Poker: In Casinos gibt es viele ehemalige Gewinner, die auf einem Limit angekommen sind, auf dem sie nicht mehr erfolgreich sind

□ 7.5. Abstieg in den Limits

- Haben Sie eine derart üble Pechsträhne, dass Sie (nach den entsprechenden Regeln) keine ausreichende Bankroll mehr für Ihr aktuelles Limit haben, sollten Sie absteigen.
- Pokerspieler hassen einen Limit-Abstieg, weil Sie meinen, dieser stelle einen Rückschritt in ihrer Pokerkarriere dar. Bewusst oder unbewusst wird er als Niederlage oder Eingeständnis des Versagens wahrgenommen, was dem Ego missbehagt.
- Zum Schutz vor Selbstbetrug bei den Bankroll-Erfordernissen ist es sinnvoll, die Kriterien mit Hilfe von Pufferzonen etwas flexibler zu gestalten.

□ 7.6. Auszahlungs-Strategien

- Ob, wann und wie Sie sich ausbezahlen lassen sollten, ist nicht eindeutig, da ein Interessenskonflikt besteht:
  - Auf der einen Seite wollen Sie Ihre Bankroll weiter aufbauen, damit Sie auf immer höheren Limits spielen und immer mehr Geld gewinnen können.
  - Andererseits haben Sie nichts davon, wenn Sie die Früchte Ihrer Anstrengungen nie ernten.
- Vermeiden Sie die folgenden Fehler, wenn Sie eine Auszahlung erwägen:
  - Sich mehr als den monatlichen Durchschnittsverdienst auszahlen lassen.
  - Sich unbedeutende Beträge auszahlen lassen.
  - Sich nie etwas ausbezahlen lassen.
  - Dem Peter-Prinzip beim Poker zum Opfer fallen.
  - Auszahlungen innerhalb der Bankroll-Strategie nicht zu berücksichtigen.

Kapitel 8

Die Gedanken Ihrer Gegner

"Beim Poker geht es nicht um Karten, sondern um Menschen." –
Anonymes Zitat

Poker-Psychologie hat zwei Seiten. Einerseits müssen Sie das Poker Mindset – Ihre Gefühle und Denkprozesse – meistern, um möglichst oft Ihr bestes Poker zeigen zu können. Dies ist die wichtigere Seite der Poker-Psychologie, da Sie kaum ein erfolgreicher Spieler sein können, wenn Sie Ihre inneren Dämonen nicht im Griff haben.

Die zweite Seite der Poker-Psychologie ist das Verständnis der Gedanken und Aktionen Ihrer Gegner. Bis jetzt konzentrierten wir uns darauf, wie Sie die emotionale Kontrolle behalten. In diesem Kapitel gehen wir einen Schritt weiter und widmen uns der Frage, wie man seine Gegner analysiert und versteht. Viele Themen haben wir nur im Verhältnis zu unserer eigenen Spielweise betrachtet, daher ist es sinnvoll, auf die andere Seite zu wechseln und diese im Hinblick auf unsere Gegner anzuschauen.

Zum Glück hilft Ihnen alles bisher Erlernte sehr, Ihre Gegner besser zu verstehen. Durch die Kenntnis der Hindernisse, die sich Ihnen bei der richtigen Einstellung am Pokertisch in den Weg stellen, lernen Sie nicht nur, besser mit Ihren Emotionen umzugehen, sondern wissen auch, was Ihre Gegner vom richtigen Weg abbringt. Weil Sie die Ursachen für die Handlungen Ihrer Gegner kennen, sind Sie eher in der Lage, deren unterschiedliche Gefühlszustände wahrzunehmen.

8.1. Die Wichtigkeit, Ihre Gegner zu beobachten

Starke Pokerspieler sagen von sich, dass sie „einen Gegner spielen“ und nicht die Karten. Einige Spitzenprofis haben damit angegeben, sogar ohne Ansicht der Karten gewinnen zu können.[46] Zu den wichtigsten Dingen am Pokertisch gehört das permanente Studium Ihrer Gegner, um möglichst viel über deren Spielweise und Reaktionen in bestimmten Situationen herauszufinden.

Einige Spieler achten überhaupt nicht auf Ihre Gegner. Schwache Spieler oder Anfänger erkennen im Allgemeinen nicht, wie wichtig es ist, seine Gegner zu studieren, und schauen bei Entscheidungen nur auf ihre eigenen Karten. Dies ist an und für sich nicht besonders überraschend, doch auch weitaus bessere Spieler begehen manchmal den Fehler, ihre Gegner nicht genau genug zu studieren. Dies kann aus einer Reihe von Gründen geschehen, darunter:

1. Sie sind zu müde.
2. Sie spielen im Internet zu viele Tische gleichzeitig.
3. Sie halten von ihren Gegnern so wenig, dass sie es nicht für notwendig erachten, deren individuelle Spielweise zu analysieren. Stattdessen verwenden sie derart grobe Bezeichnungen wie „Fisch“ oder „Idiot.“
4. Sie lassen sich häufig vom Fernsehen, Gesprächen oder anderen Zerstreuungen vom Spiel ablenken, wenn sie im Internet spielen.

Diese Spieler können zwar Gewinne erzielen, werden aber ihr Potenzial nie vollständig ausschöpfen. Irgendwann stoßen sie beim Aufstieg auf die höheren Limits an Grenzen, weil dort das individuelle Spiel gegen einen bestimmten Gegner wichtiger wird.

Sie treffen beim Poker viel eher gute Entscheidungen, wenn Sie Ihre Gegner studieren und diese Informationen weiterverarbeiten können. Nur die simple Beobachtung bringt Sie jedoch nicht sonderlich weit. Die Qualität Ihrer Entscheidungen hängt unmittelbar von der Qualität Ihrer Beobachtungen ab. Es ist ein großer Unterschied, ob Sie eine ganz allgemeine Feststellung über einen Gegner treffen können oder ob Sie detaillierte Notizen (entweder im Gedächtnis oder schriftlich) über dessen Spielweise bestimmter Hände anfertigen.

[46] Sofern ihre Gegner dies nicht wissen.

Zum Beispiel ist nur begrenzt von Nutzen, einen Spieler als "loose" zu bezeichnen. Hilfreicher ist es, ihn so zu beschreiben: „Er ist vor und auf dem Flop loose, spielt aber bei den höheren Einsätzen auf dem Turn deutlich öfter korrekt." Noch besser wäre folgende Beobachtung: „Er spielt vor dem Flop zu viele schwache, gleichfarbige Hände und callt auf dem Flop mit jeder Overcard. Bei den größeren Einsätzen auf dem Turn gibt er seine schwachen Hände oft auf, setzt die Hand aber selbst bei einem gefährlichen Board mit Second Pair fort, wenn er nur eine Bet bezahlen muss."

Je mehr Informationen Sie über einen Gegner sammeln und je spezifischer diese sind, desto besser.

Obwohl diese Aussage oberflächlich betrachtet offensichtlich erscheint, lohnt es sich zu erkennen, dass die Beobachtung der Gegner ein unendlicher Prozess ist. Es gibt keine Zeit für eine Pause. Viele Spieler sind mit allgemeinen Beobachtungen zufrieden und verpassen die nächste Ebene. Dabei sollten Sie Ihre Gegner permanent beobachten und Ihre Eindrücke festhalten. Dauerhafte Beobachtung ist der Schlüssel, um Ihre Spielstärke auf die nächste Ebene zu bringen.

Selbstkontrolle: Achten Sie bei Ihrer nächsten Pokerpartie besonders auf einen zufällig ausgewählten Gegner. Jedes Mal wenn Sie etwas von seiner Spielweise wahrnehmen, schreiben Sie es auf, ganz gleich wie banal es auch sein mag. Notieren Sie auch, welche Hände er am Ende vorgezeigt hat, wie er mit diesen gesetzt hat, wie er mit starken und schwachen Händen agiert hat und ob er jemals geblufft oder slow gespielt hat. Natürlich können Sie nicht *alles* von jedem Gegner wahrnehmen, aber durch exakte Aufzeichnung über einen Gegners wird Ihnen klar werden, wie viel Sie von sorgfältiger Beobachtung profitieren können.

Veränderungen erkennen

Erste Eindrücke sind zwar hilfreich, dennoch müssen Sie vorsichtig sein, Ihren ersten Wahrnehmungen von einem Gegner zu viel Vertrauen zu schenken. Eine weitere negative Facette der menschlichen Psyche ist, dass jemand, der sich über etwas eine Meinung gebildet hat, jedes Indiz, das diese bestätigt, dankbar aufnimmt und jeden Hinweis übersieht, der dieser widerspricht. Beim Poker bedeutet dies, einen Spieler einzustufen und dann hartnäckig an dieser Einstufung festzuhalten, obwohl zahllose Indizien für das Gegenteil sprechen.

Zum Beispiel spielen Sie während einer Session mit einem Spieler und notieren sich, dass dieser sehr loose spielt, weil er am Ende einige sehr fragwürdige Hände vorzeigt. Irgendwann später freuen Sie sich, diesem Spieler wieder zu begegnen. Sie haben den perfekten Platz zu seiner Linken und bringen unablässig Value Bets und Isolations-Raises gegen ihn, weil Sie hoffen, aus Ihren überlegenen Starthänden Kapital schlagen zu können. Allerdings werden Sie permanent frustriert, wenn er bessere Hände als Sie aufdeckt. Haben Sie AJ, hält er AQ und haben Sie AT, hält er TT. Als Sie den Tisch verlassen, fragen Sie sich, was passiert ist.

Es passierte nichts anderes, als dass der Spieler nicht so loose wie in der vorhergehenden Session gespielt hat. Sie versäumten, sich dies zu notierten, weil Sie diesen Spieler bereits als loose abgestempelt hatten und die überwältigenden Indizien für das Gegenteil ignorierten. Für sein verändertes Verhalten gibt es mehrere denkbare Erklärungen:

- Bei Ihrer ersten Begegnung war er auf Tilt.
- Sein "looses" Spiel in der ersten Session war seinerseits eine Reaktion auf die Spielweise eines wilden Akteurs.
- Seit Ihrer letzten Begegnung hat er sein Spiel verbessert.

Alternativ hat er sein Spiel überhaupt nicht verändert. Möglicherweise ist er immer noch loose und bekam während Ihrer zweiten Begegnung eine Reihe guter Hände. Das wahrscheinlichere Szenario ist aber, dass sich tatsächlich etwas an seiner Spielweise geändert hat. Es ist entscheidend, einen Spieler permanent zu beobachten, um Ihr Wissen über sein Spiel möglichst genau abstimmen zu können. Dazu gehört die Analyse, ob Ihre ersten Eindrücke wirklich zutrafen oder in die Irre führten. Selbst die Analyse des geradlinigsten Spielers sollten Sie nie als abgeschlossen betrachten.

8.2. Kategorisierung der Gegner

Je länger Sie gegen einen bestimmten Gegner spielen, desto klarer wird das Bild seiner gesamten Vorgehensweise. Doch auch nachdem Sie mehrere Tausend Hände gegeneinander ausgetragen haben, können Sie selbst bei einem recht geradlinigen Spieler nicht davon ausgehen, alles über seine Spielweise zu wissen.

Bei den meisten Gegnern, denen Sie von Tag zu Tag begegnen, haben Sie dagegen weit weniger als tausend Hände, auf die Sie Ihre Bewertung stützen können. Stattdessen müssen Sie sich bis zu einem bestimmten Grad anhand dessen, was Sie *tatsächlich* wissen, auf Klischees und Annahmen berufen. Traditionell versuchen Pokerspieler folgende Parameter einzuschätzen:

- Wie viele Hände spielen meine Gegner (d.h. wie „loose“ sind sie)?
- Wie oft raisen meine Gegner im Vergleich zu ihren Calls (d.h. wie „aggressiv“ sind sie)?
- Wie oft repräsentieren meine Gegner eine andere Hand als die tatsächliche (d.h. wie „trickreich“ oder „irreführend“ spielen sie)?

Als Gesamtbild ergeben diese drei Maßeinheiten einen vernünftigen Rahmen, auf dem Sie Ihre Entscheidungen aufbauen können. Sie können einen Spieler als tight-passiv-geradlinig, loose-aggressiv-irreführend oder anders klassifizieren und anschließend weitere Details hinzufügen, die Ihnen auffallen.[47]

Die oben beschriebene Methode der Notizen ist die Standardmethode, die Pokerspieler zur Kategorisierung ihrer Gegner verwenden, doch zum tieferen Verständnis Ihrer Kontrahenten müssen Sie weiter gehen. Beobachten Sie einen Spieler unter dem Aspekt, wie tight, aggressiv oder irreführend er vorgeht, bekommen Sie nur mit, wie sich bestimmte Merkmale durch seine Spielweise manifestieren. Um wirklich ins Innere Ihrer Gegner vorzudringen, müssen Sie nicht nur erkennen, wie diese in bestimmten Situationen agieren, sondern auch *warum* sie dies tun.

Nehmen wir zum Beispiel an, Sie kennen drei Spieler, die Sie als loose-aggressiv-irreführend kategorisiert haben. Diese spielen viele Pots, raisen häufig und versuchen ihre Gegner so oft wie möglich in die Irre zu führen. Diese Beschreibung bedeutet nicht, dass diese drei Spieler alle gleich spielen. Vielmehr könnten alle drei sehr unterschiedliche Motive haben.

Spieler A könnte ein Zocker sein. Er spielt viele Hände und raist häufig, weil er nach Action lechzt. Über Pot Odds und ähnliche Dinge macht er sich keine Gedanken, sondern will einfach das Geld in die Mitte bekommen. Er bringt haarsträubende Bluffs mit geringen Erfolgschancen und callt oder raist mit dünnen Draws, weil er auf den großen Zahltag hofft.

---

[47] Internetspielern stehen eventuell zusätzliche Hilfsmittel zur Verfügung. Es gibt Programme, mit denen Sie große Datenbanken mit Handverläufen verwalten und statistische Informationen über Ihre Gegner abrufen können. Natürlich wird die Kategorisierung Ihrer Gegner dadurch leichter.

Spieler B könnte ein Tyrann sein. Er setzt und raist häufig, weil er die Kontrolle über den Tisch haben will. Er möchte, dass andere Spieler Angst vor ihm haben, und das Alpha-Tier am Tisch sein. Er möchte gewinnen, aber nur unter seinen Bedingungen.

Spieler C könnte ein spekulativer Spieler sein. Er will Geld gewinnen, indem er viele Hände spielt und seine Gegner nach dem Flop ausspielt. Glaubt er, vorne zu liegen, forciert er seine Hand stark, und blufft immer, wenn er dadurch gute Gewinnchancen sieht. Liegt er seines Erachtens zurück und hat kaum noch Gewinnchancen, foldet er.

Natürlich ist es wichtig zu beobachten, ob ein Spieler loose, tight, aggressive, passiv, geradlinig oder trickreich ist, aber Sie müssen einen Schritt weiter gehen. In den folgenden Abschnitten schauen wir uns weitere Methoden zur Kategorisierung Ihrer Gegner an. Zunächst wollen wir herausfinden, wie man bestimmt, was für ein *Spielertyp* Ihr Gegner ist und wie dies seine Entscheidungen am Tisch beeinflusst. Dann betrachten wir die verschiedenen Denkebenen dieser Gegner, wodurch wir die beste Gewinnstrategie gegen ihn leichter bestimmen können.

Am Ende des Kapitels haben Sie drei Hilfsmittel, um Ihre Gegner zu bewerten. Sie können Folgendes genauer bestimmen:

- Wie tight, aggressive und trickreich diese spielen.
- Welche Spielertypen diese sind.
- Auf welcher Ebene diese denken.

Zusammengefasst verschaffen Ihnen diese drei Beobachtungen einen gewaltigen Vorteil am Tisch.

8.3. Unterschiedliche Spielertypen

Im letzten Abschnitt brachten wir drei Beispiele von Spielern, die einen ähnlichen Stil haben, aber deren Motive und daher auch exakten Setzmuster völlig unterschiedlich sind. Als eines der ersten Dinge sollten Sie versuchen, den Gegnertyp zu bestimmen, mit dem Sie konfrontiert sind. Manchmal entwickeln Sie eine Vorstellung, bevor Sie auch nur eine Hand mit ihm spielen! Die Hauptmethode, einen Gegnertyp zu bestimmen, besteht in der Analyse seiner Setzmuster, Sie können aber auch andere Hinweise bekommen, wie etwa:

Erscheinung – Das Alter eines Spielers, seine Erscheinung und seine Kleidung können Ihnen einen Hinweis darauf geben, um welchen Spielertyp es sich handelt.

Angewohnheiten – Wie verhält er sich am Tisch? Wirkt er selbstbewusst oder nervös? Macht er einen unsicheren Eindruck, was die Spiel- und Benimmregeln betrifft?

Aussagen – Einige Spieler verraten durch ihre Aussagen eine Menge über ihren Spielertyp. Dies gilt sowohl für Kommentare zum Spiel als auch für Aussagen, die nichts mit Poker zu tun haben, Ihnen aber dennoch Aufschluss über die Person geben können.[48]

Nach einer Weile werden Sie andere Spieler nicht mehr nur als Summe Ihrer Spielcharakteristika sehen, sondern ein komplettes Bild als Mensch von ihnen haben. Sie werden diese nicht nur anhand ihrer Spielweise kategorisieren, sondern auch anhand ihres Denkens. Im letzten Abschnitt beobachteten wir drei Kategorien: den Zocker, den Tyrann und den spekulativen Spieler. Es folgen weitere Beispiele für Spielertypen, die Ihnen am Pokertisch begegnen können, dazu liefern wir einige Tipps, wie Sie diese erkennen und wie diese eventuell spielen. Diese Liste ist keinesfalls vollständig. Nach einer Weile werden Sie auch andere Typen wahrnehmen.

Der Neuling

Anfänger versuchen zunächst, in einer Partie Fuß zu fassen. Sie machen die Spielzüge, die sie für richtig halten, die aber in der Regel kaum in Einklang mit der gängigen Pokertheorie stehen. Im Allgemeinen spielen sie sehr loose und passiv, da dies die instinktive Vorgehensweise der meisten Spieler ist. Da Anfänger eine Menge erst begreifen müssen, mangelt es ihrem Spiel meist an Phantasie und Bluffs. Ihre Motive sind das Erlernen des Spiels und Spaß, ohne viel Geld zu verlieren.

In der Regel sind Anfänger leicht zu identifizieren. Sie wirken oft verwirrt und/oder nervös und stellen dem Dealer vermutlich viele Fragen. In einem Casino eines Touristenorts wie Las Vegas oder Los Angeles erkennt man einen Touristen, der Poker einmal „ausprobieren“ will, häufig an seiner Kamera oder Taschen aus einem Souvenirladen.

---

[48] Beachten Sie, dass nur dieser Hinweis auch für Internetspieler zugänglich ist. Achten Sie gut auf das Chat-Fenster.

Der Gelegenheitsspieler

Gelegenheitsspieler machen einen großen Anteil aller Pokerspieler aus und sind zumindest vom Auftreten her schwer zu typisieren. Die beste Methode, diese Spieler zu identifizieren, ist ihr Verhalten und ihr Spielstil. Sie wissen, wie Poker funktioniert und machen normalerweise keinen nervösen Eindruck. Sie spielen zum Spaß und ihre Worte und Aktionen belegen dies.

Der Haken ist, dass die meisten Gelegenheitsspieler nicht *meinen*, sie würden nur zum Spaß spielen. Die meisten behaupten sogar, sie würden des Geldes wegen spielen. In Wirklichkeit sind sie aber langfristige Verlieren, weil sie kein korrektes Poker spielen. Sie wollen gewinnen, aber nur unter ihren Bedingungen. Wie Anfänger neigen Gelegenheitsspieler zu übermäßig loosem und passivem Spiel, da dies die Art und Weise ist, wie sie spielen *wollen.*

Der Zocker

Zocker spielen weder aus Spaß noch um im klassischen Sinne zu gewinnen (obwohl beide Faktoren eine Rolle spielen). Sie spielen, weil ihnen die Aufregung des Zockens Freude macht. Sie wollen ihr Geld in die Mitte bekommen und dann sehen, ob sie gewonnen haben. Aus diesem Grund sind sie fast immer loose und meist auch aggressiv. Bisweilen sind sie auch trickreich, aber nicht immer.

Zocker sind beim Poker im Allgemeinen sehr konzentriert und zielstrebig. Verlieren sie ihren Stack, kaufen sie sich häufig sofort wieder ein. In der Regel drehen sie nicht durch, wenn sie verlieren, da sie dies gewohnt sind. Im tiefsten Inneren ist Gewinnen für sie nicht so wichtig.

Der Rock

Der Rock ist ein langweiliger und durchschaubarer Gegner. Er spielt einen sehr tighten, passiven und geradlinigen Stil, der es im erlaubt, sein Geld nur sehr langsam zu verlieren oder sogar in bestimmten Partien einen kleinen Gewinn erzielen. Wenn er raist, hat er fast immer eine sehr gute Hand.

Rocks pflegen einen Stil, der überhaupt keinen Spaß macht, aber in der Regel ist das auch nicht ihr Motiv. Die meisten spielen zum Zeitvertreib (dies gilt häufig für Rentner) oder um einen kleinen Gewinn aus einer Partie mit vielen schwachen Spielern zu schlagen. Rocks können Sie in der Regel daran erkennen, dass sie ruhig sind und kaum auffallen. Manchmal bemerken Sie deren Anwesenheit fast gar nicht. Selbst in den seltenen Fällen, in denen ein

„Rock" sich am Pot beteiligen, tut er dies normalerweise zaghaft mit einem Limp.

Der Tyrann

Die Hauptmotivation des Tyrannen ist, am Tisch das Sagen zu haben. Er will gewinnen, aber noch wichtiger ist ihm, durch seinen Stil anderen Spielern Angst zu machen. Statt eines guten Pokergespürs treibt eher sein Ego seine Entscheidungen an. Tyrannen spielen im Allgemeinen nur nicht deswegen loose und aggressiv, weil sie mit diesem Stil die anderen Spieler einschüchtern können, sondern auch, weil er in bestimmter Weise ihrer Persönlichkeit entspricht.

Den Tyrannen zu erkennen ist ziemlich einfach. Er ist in der Regel laut, häufig unausstehlich und er versucht, seinen Gegnern mit Worten und seiner Körpersprache Angst einzujagen. Verliert der Tyrann einen Pot, geht er schlecht damit um, indem er die gegnerische Spielweise, den Dealer, die Karten oder etwas anderes beschimpft, um sein angekratztes Ego zu salben.

Der Aufsteiger

Begibt sich ein Anfänger auf den Weg, ein erfolgreicher Spieler zu werden, durchschreitet er in der Regel verschiedene Phasen, bis er alle Feinheiten des Spiels begriffen hat. Er ist eifrig und achtet genau auf das Geschehen am Tisch, aber sein Spiel ist unausgereift und er begeht viele Fehler (und kasteit sich deswegen häufig selbst).

Das Spiel des Aufsteigers durchschreitet während dieser Zeit verschiedene Phasen, daher kann es schwierig sein, seine Spielweise vorherzusagen. Häufig verfällt er eine Zeitlang in eine tight-passive Periode, in der er tightes Spiel gelernt hat, aber den wahren Wert der Aggressivität noch nicht erkennt (oder nicht das Selbstvertrauen dafür hat).

Der spekulative Spieler

Spekulative Spieler pokern, um zu gewinnen, aber da Sie nicht die Disziplin für einen tight-aggressiven Stil haben, versuchen sie es mit einem loose-aggressiven. Diese Spieler können ziemlich gefährlich sein, da man sie schwer auf eine Hand setzen kann und sie in der Regel nach dem Flop gut spielen. Manchmal sind spekulative Spieler dauerhaft erfolgreich, aber die meisten können die mangelhafte Qualität ihrer Starthände nicht mit gutem Spiel ausgleichen.

Spekulative Spieler stehen häufig im Mittelpunkt der Aufmerksamkeit – nicht weil sie dies wollen (das will der Tyrann), sondern weil ihr Stil sie häufig ins Zentrum der Action rückt. Einige Spieler haben Angst vor ihnen und andere verachten sie, während die besseren Spieler sich entsprechend anpassen. In der Regel sind spekulative Spieler recht jung.

Der Erbsenzähler

Über die Jahre wurde die Bezeichnung Erbsenzähler für viele Spielertypen verwendet, doch meistens ist damit ein tighter Spieler gemeint, der im Allgemeinen unfreundlich und pedantisch ist. Erbsenzähler sind in der Regel leichte Gewinner und verlassen nie ihre Komfortzone. Obwohl sie selten richtig erfolgreich sind, spielen sie eher um zu gewinnen als zum Vergnügen.

Erbsenzähler sind in der Regel ziemlich leicht zu erkennen. Manchmal sind sie still und missmutig, während sie in anderen Fällen die Rolle des „Professors" am Tisch übernehmen, indem sie andere Spieler über ihre Fehler belehren. Oft können sie sich nicht an loose-aggressive Spieler anpassen und fühlen sich in deren Gegenwart unwohl. In vielerlei Hinsicht ähneln Erbsenzähler den Rocks, sind aber nicht immer passiv und durchschaubar, außerdem machen sie sich in der Regel mehr Gedanken über die Auswahl der Tische. Erbsenzähler werden von den anderen Stammspielern meist nicht sonderlich geschätzt.

Der Roboter

Roboter sind erfolgreiche Spieler, die im Allgemeinen gut pokern. Sie gewinnen nicht so viel, wie sie könnten, da sie zu einem sehr mechanischen Spiel neigen, ohne der Action ausreichende Beachtung zu schenken. Dies liegt manchmal daran, weil sie nicht besonders gerne pokern, manchmal, weil sie faul sind und manchmal, weil sie Poker eher als Arbeit betrachten und sich einfach dem Trott hingeben.

Im Internet sind Roboter sehr verbreitet. Sie spielen häufig bis zu acht Tische gleichzeitig, ohne sich auf einen wirklich gut zu konzentrieren. Manchmal begegnet man ihnen auch im Casino, wo sie zwar recht gut spielen, aber immer einen desinteressierten Eindruck hinterlassen. Roboter spielen in der Regel tight-aggressiv, sind aber oft recht durchschaubar. Sie verlassen sich auf die bessere Handauswahl und ihr überlegenes Wissen, um Geld von schlechteren Spielern zu gewinnen.

Der Hai

Der Hai ist ein starker Spieler, der nicht nur gut pokert, sondern auch die Besonderheiten seiner aktuellen Partie erkennt und sich entsprechend anpasst.

Der Hai will schlicht und ergreifend Geld gewinnen. Vermutlich pokert er auch gerne, aber seine primäre Motivation ist, immer die Entscheidung mit dem besten Erwartungswert zu treffen.

Einen Hai erkennen Sie an seiner ruhigen, selbstbewussten Art, die in der Regel mit einem tight-aggressiven Stil einhergeht.[49] Seine Gegner beneiden ihn, bewundern ihn, verachten ihn, schleimen sich bei ihm und fürchten ihn in selbem Maße. Manchmal gehen Haie auch in Tarnung. Sie geben sich bewusst den Anschein eines Anfängers, eines Gelegenheitsspielers oder eines Zockers. Verrät Ihnen das Auftreten eines Spielers etwas anderes als sein Spiel, sollten Sie sich immer an seinem Spiel orientieren.[50]

> Selbstkontrolle: Denken Sie über einige Ihrer regelmäßigen Gegner nach. Versuchen Sie zu bestimmen, in welche der zehn oben genannten Kategorien diese fallen. Gibt es Spieler, die in mehrere Kategorien oder gar keine zu fallen scheinen?

Nicht alle Spieler fallen perfekt in eine dieser zehn Kategorien. Manchmal treffen Sie auf einen Spieler, der eine Kombination aus mehreren Typen zu sein scheint. Beispielsweise könnten Sie auf einen Anfänger treffen, der guten Karteninstinkt besitzt und eher wie ein spekulativer Spieler vorgeht. Genauso könnten Sie auf einen Hai treffen, der sich seinen Kontrahenten gegenüber wie ein Tyrann verhält. Manchmal begegnet Ihnen ein Spieler, der in überhaupt keine der genannten Kategorien zu fallen scheint.

Wichtig ist, nicht jeden Gegner in eine Kategorie zu pressen, sondern darüber nachzudenken, welche Motive jeder Spieler hat. Wissen Sie, warum jemand pokert und was er vermutlich denkt, können Sie anhand dieser Informationen seine Aktionen besser interpretieren und zukünftige Spielzüge besser vorhersehen.[51]

---

[49] Falls die Situation es erfordert, kann er allerdings auch einen anderen Stil anwenden, etwa an Tischen mit weniger Spielern.

[50] Haie sind stark, aber nicht jeder von ihnen hat das Poker Mindset vollständig verinnerlicht. Es gibt Haie, die gut spielen, aber leicht auf Tilt gehen oder von Pechsträhnen verfolgt werden.

[51] Für weitere Informationen zur Einstufung von Spielern empfehlen wir das Buch *Poker-Psychologie* von Alan Schoonmaker.

8.4. Wie man seine Gegner durchschaut

Auf den niedrigeren Limits sind Sie vielleicht in der Lage, gegen die schwächeren Gegner Geld zu verdienen, indem Sie auf Autopilot spielen und wie ein Roboter Spielzüge aus dem Lehrbuch anwenden. Auf den höheren Limits brauchen Sie jedoch ein zumindest rudimentäres Verständnis, warum Ihre Gegner bestimmte Spielzüge machen und wie diese auf Ihre eigenen Manöver reagieren könnten.

Viele Spieler begehen den teuren Fehler der Projektion und nehmen an, ihre Gegner würden genauso denken wie sie.

Bewusst oder unbewusst übertragen wir unsere Logik und Denkprozesse auf unsere Gegner, auch wenn es keinen Beweis gibt, diese würden auf dieselbe Weise denken. Dies kann sogar passieren, wenn es Beweise für das Gegenteil gibt.

Stellen Sie sich zum Beispiel eine Hand aus einem No-Limit-Turnier aus der Warte eines soliden Spielers vor, den wir Martin nennen. Sein Gegner in dieser Hand ist ein schwacher Spieler, der Simon heißt. Martin hat einen leicht überdurchschnittlichen Stack, während Simon leicht unter Durchschnitt liegt.

Martin eröffnet mit QTs und einem Standard-Raise aus dem Cut-Off, Simon callt im Big Blind. Auf dem Flop kommen 984 in drei verschiedenen Farben, wonach Martin einen Gutshot und zwei Overcards hat. Simon übernimmt mit einer Bet in halber Potgröße die Initiative. Martin schließt daraus, dass Simon eine Probe Bet mit einer schwachen Hand, die vermutlich eine 9 oder eine 8 enthält, macht, um herauszufinden, wo er steht. Martin entscheidet sich zu einem Call, da er zwar vermutlich hinten liegt, aber wahrscheinlich auch viele Outs und gute Implied Odds hat.

Auf dem Turn kommt eine Sieben, wonach Martin einen Open-ended Straight Draw hat. Noch wichtiger scheint ihm jedoch, dass diese Karte Simon vermutlich nicht geholfen hat. Er ignoriert die Möglichkeit, dass Simons Spielweise auf JT, Two Pair oder ein Set hinweisen könnte. Simon bringt eine schwach wirkende Bet in Höhe von einem Drittel des Pots, die Martin als ängstlich einstuft. Er kommt zu dem Schluss, dass der beste Spielzug ein hoher Raise ist, weil, so seine Überlegung, Simon vermutlich nicht sein gesamtes Turnier mit einer schwachen Hand auf einem gefährlichen Board riskieren würde und ihm vermutlich eine Straight, ein Set oder ein Overpair zutraut. Hat er die Situation falsch eingeschätzt und Simon hat ein Set oder Two Pair, bleiben ihm immer noch acht Outs zur Straight.

Martin reraist um etwa das Zweifache des Pots und damit genug, dass Simon keine ausreichenden Pot Odds bekommt, um auf eine Straight oder einen Flush zu drawen. Simon denkt etwa zehn Sekunden nach und callt. Auf dem River kommt eine Blank – eine 2 in einer anderen Farbe – worauf Simon checkt. Er hat mittlerweile nur noch einen kleinen Stack und ist Pot Committed. Martin sieht keine Chance, Simon aus dem Pot zu vertreiben und checkt ebenfalls. Simon zeigt Q9 und gewinnt mit seinem Paar Neunen den Pot. „Wie konnte er diesen Raise auf dem Turn callen?“, raunt Martin seinem Nachbarn zu, als die nächste Hand ausgeteilt wird.

Schauen wir uns nun dieselbe Hand aus Simons Perspektive an. Er ist ein Gelegenheitsspieler, der hauptsächlich zum Vergnügen pokert. Er nimmt an diesem Turnier teil, wenn er 50 Dollar übrig hat und hofft darauf, Glück zu haben und einen großen Gewinn zu erzielen. Er versucht, gutes Poker zu spielen, aber ihm mangelt es an Kenntnis und Erfahrung, um die richtigen Spielzüge zu machen.

In dieser Hand bekommt er im Big Blind Q9. Als Martin raist und alle anderen folden, kommt er zu dem Schluss, mit seinen beiden hohen Karten callen zu können. Er hat bereits den Big Blind bezahlt, daher wäre es eine Schande, diese vernünftige Hand zu folden, ohne den Flop anzuschauen. Auf dem Flop kommen 984 und Simon findet seine Hand ausgezeichnet. Mit Top Pair entscheidet er sich für eine Bet. Er achtet nicht sonderlich auf die Einsatzhöhe, sondern greift sich einfach einige Chips von seinem Stack. Martin callt.

Auf dem Turn kommt eine Sieben, wonach Simon weiterhin Top Pair hält. Er setzt einige weitere Chips, worauf Martin einen hohen Raise bringt. Da Simon nicht weiß, was Martin hat, und ihm sein Top Pair weiterhin gefällt, callt er. Auf dem River checkt Simon mit der Absicht, mit seinen restlichen Chips zu callen, falls Martin erneut setzt. Martin checkt und Simon freut sich, einen so großen Pot zu gewinnen.

Erkennen Sie, wo Martins Fehler in dieser Hand lag? Er nahm automatisch an, dass Simon auf dieselbe Weise wie er denkt. Er stellte sich vor, was er an Simons Stelle täte und übertrug anschließend dieses Bild auf Simon, der in Wirklichkeit gar nicht sonderlich viel nachdachte und bestimmt nicht clever genug für den „korrekten Fold“ auf dem Turn war. Im Endeffekt dachte Martin viel zu weit, indem er einen ausgeklügelten Spielzug machte, der seinen Gegner komplett überforderte.

Anzunehmen, Ihr Gegner würde wie Sie denken, ist ein schwerer Fehler, vor dem Sie sich vor allem gegen schwache Kontrahenten in Acht nehmen sollten. Anstatt zu denken, was Sie in einer bestimmten Situation täten, sollten Sie berücksichtigen, was Sie über Ihren Gegner wissen und sich vorzustellen versuchen, war *er* wohl tun wird. Dies scheint offensichtlich, kann in der Hitze der Schlacht aber leicht vergessen werden.

Dies ist der Grund, warum es so hilfreich ist, seine Gegner zu studieren, um herauszufinden, welcher Spielertyp und Art von Mensch er ist. Gute Entscheidungen werden dadurch viel leichter, wenn es um die Wurst geht. Nehmen wir zum Beispiel an, Sie spielen Limit Hold'em und haben auf dem River einen geplatzten Draw. Sie wissen, Sie haben auf keinen Fall die beste Hand und Ihre einzige Entscheidung besteht darin, zu bluffen oder nicht. Aufgrund der bisherigen Setzfolge setzen Sie Ihren Gegner auf eine schwache Hand, etwa ein niedriges Paar. Ein Faktor zu Ihren Gunsten ist, dass auf dem River eine gefährliche Karte kam, nämlich eine Overcard (ein Ass), die überdies einen möglichen Flush vervollständigte. Schauen wir uns an, wie Sie auf diesem River gegen die in diesem Abschnitt beschriebenen Spielertypen vorgehen sollten.

Der Anfänger – Gegen Anfänger sollten Sie nicht setzen, da die Chance, diese mit einer Bet zum Folden zu bringen, minimal ist. Ihre Gegner werden einfach deren eigene Hand spielen und vermutlich nicht einmal erkennen, welche Hand Sie repräsentieren.

Der Gelegenheitsspieler – Auch der Gelegenheitsspieler wird wegen einer Bet auf dem River vermutlich nicht folden. Selbst wenn er meint, sicher geschlagen zu sein, callt er, um zu sehen, „was Sie hatten" oder „wie er geschlagen wurde".

Der Zocker – Der Zocker foldet mit Sicherheit nicht. Er möchte sein ganzes Geld in die Mitte bringen und schauen, ob er gewonnen hat. Blieb er bis zu diesem Zeitpunkt in der Hand, wird er kaum folden.

Der Rock – Gegen den Rock könnte eine Bet funktionieren. Rocks neigen dazu, das Schlimmste anzunehmen. Betten Sie und der Rock hat eine schwache Hand, gibt er diese eventuell auf. Er foldet nicht immer, aber er muss nur in einem kleinen Bruchteil der Fälle folden, damit Ihre Bet profitabel ist.

Der Tyrann – Der Tyrann foldet in dieser Situation garantiert nicht, da dies wie Schwäche wirken würde, was sein Ego nicht zulässt. Vielmehr könnte er Ihre Bet als Versuch auffassen, ihm eins auszuwischen, und sich zu einem Raise entscheiden.

Der Aufsteiger – Gegen einen Aufsteiger ist ein Bluff einen Versuch wert, weil dieser vielleicht nicht erkennt, wie gut diese Situation für einen Bluff geeignet ist. Vermutlich hat sein Spiel noch einige Mängel und einer davon ist zu häufiges Folden auf dem River.

Der spekulative Spieler – Spekulative Spieler sind in der Regel nach dem Flop recht stark. Ein Bluff kann sich lohnen, wenn Ihre bisherigen Einsätze mit einem Ass oder einem Flush im Einklang stehen, andernfalls sollten Sie Ihr Geld sparen.

Der Erbsenzähler – Gegen den Erbsenzähler lohnt sich ein Versuch definitiv. Erbsenzähler rühmen sich selbst, gute Spieler zu sein. Geben Sie ihnen die Gelegenheit zu einem „guten Fold“ und hören Sie sich anschließend deren Vortrag an, wie diese Sie die ganze Zeit auf ein Ass gesetzt und wie viel Glück Sie hatten.

Der Roboter – Der Roboter konzentriert sich vermutlich nicht vollständig auf die Partie. Er sieht nur, dass ein Spieler auf dem River setzt und er eine schwache Hand hat. Mit hoher Wahrscheinlichkeit gibt er ohne tieferes Nachdenken auf. Bringen Sie die Bet.

Der Hai – Der Hai wird sofort die mit der River-Karte einhergehende Gefahr erkennen, aber auch, dass dies eine gute Gelegenheit für einen Bluff ist. Es ist schwer, einen Hai erfolgreich zu bluffen, wenn er für einen Call gute Pot Odds bekommt. Sie sollten nur dann betten, wenn Ihr bisheriges Spiel zu einem Ass oder einem Flush Draw passt *und* Sie ein Image haben, das einen Bluff unwahrscheinlich erscheinen lässt.

Diese Art des Denkens gilt nicht für jede Entscheidung, aber vermutlich für mehr als Sie glauben. Das vorherige Beispiel zeigt, wie Sie Ihr Wissen über einen Spieler nutzen können, um dessen Aktionen vorherzusehen. Mit ähnlichem Denken können Sie unter Umständen auch eine seiner Aktionen interpretieren. Wenn Sie zum Beispiel auf dem Turn geraist werden, kann dies je nach Kontrahent viele verschiedene Bedeutungen haben.

Wichtig ist, die Motive jedes Spielertypen zu verstehen. Ein Gelegenheitsspieler möchte sich beispielweise vergnügen, ein Aufsteiger möchte lernen, ein Tyrann möchte gefürchtet werden, ein Hai oder Roboter möchte gewinnen und ein Rock sorgt sich mehr darum, nicht zu verlieren. In jeder Situation sollten Sie darüber nachdenken, wie ein Spieler diese Ziele zu erreichen versucht.

Klassifizierungen wie "tight-passiv" sind weniger hilfreich. Kein Spieler in der Pokergeschichte hat je eine Entscheidung getroffen, weil er gedacht hat, „Ich bin tight-passiv, also checke ich.“ Werfen Sie einen Blick hinter die Symptome und finden Sie zunächst heraus, welche Persönlichkeitsfacette einen Spieler zu tight-passivem Spiel verleitet. Vielleicht verleitet ihn dieselbe Facette, in einer anderen Situation völlig anders zu handeln.

8.5. Denkebenen

Wir haben bereits zwei Methoden diskutiert, wie Sie Ihre Gegner bewerten können. Die erste ist die traditionelle Methode, seinen Gegner anhand von Spielcharakteristika wie loose, aggressiv und irreführend zu klassifizieren. Die zweite besteht darin, Ihre Gegner aufgrund ihrer Persönlichkeit und Motive zu kategorisieren. Zusammen genommen bieten diese beiden Methoden eine sehr schlagkräftige Analyse Ihrer Gegner. In diesem Abschnitt führen wir eine dritte Methode ein, durch die Ihre Bewertung noch schlagkräftiger werden kann.

Während einer Pokerhand gibt es mehrere Denkebenen, auf denen Sie sich bewegen können. Je komplexer Sie denken, desto vertrackter und komplizierter wird es.

Ebene 0 – Welche Hand haben Sie? Viele Poker-Theoretiker halten dies gar nicht für eine Denkebene,[52] weil Ihre Karten und die Gemeinschaftskarten direkt vor Ihnen liegen. Ein Spieler, der sich auf Denkebene 0 befindet, konzentriert sich nur auf die Stärke seiner Hand und berücksichtigt nicht, was sein Gegner hat oder denkt.

Ebene 1 – Welche Hand kann Ihr Gegner haben? Befinden Sie sich auf Denkebene 1, berücksichtigen Sie die möglichen Hände Ihres Gegners und agieren entsprechend.

[52] Daher bezeichnen wir sie als Ebene 0 und nicht als Ebene 1.

Ebene 2 – Was glaubt Ihr Gegner, was Sie auf der Hand haben? Nun dringen wir in die komplizierteren Ebenen der Pokeranalyse vor. Auf Denkebene 2 findet der Prozess statt, sich zu fragen, welche Schlussfolgerungen Ihr Gegner aus Ihren Einsätzen, Ihrem Stil und Ihrem Image ziehen könnte und was seine Einsätze demzufolge bedeuten.

Ebene 3 – Was glaubt Ihr Gegner, welche Hand Sie ihm zutrauen? Auf dieser Ebene bewerten Sie die Einsätze Ihres Gegners anhand dessen, was Sie glauben, wie er auf Ihre Einsätze vermutlich reagieren wird.

Ebene 3 ist die höchste, die in der Regel definiert wird, aber in Grunde geht es mit den Denkebenen immer weiter. Ebene 4 wäre diejenige, auf der Ihr Gegner sich fragt, was Sie glauben, welche Hand Sie bei ihm vermuten usw.

Man könnte meinen, dass Sie immer auf einer möglichst hohen Ebene denken sollten, aber dies nicht der Fall. Erinnern Sie sich an die Hand zwischen Martin und Simon? Martin befand sich auf Denkebene 2 und machte einen Spielzug anhand dessen, was sein Gegner ihm für eine Hand zutrauen müsste. Leider dachte Simon überhaupt nicht darüber nach, was Martin halten könnte, da er sich auf Denkebene 0 befand.

In dieser Hand befand sich Martin auf einer zu hohen Denkebene. Es bringt nichts, zwei oder mehr Ebenen höher als Ihr Gegner zu denken, da Ihr Gegner gar keine solch tiefgründige Analyse vornimmt. Die Ebene, auf der Sie denken sollten, hängt ausschließlich davon ab, auf welcher Ebene Ihr Gegner denkt. Idealerweise wollen Sie *genau eine* Ebene höher denken als Ihr Gegner.

Befindet sich Ihr Gegner auf Denkebene 0, sollten Sie auf Ebene 1 sein. Da er nur seine eigene Hand berücksichtigt, müssen Sie anhand seiner Einsätze sein Blatt bestimmen. Es bringt nicht, beim Auftauchen einer gefährlichen Karte zu bluffen oder eine starke Hand slow zu spielen, weil Ihr Gegner sich keine Gedanken über Ihr Blatt macht und nur sein eigenes berücksichtigt.

Wenn sich Ihr Gegner auf Denkebene 1 befindet, sollten Sie auf Ebene 2 sein. Da er Ihre Hand herauszufinden versucht, sollten Sie bestimmen, welche Hand er bei Ihnen vermutet und was seine Einsätze demzufolge bedeuten. Denken Sie daran, die Einsätze eines Gegners, der sich auf Denkebene 1 befindet, bedeuten nicht immer das, wonach sie aussehen. Setzt er Sie zum Beispiel auf eine schwache Hand, bringt er unter Umständen eine Bet, um mit seiner eigenen schwachen Hand einen Fold zu provozieren. Allerdings berücksichtigt dieser Gegner nicht, auf welche Hand Sie ihn setzen, und wird deshalb auch keinen ausklügelten Spielzug ausprobieren, wie einen Raise auf dem River, wenn eine Karte zum Flush auftaucht.

Befindet sich Ihr Gegner auf Denkebene 2, sollten Sie auf Ebene 3 sein. Er versucht Ihre Bets anhand seiner Vermutung, auf welche Hand Sie ihn setzen, zu entschlüsseln. Aus diesem Grund müssen Sie eine Ebene höher denken und bei Ihrer Reaktion auf seine Einsätze diesen Umstand berücksichtigen. Ironischerweise können Sie in manchen Situationen einen Spieler, der sich auf Denkebene 2 befindet, austricksen, indem Sie auf Denkebene 0 zurückkehren und einfach mit Ihren guten Händen setzen.

Denken Sie zwei oder mehr Ebenen weiter als Ihr Gegner, sind Sie nicht mehr im Vorteil, sondern vielleicht sogar im Nachteil. Aus diesem Grund ist es wichtig, die gegnerische Denkebene möglichst genau einzuschätzen.

Da die meisten Spieler sich häufig zu verschiedenen Zeitpunkten auf unterschiedlichen Denkebenen befinden, ist dies ein Problem. In einer vertrauten Situation denkt ein Spieler eher auf einer höheren Ebene als sonst. Viele Spieler checken und callen zum Beispiel häufig auf dem Flop, wenn sie ein Monster (wie ein Set, ein Full House, eine Straight oder einen Flush) treffen und darauf hoffen, ihre Gegner in den späteren Setzrunden zu größeren Verlusten zu verleiten. Dies entspricht dem Denken auf Ebene 2, weil sie die gegnerische Einschätzung ihres Blatts manipulieren wollen. Sind dieselben Spieler jedoch mit einer schwierigen und ungewohnten Situation konfrontiert, fallen sie auf die Denkebene 0 oder 1 zurück, mit der sie vertrauter sind.

Außerdem kennen Sie zwar vielleicht die Denkebene Ihres Gegners, haben aber keine Ahnung, wie eindeutig er sich verhält und wie er mit seinem Wissen umgeht. Zum Beispiel könnte ein Gelegenheitsspieler Sie durchaus auf eine bessere Hand setzen (Denkebene 1), aber Sie dann trotzdem bis zum Ende callen, weil er Folden hasst und ansonsten nicht sehen würde, ob er mit seiner Einschätzung richtig lag.

Sie haben nun drei Hilfsmittel, mit denen Sie Ihre Gegner kategorisieren können:

1. Was ist sein allgemeiner Spielstil? Wie loose, aggressiv und irreführend spielt er?
2. Um welchen Spielertyp handelt es sich und wie beeinflussen seine vorrangigen Motive seine Entscheidungen?
3. Auf welcher Denkebene befindet er sich?

Jede dieser Überlegungen hat ihre Grenzen, aber zusammen sind sie eine schlagkräftige Methode, sich in die Gedanken Ihrer Gegner hineinzufinden. Verstehen Sie die Gründe, warum ein Spieler in einer bestimmten Weise denkt und daher in einer bestimmten Weise handelt, können Sie Ihr Verständnis der Gegner deutlich verbessern.

Selbstkontrolle: Lesen Sie noch einmal die detaillierten Notizen, die Sie sich bei der letzten Selbstkontrolle über einen bestimmten Spieler gemacht haben. Versuchen Sie anhand der drei genannten Hilfsmittel ein Profil dieses Spielers zu erstellen. Dann beginnen Sie mit einem anderen Spieler noch einmal von vorne.

8.6. Rückblick auf das Kapitel

☐ **8.1. Die Wichtigkeit, Ihre Gegner zu beobachten**

- Zu den wichtigsten Dingen am Pokertisch gehört das permanente Studium Ihrer Gegner, um möglichst viel über deren Spielweise und Reaktionen in bestimmten Situationen herauszufinden.
- Die Qualität Ihrer Entscheidungen hängt unmittelbar von der Qualität Ihrer Beobachtungen ab.
- Je mehr Informationen Sie über einen Gegner sammeln und je spezifischer diese sind, desto besser.
- Erste Eindrücke sind zwar hilfreich, doch müssen Sie vorsichtig sein, Ihren ersten Wahrnehmungen von einem Gegner zu viel Vertrauen zu schenken.

☐ **8.2. Kategorisierung der Gegner**

- Traditionell versuchen Pokerspieler Ihre Gegner nach folgenden Maßeinheiten zu bewerten:
  - Wie viele Hände spielen diese (d.h. wie „loose sind diese)?
  - Wie oft raisen diese im Vergleich zu ihren Calls (d.h. wie aggressiv sind diese)?
  - Wie oft repräsentieren diese eine andere Hand als die tatsächliche (d.h. wie „trickreich“ oder „irreführend“ spielen diese)?
- Um wirklich ins Innere Ihrer Gegner vorzudringen, müssen Sie nicht nur erkennen, wie diese in bestimmten Situationen agieren, sondern auch *warum* sie dies tun.

□ 8.3. Unterschiedliche Spielertypen

- Die Hauptmethode, einen Gegnertyp zu bestimmen, besteht in der Analyse seiner Setzmuster, Sie können aber auch andere Hinweise bekommen, wie seine Erscheinung, seine Angewohnheiten oder Aussagen.
- Wissen Sie, warum jemand pokert und was er vermutlich denkt, können Sie anhand dieser Informationen seine Aktionen besser interpretieren und zukünftige Spielzüge besser vorhersehen.

□ 8.4. Wie man seine Gegner durchschaut

- Viele Spieler begehen den teuren Fehler der Projektion und nehmen an, ihre Gegner würden genauso denken wie sie.
- Anstatt zu denken, was Sie in einer bestimmten Situation täten, sollten Sie berücksichtigen, was Sie über Ihren Gegner wissen und sich vorzustellen versuchen, war *er* wohl tun wird.
- Wichtig ist, die Motive jedes Spielertypen zu verstehen. In jeder Situation sollten Sie darüber nachdenken, wie ein Spieler diese Ziele zu erreichen versucht.

□ 8.5. Denkebenen

- Während einer Pokerhand gibt es mehrere Denkebenen, auf denen Sie sich bewegen können. Je weiter Sie denken, desto vertrackter und komplizierter wird es.
  - -Ebene 0: Welche Hand haben Sie?
  - -Ebene 1: Welche Hand kann Ihr Gegner haben?
  - -Ebene 2: Was glaubt Ihr Gegner, was Sie auf der Hand haben?
  - -Ebene 3: Was glaubt Ihr Gegner, welche Hand Sie ihm zutrauen?
- Idealerweise wollen Sie *genau eine* Ebene weiter denken als Ihr Gegner.
- Sie haben nun drei Hilfsmittel, mit denen Sie Ihre Gegner kategorisieren können:

1. Was ist sein allgemeiner Spielstil? Wie loose, aggressiv und irreführend spielt er?
2. Um welchen Spielertyp handelt es sich und wie beeinflussen seine vorrangigen Motive seine Entscheidungen?
3. Auf welcher Denkebene befindet er sich?

Kapitel 9

Weiterführende Themen

"Sobald man glaubt, man könne nichts mehr lernen, muss man ganz von vorne anfangen."– Steve Badger

Der Hauptteil dieses Buchs ist abgeschlossen. Sie haben nun alle Informationen, die Sie benötigen, um beim Poker die richtige emotionale und psychische Einstellung zu entwickeln und sich gut zu verhalten. Und Sie haben das Rüstzeug, um den größten Feind zu bezwingen, mit dem Sie am Pokertisch konfrontiert sind: Sie selbst. In diesem Kapitel verbinden wir einige lose Fäden und diskutieren einige Bereiche der Poker-Psychologie, die an anderer Stelle nicht gut unterzubringen waren, aber dennoch wichtig sind.

9.1. Wann man aufhören sollte

Jeder kennt die bekannte Redensart, "Man soll aufhören, solange man vorne liegt." Zahllose Touristen geben dies von sich, wenn sie an Spielautomaten sitzen oder Blackjack spielen. Für diese Spieler ist dies ein guter Ratschlag, da sie auf Dauer ihr Geld bei Spielen mit negativem Erwartungswert verlieren.

Poker ist anders. Erfolgreiche Spieler haben beim Poker immer eine positive Gewinnerwartung, wenn sie sich an den Tisch setzen. Bei Verlierern ist es wie am Spielautomaten oder beim Blackjack: Spielen Sie lang genug, verlieren sie ihr gesamtes Geld. Allerdings steht sowohl für Gewinner als auch Verlierer die gleiche Frage im Raum: „Wann sollte man eine Session beenden?"

Der beste Zeitpunkt, eine Session zu beenden, wird unter Pokerspielern häufig diskutiert. Sollte man aufhören, wenn man vorne liegt, um das Risiko zu vermeiden, die Gewinne wieder einzubüßen? Oder sollte man aufhören, wenn man zurück liegt, um nicht noch mehr zu verlieren? Auf welche Anzeichen sollte man sonst noch achten, um die Frage zu beantworten, ob man seine Session beenden sollte?

Aus der Sicht eines Pokerspielers gibt es nur zwei Gründe, derentwegen man seine Session beenden sollte:

1. Sie spielen nicht mehr Ihr bestes Poker (d.h. Sie sind auf Tilt).

Selbst wenn man sich in der aktuellen Partie im Vorteil sieht, ist es keine gute Idee, auf Tilt weiterzuspielen. Die Gründe haben wir Kapitel 6 erörtert, aber falls Sie sich nicht daran erinnern können, folgt hier eine kurze Zusammenfassung.

1. Sie überschätzen vermutlich Ihren Vorteil.
2. Sie nehmen eventuell nicht wahr, wie sehr Sie auf Tilt sind.
3. Ihr Spiel könnte sich noch weiter verschlechtern.

2. Sie sind für die aktuelle Partie nicht stark genug (und können auch keine andere finden, die Ihren Bankroll-Erfordernissen entspricht und in der Sie erfolgreich spielen könnten).

Der zweite Grund aufzuhören spricht für sich selbst. Warum sollten Sie sich abmühen, wenn Sie keinen Vorteil haben? Kommen Sie wieder, wenn es eine Partie gibt, in der Sie erfolgreich sein können.[53] Nebenbei sei erwähnt, dass Sie auch dann nie über die Verhältnisse Ihrer Bankroll spielen sollten, wenn Sie auf einem höheren als Ihrem normalen Limit einen reizvollen Tisch entdecken. Lesen Sie noch einmal Kapitel 7, um den Grund zu verstehen.

Dies sind die einzigen beiden Gründe, eine Session zu beenden, die mit Poker zu tun haben. Natürlich hören Sie oft aus Gründen auf, die überhaupt nichts mit Poker zu tun haben, etwa wenn Sie hungrig oder müde sind, eine Verabredung haben oder irgendwo hinmüssen, oder Ihre Lieblingssendung im Fernsehen sehen wollen. Es ist völlig in Ordnung, aus einem dieser Gründe das Spiel zu beenden, und es ist bestimmt nicht unsere Aufgabe, Sie über Ihre Prioritäten zu belehren. In Wirklichkeit *sollen* Sie sogar noch andere Interessen außer Poker haben.[54]

---

[53] Bei Internetspielern ist dies praktisch nie ein Thema. Es gibt so viele Anbieter und Tische, dass man fast sicher einen guten Tisch findet.

[54] Lesen Sie Kapitel 10, um mehr zu diesem Thema zu erfahren.

Wie verhält es sich aber mit den Gründen, die wir am Anfang des Kapitels genannt haben. Sollten Sie aufhören, weil Sie vorne oder weil Sie zurück liegen? Taugen diese Gründe überhaupt etwas? Im Allgemeinen nicht. Es hat überhaupt keinen Sinn aufzuhören, weil man gewinnt, und sehr wenig Sinn, weil man zurückliegt. Um dies zu verstehen, müssen wir von der Idee einer „Session" Abstand nehmen. Die Resultate einer einzelnen Session scheinen zwar wichtig zu sein, sind es in Wirklichkeit aber gar nicht.

Versuchen Sie sich alle Pokerhände, die Sie bisher gespielt haben und in der Zukunft spielen werden, als eine große, lange Session vorzustellen. Da wir Menschen sind und essen, schlafen, arbeiten und anderes tun müssen, ist es notwendig, während dieser großen, langen Session Pausen einzulegen. Kehren wir an den Tisch zurück, machen wir jedoch dort weiter, wo wir aufgehört haben. Natürlich haben wir neue Gegner und andere Dealer, und vielleicht sitzen wir auch in einem ganz anderen Casino. Wir spielen aber immer noch Poker und riskieren die gleichen Chips.

Hören Sie auf, weil Sie vorne oder zurück liegen, verschieben Sie das Ergebnis Ihrer nächsten Hand einfach auf die nächste Session. Nehmen wir zum Beispiel an, Sie haben in einer Session 20 Big Bets gewonnen und verlassen den Tisch, um diese nicht zu verlieren. Was aber erreichen Sie damit wirklich? Sie bringen diese 20 Big Bets in keiner Weise in Sicherheit, da Sie in der nächsten Hand einige davon riskieren müssen. Es spielt keine Rolle, ob diese Hand in 30 Sekunden stattfindet oder in einer Woche. Sofern Sie nicht mit dem Pokern aufhören, können Sie dieses Geld wieder verlieren. Die gleiche Begründung gilt auch für eine Verlustsession. Sie wollen kein weiteres Geld verlieren, aber irgendwann setzen Sie sich wieder an den Tisch und riskieren genauso weitere Verluste. Warum also nicht jetzt?

Denken Sie noch einmal an die eine lange Session. Wir machen es Ihnen etwas leichter, indem wir empfehlen, sich nicht die Ergebnisse der gesamten Karriere, sondern nur einer Woche anzusehen. Stellen Sie sich ein Diagramm vor, indem Ihre Gewinne im Verhältnis zur Anzahl Ihrer gespielten Hände als Linie dargestellt werden. Die Linie geht rauf und runter, weil Poker ein Spiel mit hoher Varianz ist und könnte in dieser Woche so aussehen:

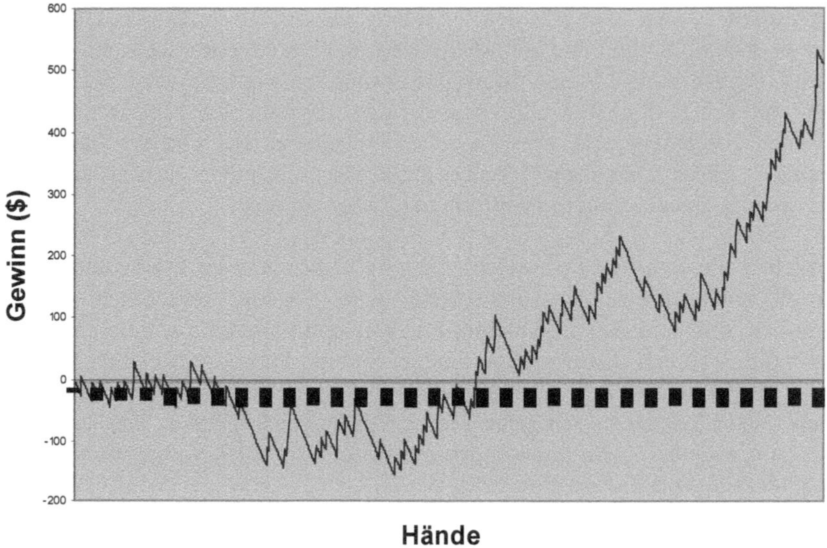

Die Graphik zeigt 1.000 Hände, die im Verlauf einer Woche gespielt wurden. Nehmen wir nun an, wir hätten fünf Tage am Stück je 200 Hände gespielt und markieren in der Graphik, wann diese fünf Sessions endeten.

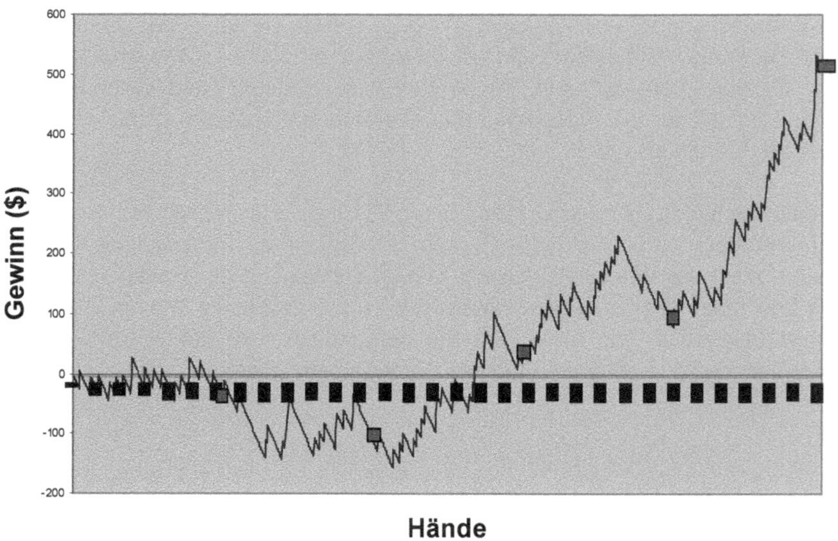

Erkennen Sie den Unterschied? Richtig, es gibt keinen! Sie hatten zunächst zwei Verlustsessions und anschließend drei Gewinnsessions, aber das ist Willkür. Sie könnten die Punkte auch so verändern, dass Sie nur eine Verlustsession haben, oder drei oder keine. Betrachtet man die Woche als Ganzes, macht es absolut keinen Unterschied, da Sie diese immer mit dem gleichen Resultat (einem Gewinn von rund 500 Dollar) abgeschlossen haben.

Hoffentlich zeigt dies, warum es Unsinn ist aufzuhören, wenn Sie vorne bzw. zurück liegen. Gewinnen Sie 20 Big Bets und spielen weiter, besteht die Möglichkeit, diese wieder zu verlieren. Genauso besteht aber die Möglichkeit, dass Sie noch mehr gewinnen. Am wichtigsten ist jedoch, dass Sie mit genau demselben Thema konfrontiert sind, wenn Sie jetzt aufhören und sich das nächste Mal an den Tisch setzen. Das Entscheidende, was Sie gerade gelernt haben sollten, ist Folgendes:

Betrachten Sie nicht jede Session als Neubeginn, sondern jede Hand. Jede Hand ist ein unabhängiges Ereignis, das von keiner zuvor gespielten Hand beeinflusst wird.

Verlustlimits

Viele fortgeschrittene Spieler empfehlen beim Poker „Verlustlimits." Dabei legen Sie von Vornherein eine Summe fest, zum Beispiel 30 Big Bets Verlust bei Limit Hold'em, bei der Sie die Session beenden. Dieser Ratschlag widerspricht dem gerade Erwähnten: Solange Sie Ihr bestes Poker zeigen und in Ihrer konkreten Partie erfolgreich abschneiden können, gibt es keinen Grund aufzuhören. Was stimmt nun?

Beides auf seine Weise. Zwar gibt es tatsächlich keine Logik, wegen bisheriger Verluste aufzuhören, aber Verlustlimits können aus anderen Gründen sinnvoll sein. Dies erklärt sich durch zwei wichtige pokerbezogene Gründe, eine Session zu beenden:

1. Sie spielen nicht mehr Ihr bestes Poker.
2. Sie sind für die konkrete Partie zu schwach.

Der Verlust einer bestimmten Summe während einer Session kann ein Zeichen sein, dass Sie nicht mehr Ihr bestes Poker zeigen oder tatsächlich für die konkrete Partie zu schwach sind.

Für viele Spieler können Verlustlimits von Vorteil sein, um kritisch Bilanz zu ziehen. Schauen Sie sich noch einmal die Hände an, in denen Sie Geld verloren haben und überprüfen Sie, ob Sie erkennen, warum Sie verloren haben. Vielleicht haben Sie einfach Bad Beats erlitten oder keine Karten bekommen und müssen sich deshalb keine Sorgen machen. Andererseits kann es auch sein, dass Sie schlecht gespielt haben und ausmanövriert wurden.

Außerdem ist ein großer finanzieller Verlust während einer Session häufig der Auslöser von Tilt. Vielleicht lässt Ihr Spiel nach, weil Sie von Ihren Verlusten gequält werden oder über Bad Beats oder schlechte Karten lamentieren. Eventuell versuchen Sie auch zu verbissen, Ihr Geld zurückzugewinnen, was, wie in Kapitel 6 beschrieben, einen bombensicherer Weg zum Tilt ist, da Sie zu loose spielen oder zu lange am Tisch sitzen, obwohl Sie müde sind.

Idealerweise sollten Sie das Poker Mindset immer beibehalten. Sie sollten immer Ihr bestes Poker zeigen und einen Verlust als Bestandteil der Varianz betrachten. Daher gibt es keinen Grund aufzuhören, wenn Sie zurück liegen. In der Realität ist es aber schwer, das Poker Mindset anzuwenden, und es ist wichtig, Ihre eigenen Grenzen zu kennen. Immer Ihr bestes Poker zu zeigen, ist sehr schwierig, da es kaum einen Spieler gibt, der trotz Verlusten völlig unbeeindruckt bleibt. Schaffen Sie es nicht, einen Zustand zu erreichen, in dem Sie Verluste akzeptieren oder diesen gleichgültig gegenüber stehen, ist es sinnvoll, sich ein Verlustlimit zu setzen. Es ist keine Schande, auf Tilt eine im Grunde profitable Partie zu verlassen, da Sie vermutlich noch mehr Geld verlieren würden, wenn Sie weiterspielen.

9.2. Glückssträhnen

Wir haben ein ganzes Kapitel dafür verwendet, um den Umgang mit einer Pechsträhne zu diskutieren, aber keine Zeile, um uns die Kehrseite der Varianz anzuschauen. Sollte man nicht gleich viel Platz dafür aufwenden, die Psychologie der Glückssträhne zu erörtern?

Viele Spieler halten dies nicht für notwendig. Denkt man genauer darüber nach, muss kein Spieler erklärt bekommen, wie er mit einer Glückssträhne umzugehen hat. Man spielt einfach weiter und streicht das Geld ein, oder? In einer bestimmten Weise schon. Es ist weitaus einfacher mit einer Glückssträhne klarzukommen als mit einer Pechsträhne und daher hielten wir es auch nicht für notwendig, dieses Thema in Kapitel 5 ausführlicher zu behandeln. Im

Allgemeinen gibt es aus folgenden Gründen über Glückssträhnen wenig zu sagen:

Es gibt keinen Teufelskreis – Wie erwähnt besteht das Hauptproblem bei Pechsträhnen darin, dass diese sich selbst am Leben erhalten. Mit anderen Worten sind Ihre Resultate umso schlechter, je schlechter Sie spielen und dies kann Sie auf Tilt bringen usw. Bei der Glückssträhne gibt es keinen solchen „Teufelskreis."[55] Gäbe es ihn, würden wir ihn auch gerne kennen!

Tilt wird unwahrscheinlicher – Pokerspieler gehen deutlich seltener auf Tilt, wenn es gut für sie läuft, als bei einer Pechsträhne. Sie spielen nicht ängstlich oder kämpfen verzweifelt um ein ausgeglichenes Ergebnis. Gefühle wie Freude und Selbstvertrauen sind dem Tilt weniger zuträglich als Depression und Selbstzweifel.

Kein Wunsch nach Veränderung – Während ein Spieler während einer Pechsträhne Veränderungen in seinem Spiel vornehmen will, hat ein Spieler mit einer Glückssträhne daran kein Interesse. Dies verhindert (oder reduziert zumindest beträchtlich) die Möglichkeit, dass der Spieler überstürzte, unüberlegte Veränderungen vornimmt.

Trotz des oben Erwähnten lauern auch in einer Glückssträhne Gefahren, sie sind nur weniger ernsthaft als diejenigen während einer Pechsträhne. Die häufigsten Fallstricke während einer Glückssträhne lassen sich folgendermaßen zusammenfassen:

Übertriebenes Selbstvertrauen

Manchmal werden Sie übertrieben selbstbewusst, wenn es gut läuft. Laufen die Resultate wie gewünscht, fangen Sie vielleicht an, Sie für einen besseren Spieler zu halten als Sie sind. Selbstvertrauen am Pokertisch ist gut, aber eine eingebildete Unbesiegbarkeit nicht. Vielleicht spielen Sie Hände, von denen Sie die Finger lassen sollten, weil Sie glauben, Sie könnten „Ihre Gegner nach dem Flop ausspielen." Alternativ schenken Sie der Partie eventuell weniger Aufmerksamkeit, weil Sie annehmen, das Geld würde Ihnen ohnehin zufallen.[56] Ein Internetspieler beginnt unter Umständen, im Internet zu surfen, oder ein

---

[55] Es gibt jedoch einige Spieler, die auf ihre Gewinne aufbauen können. Sie werden konzentrierter und selbstbewusster in ihren Analysen, was aufgrund ihres guten Spiels zu noch besseren Resultaten führen kann.

[56] Beachten Sie, dass dies beides Formen von Tilt sind, wie wir sie in Kapitel 6 beschrieben haben.

Casino-Spieler verfolgt das Fußballspiel, das im Hintergrund im Fernsehen läuft.

Außerdem könnten Sie der Versuchung erliegen, Ihre Bankroll-Erfordernisse zu unterschätzen. Sie meinen, diese würden für Sie nicht mehr gelten, weil Sie ein so guter Spieler sind. Sie steigen zu schnell in den Limits auf und missachten Gefahren, die mit dieser Entscheidung einhergehen.

Unrealistische Erwartungen

Ein weiteres Problem, das einem Spieler während einer Glückssträhne begegnen kann, ist die Annahme, die guten Zeiten würden ewig anhalten. Wir haben bereits erörtert, dass Sie während einer Pechsträhne häufig die Phasen vergessen, in denen es gut lief. Das Gegenteil gilt genauso. Eventuell fangen Sie an, aufgrund von außergewöhnlich guten, kurzfristigen Ergebnissen Ihren langfristigen Gewinn zu berechnen. Selbst wenn Sie die Tatsache berücksichtigen, dass es gerade besonders gut läuft, unterschätzen Sie vielleicht, wie übel Ihre Pechsträhne schließlich ausfällt. Ein Limit-Hold'em-Spieler könnte zum Beispiel folgenden Gedankengang haben:

“In den letzten 3.000 Händen habe ich 6 Big Bets pro 100 Hände gewonnen. Selbst wenn es langfristig nur 4 Big Bets pro Hände sind, kann ich kündigen und nur noch Poker spielen.“

Natürlich berücksichtigt der eben beschriebene Spieler nicht, dass 4 Big Bets pro 100 Hände sogar für die besten Spieler eine unrealistische Erwartung sind. Im schlimmsten Fall wird ein Spieler, der so denkt, kündigen und dann feststellen, dass er die Rechnungen nicht mehr bezahlen kann, wenn die unvermeidliche Pechsträhne kommt.

Faulheit

Ein Spieler mit einer guten Gewinnquote verliert oft den Antrieb, sich zu verbessern. Er ist mit seiner aktuellen Gewinnquote zufrieden und sieht nicht die Notwendigkeit, Zeit mit der Lektüre von Büchern, Artikeln und Forenbeiträgen zu verbringen oder seine Hände noch einmal zu studieren. Oder er ist diszipliniert genug, um sein Studium weiter zu betreiben, hat aber keine wirkliche Motivation, wodurch seine Gedanken ganz woanders sind. Vielleicht denkt er zum Beispiel lieber darüber nach, was er am Samstagabend unternehmen könnte, als über die Frage, wie er sein Spiel auf dem Flop gegen loose-aggressive Spieler verbessern kann.

Erinnern Sie sich, diese Einstellung ist Teil des Poker Mindset. Widmen Sie sich fortwährend der Analyse und der Verbesserung Ihres Spiels. Sobald Sie damit aufhören, lässt Ihr Spiel nach. Dies kann Sie in die unerwünschte Situation bringen, in der Sie während Ihrer Glückssträhnen nicht mehr genug Geld gewinnen, um die Verluste während der Pechsträhnen auszugleichen, wodurch Sie effektiv ein Verlierer wären.

Alle diese Probleme kommen selten vor und sind glücklicherweise weniger schlimm. Dennoch lohnt es sich den potenziellen psychischen Einfluss von Glückssträhnen zu berücksichtigen. Ob es Sie es glauben oder nicht, es gibt einige Spieler, die während einer Pechsträhne korrekt spielen, aber sobald es gut für sie läuft, zerbricht ihr Poker in Scherben. Verschiedene Impulse wirken sich auf unterschiedliche Spieler verschieden aus.

Während einer Glückssträhne sollten Sie vernünftige Vorsichtsmaßnahmen ergreifen, um sicherzustellen, dass Sie nicht auf Tilt gehen und keine schlechten Entscheidungen treffen. Spielen Sie weiterhin gutes Poker und werden Sie nicht übertrieben selbstbewusst. Begreifen Sie die Glückssträhne als das, was sie ist: nichts als eine glückliche Fügung der Karten. Treffen Sie aufgrund Ihrer Gewinnquote eine Entscheidung, müssen Sie sicher sein, dass diese auf einer ausreichend großen Anzahl von Händen beruht. Dann können Sie darauf vertrauen, dass diese Ergebnisse wirklich repräsentativ für Ihre langfristige Gewinnquote sind und nicht nur eine Momentaufnahme.

9.3. Tilt und die Einstellung Ihrer Gegner

Zu den profitabelsten Momenten am Pokertisch gehören Situationen, in denen ein oder mehrere Gegner auf Tilt sind. Manche Spieler versuchen sogar, andere aus diesem Grund auf Tilt zu bringen. Je mehr Gegner auf Tilt sind, desto mehr können Sie davon profitieren. In diesem Abschnitt werden kurz die Vorzüge und die moralischen Argumente diskutiert. Ganz gleich, ob Sie andere Spieler auf Tilt bringen wollen oder nicht, ist es wichtig, sich in einen Gegner hineinzuversetzen, der auf Tilt ist, um die Situation auszunutzen.

Jemanden auf Tilt bringen

Bisher haben wir Tilt als etwas Negatives betrachtet. Aber da Poker ein Nullsummenspiel ist[57], muss alles, was für einen Gegner schlecht ist, gut für einen anderen sein. Tilt ist etwas Positives, wenn der Spieler auf Tilt einer Ihrer Gegner ist. Letztlich versuchen Sie, einen umgekehrten Blick auf das Poker Mindset zu werfen. An welchen Einstellungen mangelt es Ihren Gegnern und wie können Sie dies ausnutzen?

Wenn einer oder mehrere Ihrer Gegner auf Tilt sind, ist dies eine gute Nachricht. Den Erwartungswert, den dieser Spieler einbüßt, gewinnt der restliche Tisch hinzu. Ist der Tilt harmlos, profitieren die anderen Spieler am Tisch nur sehr wenig (es sei denn, Sie sind an einem Tisch mit weniger Spielern). Ist der Tilt jedoch heftig, kann jeder Spieler ein beträchtliches Ansteigen seiner erwarteten Gewinnquote registrieren.

Wenn ein Gegner auf Tilt vorteilhaft ist, stellen sich zwei Fragen:

- Kann man die Wahrscheinlichkeit erhöhen, dass Gegner auf Tilt gehen?
- Wenn ja, sollte man dies tun?

Die Antwort auf die erste Frage lautet: Ja. Es ist nicht einfach und das Ergebnis ist nicht immer vorhersehbar, aber Sie haben die Möglichkeit, einen Gegner auf Tilt zu bringen. Die Antwort auf die zweite Frage ist weniger klar und wir können auch keine eindeutige liefern. Einige Spieler würden behaupten, dass es am Pokertisch immer gerecht zugeht. Kann man (innerhalb der Regeln) etwas machen, was einen Gegner auf Tilt bringt, sollte man es tun. Andere würden argumentieren, dass es unsportlich sei, seine Gegner auf Tilt zu bringen, und man diese schlagen sollte, ohne auf solche Taktiken zurückzugreifen.

In Wahrheit liegt die Antwort vermutlich irgendwo zwischen diesen beiden Extremen. Viele Spieler sind mit der Idee, einen Gegner auf Tilt zu bringen, grundsätzlich einverstanden, würden aber vor jeder strittigen Methode zurückschrecken, durch die das Spiel für alle Beteiligten unerfreulich werden könnte oder die sich am Rande der Grenze der Sportlichkeit bewegt bzw. sogar die Regeln bricht.

---

[57] In Wirklichkeit ist Poker wegen des Rake ein Spiel mit negativen Voraussetzungen. Allerdings ist das Rake konstant und daher ähnelt Poker außer unter seltenen Umständen zu Demonstrationszwecken einem Nullsummenspiel.

Eine Strategie, einen Spieler auf Tilt zu bringen, könnte etwa das Vorzeigen eines Bluffs sein. Erkennt ein Spieler, dass er geblufft wurde, wird er wegen seines Fehlers oder weil Sie ihn vor dem gesamten Tisch bloßgestellt haben vielleicht ärgerlich. Eine andere Methode wäre etwa, einen Raise mit Schrott zu callen und auf eine glückliche nächste Karte zu hoffen, mit der Sie ihn auf Hundertachtzig bringen, wenn Sie tatsächlich treffen. Die meisten Pokerspieler würden diese Methoden für völlig akzeptabel halten. Am anderen Ende des Spektrums könnten Sie aber auch versuchen, einen Spieler auf Tilt zu bringen, indem Sie ihn permanent beschimpfen oder sogar persönlich beleidigen. Ethisch steht diese Taktik auf wackligen Beinen.

Im Endeffekt muss jeder Spieler selbst entscheiden, wie weit er gehen will, um erfolgreich abzuschneiden. Wir haben mehrfach behauptet, dass Sie es sich nicht leisten können, irgendeinen Vorteil am Pokertisch aufzugeben, sind jedoch bereit, ein wenig nachzugeben, wenn es dieses strittige Thema betrifft. Das Ziel beim Poker ist Geld zu gewinnen, aber es ist wichtig, dies so zu tun, dass Sie sich hinterher wohlfühlen. Poker ist ein Spiel, aber das darf nicht bedeuten, dass jede Moral und Höflichkeit über Bord geworfen wird.[58]

Wie man Tilt ausnutzt

Was Sie auf jeden Fall wissen *sollten*, ist, wie man aus einem Gegner Kapital schlägt, der auf Tilt ist. Dabei ist es egal, ob Sie oder jemand anders ihn auf Tilt gebracht haben oder (was wahrscheinlicher ist) er selbst die Ursache war. Zu diesem Zweck müssen Sie sich in Ihren Gegner hineinversetzen, um seine Motive zu begreifen und sich entsprechend anzupassen. Passen Sie sich nicht korrekt an, holen Sie nicht das Maximum aus der Situation heraus und büßen eventuell sogar Erwartungswert ein.

Zuallererst müssen Sie exakt herausfinden, auf *welchem* Tilt Ihr Gegner ist. Wie in Kapitel 6 ausgeführt gibt es viele verschiedene Formen von Tilt und falls Sie die falschen Annahmen treffen, verbrennen Sie sich vielleicht die Finger. Ein Spieler könnte zum Beispiel vor dem Flop viele Schrotthände spielen, aber dennoch nach dem Flop gut fortsetzen. Oder ein Spieler zeigt vor und auf dem Flop die angemessene Aggressivität und wird dann bei den höheren Einsätzen auf Turn und River extrem passiv.

Haben Sie festgestellt, auf welchem Tilt Ihr Gegner ist, müssen Sie seine normale Spielweise vergessen. Sie müssen ihn als völlig anderen Spieler

[58] Mitunter kann solches Verhalten zu niedrigeren Gewinnen führen, weil Sie schlechte Spieler vom Tisch vertreiben.

behandeln, der jetzt diesen Stil pflegt. Haben Sie seine Schwächen ausgemacht, müssen Sie Ihr eigenes Spiel entsprechend anpassen. Spielt er zum Beispiel zu loose, spielen Sie im Durchschnitt bessere Hände und sind Heads-Up mit ihm Favorit. Allerdings müssen Sie bei der Handanalyse vorsichtiger sein, da sein Handspektrum größer ist.

Denken Sie gegen einen Kontrahenten auf Tilt daran, dass sich seine Spielweise wahrscheinlich irgendwann wieder ändern wird. Vielleicht reißt er sich zusammen und kehrt zu seiner normalen Spielweise zurück oder (wahrscheinlicher) sein Spiel wird noch schlechter und sein Tilt nimmt neue Formen an. Beobachten Sie das gegnerische Spiel genau, um so früh wie möglich auf plötzliche Änderungen reagieren zu können.

Tilt ist Bestandteil des Pokerspiels. Denken Sie daran, dass jeder Spieler irgendwann einmal auf Tilt geht und man die Schwächen seiner Gegner ausnutzen muss. Passen Sie auf, nicht in die Falle zu tappen, mit Ihren Gegnern Mitleid zu haben und Gnade walten zu lassen. Ihre Gegner werden dies im umgekehrten Fall gewiss auch nicht tun.

9.4. Wenn suboptimal optimal ist

Im gesamten Buch haben wir betont, wie wichtig es ist, bei jeder Gelegenheit die korrekte Entscheidung zu treffen. In diesem Zusammenhang war mit der korrekten Entscheidung stets diejenige gemeint, die Ihnen die höchste finanzielle Gewinnerwartung in der konkreten Hand bietet.[59]

Wie sieht es aber mit Situationen aus, in denen Sie etwas Erwartungswert aufgeben wollen, um in späteren Händen davon zu profitieren? Diese Situationen gibt es beim Poker und sind insbesondere deshalb eine Erörterung wert, weil viele Spieler falsche Vorstellungen über diesen Bereich haben.

Über welche Spielzüge sprechen wir gerade? Ein Beispiel, das wir bereits an anderer Stelle in diesem Kapitel erwähnt haben, ist das Ausführen eines suboptimalen Spielzugs, um einen Gegner möglicherweise auf Tilt zu bringen. Zum Beispiel könnten Sie mit einer schwachen Hand, die aber gewisses Potenzial besitzt, wie 97s bei Limit Hold'em den Raise eines Gegners callen,

---

[59] Uns ist klar, dass *nicht jeder* Poker spielt, um Geld zu gewinnen, und werden dies zu einem späteren Zeitpunkt in diesem Kapitel behandeln.

der für seine Tobsuchtsanfälle bekannt ist. Eventuell treffen Sie auf dem Flop eine starke Hand oder einen Draw und andernfalls kommen Sie leicht von dieser Hand weg.

Das bekannteste Beispiel für suboptimales Spiel, das langfristigen Nutzen verspricht, ist der sogenannte Reklame-Spielzug. Sie machen einen Spielzug mit leicht negativem Erwartungswert und hoffen, dass die anderen Spieler am Tisch Sie nach diesem beurteilen. Einige Beispiele dafür:

- Ein Bluff mit leicht negativem Erwartungswert. Entweder gewinnen Sie den Pot oder Ihre Gegner callen und sehen Ihren Bluff. Daraus können Sie später vielleicht Nutzen ziehen, wenn Sie mit einer wirklich starken Hand ausbezahlt werden.
- Mit einer schwachen Hand einen Raise callen oder selbst raisen. Dabei hoffen Sie, dass Ihre Gegner Sie als schlechten Spieler oder Maniac einstufen und Sie dies später ausnutzen können.
- Extrem tightes Spiel während eines längeren Zeitraums. Wenn Ihre Gegner Sie anschließend als ultra-tight einstufen, raisen Sie häufiger, wodurch Sie viele Blinds schnappen können, weil Ihre Gegner Sie auf starke Hände setzen.

Die gegnerische Wahrnehmung Ihrer Spielweise nennt man Image. Dieses zu Ihren Zwecken zu manipulieren kann in bestimmten Situationen profitabel sein, aber dies hängt von verschiedenen Faktoren ab. Zunächst müssen Sie sicher sein, dass Ihre Gegner Ihr Spiel beobachten und darauf reagieren. Außerdem müssen Sie darauf vertrauen, Ihren Gegnern dieses Image überzeugend verkaufen zu können.

Natürlich bringt es nichts, ein Image verkaufen zu wollen, wenn die anderen Spieler überhaupt nicht auf Ihre Aktionen achten. Gegen schwache Kontrahenten in einer Partie mit niedrigen Einsätzen machen Sie sich über Ihr Image am besten gar keine Gedanken. Alle Reklame-Spielzüge kosten Sie letztlich nur Erwartungswert. Auf höheren Limits oder in großen Turnieren wird Ihr Image jedoch deutlich wichtiger.

Nehmen wir zum Beispiel an, Sie spielen im Allgemeinen tight. Gelegentlich sollten Sie ein wenig über die Stränge schlagen und mit einer schwachen Hand vor dem Flop raisen, da Ihre Gegner Ihnen ansonsten aus dem Weg gehen und Ihnen glauben, wenn Sie *wirklich* mit einer starken Hand raisen. Sie wollen nicht, dass Ihre Gegner immer folden, wenn Sie eine extrem starke Hand haben. Zum Beispiel könnten Sie in einer Limit-Partie mit 64s vom Button raisen.

Zeigen Sie diese Hand ungeachtet der späteren Ereignisse. In dieser einen Hand verlieren Sie nicht besonders viel, aber Ihr Image, manchmal auch 64s zu spielen, wird sich später vermutlich auszahlen.

Sorgen Sie für eine freundliche Atmosphäre

Ein weiterer Grund für einen suboptimalen Spielzug ist, für eine freundliche Atmosphäre zu sorgen. Es kommt nicht sehr häufig vor, aber wenn Sie mit extrem schwachen Spielern am Tisch sitzen, die Spaß haben und ihr Geld verteilen, wollen Sie diesen Zustand nicht stören. Es ist viel profitabler, diese Spieler bei Laune und am Tisch zu halten, als aus jeder Hand das Maximum herauszuholen.

Nehmen wir zum Beispiel an, Sie haben gerade gegen einen Anfänger, der vermutlich ein Set oder Two Pair hat, den Nut Flush auf dem River getroffen. Sie glauben, der beste Spielzug ist ein Check-Raise, weil Sie mit einer Wahrscheinlichkeit von 80 Prozent eine Bet und einen anschließenden Call Ihres Raise von ihm erwarten. Vielleicht sollten Sie aber lieber selbst setzen. Dies kostet Sie langfristig nur den Bruchteil einer Bet und gleichzeitig teilen Sie Ihrem Gegner mit: „Ich habe meine Hand getroffen und lasse Dich dies wissen, damit Du nicht so viel Geld verlierst." Ein Check-Raise könnte dagegen unfreundlich und gierig erscheinen.

Natürlich wissen wir, dass ein Check-Raise überhaupt nicht unfreundlich ist, sondern lediglich Bestandteil des Spiels. Anfänger mögen es jedoch nicht, gecheckraist zu werden und durch einen Verzicht können Sie für eine dauerhaft freundliche Atmosphäre sorgen. Ermuntern Sie andere Spieler am Tisch, Sie für einen guten, aber fairen Gegner zu halten. Eventuell bleiben sie länger am Tisch oder haben kein Problem wieder mit Ihnen zu spielen, wenn sie etwas Geld übrig haben.

Bei Partien im Internet bringt es von ein paar wenigen Ausnahmen abgesehen selten etwas, die Atmosphäre freundlich zu halten. Internetspieler sitzen so oder so nur selten längere Zeit am Tisch, weshalb es Ihnen meist mehr bringt, den kurzfristigen Profit zu maximieren, solange die schwachen Spieler noch da sind.

Seien Sie mit suboptimalen Spielzügen vorsichtig

Vielleicht fallen Ihnen noch andere Situationen ein, in denen sich suboptimale Spielzüge auszahlten. Denken Sie aber daran, dass diese Spielzüge für Fortgeschrittene sind und auch so gesehen werden sollten. Sie können eine sehr lange und erfolgreiche Pokerkarriere erleben, ohne jemals einen Spielzug aus einem anderen Grund als dem Erwartungswert in dieser konkreten Hand zu machen.[60]

Manche Spieler übertreiben diese Tricks und wenden sie leider aus den falschen Gründen an. Ihr „Image" sollte nie als Entschuldigung für etwas herhalten, das Sie wider besseres Wissen tun. Jeder Spielzug am Pokertisch braucht ein klar definiertes Ziel und sollte darauf ausgerichtet sein, Ihren Erwartungswert zu maximieren. Wenn nicht in dieser Hand, dann zumindest langfristig.

9.5. Wahrscheinlichkeiten auf dem Prüfstand

Ohne zumindest grundlegende Kenntnis der Wahrscheinlichkeiten haben Sie als Pokerspieler eine schlechte Ausgangslage. Wahrscheinlichkeiten sind eine der fundamentalen Grundlagen, auf denen Poker beruht. Anhand der Wahrscheinlichkeiten verstehen Sie, wie Poker funktioniert und können berechnen, was in einer bestimmten Situation passiert. Bei praktisch jeder Entscheidung am Pokertisch spielen Wahrscheinlichkeiten eine Rolle, ganz gleich ob der Spieler dies merkt oder nicht. Matthew hat sich dieses Themas in seinem Buch *Texas Hold'em Odds and Probabilities: Limit, No-Limit, and Tournament Strategies* ausführlich angenommen.

In diesem Abschnitt werden einige subtilere Details der Wahrscheinlichkeiten beim Poker erörtert. Wir schauen uns an, wie Pokerspieler häufig die Konsequenzen der Wahrscheinlichkeit missverstehen und wie schlecht sie mit den Zufallselementen beim Poker umgehen.

---

[60] Haben Sie tatsächlich nie eine Entscheidung aus einem anderen Grund getroffen, ist Ihre Karriere mit *sehr hoher Wahrscheinlichkeit* lang und erfolgreich.

Pech

Bevor wir uns überhaupt einer Diskussion über Wahrscheinlichkeiten zuwenden, *müssen* Sie eine Tatsache verstehen und akzeptieren.

Sie haben kein Pech.

Sie haben auch kein Glück. Überhaupt hat kein Spieler besonders viel Glück oder Pech. Glauben Sie, Glück oder Pech zu haben, bringen Sie sich in eine Lage, in der Sie aufgrund dieser Sichtweise schlechte Entscheidungen treffen.

Überzeugen Sie sich davon, dass Sie weder Glück noch Pech haben. Glück ist ein Attribut, das nur für die Vergangenheit, aber nie für die Zukunft vergeben werden kann. Die Chancen bei jedem zufälligen Ereignis werden ausschließlich von den Gesetzen der Wahrscheinlichkeit diktiert. Verpassen Sie zehn Flush Draws in Folge, sind die Chancen, den nächsten zu treffen, genau gleich groß wie beim ersten bzw. bei allen neun. Berücksichtigen Sie bei einer Entscheidung, wie gut es für Sie läuft, sind Sie auf Tilt.

Die meisten Spieler neigen dazu, sich Pech zuzuschreiben. Dafür gibt es zwei Gründe, von denen der offensichtlichste ist, dass die meisten Spieler verlieren. Wer verliert, hat zwei Alternativen: Entweder gibt er zu, nicht die ausreichende Spielstärke zu haben, um erfolgreich abschneiden zu können oder er schiebt seine Verluste auf „Pech“. Da es für die meisten Spieler ein heftiger Schlag für ihr Ego wäre, mangelnde Spielstärke zuzugeben, schreiben sie ihre Verluste dem Pech zu. Treten diese Verluste über einen langen Zeitraum auf, hält man sich vermutlich eher für einen Pechvogel, als dass man sich eingesteht, ein schlechterer Spieler zu sein, für den man sich gehalten hat.

Der zweite Grund ist, dass Pech sich deutlich mehr im Gedächtnis festsetzt als Glück. Menschen neigen dazu, Glück als ein unwahrscheinliches Ereignis zu betrachten, das gegen alle Wahrscheinlichkeit zu ihren Gunsten ausging. In Wirklichkeit kann jedoch auch ein Erfolg, bei dem die Wahrscheinlichkeit von Anfang an für die betreffende Person gesprochen hat, als glücklich bezeichnet werden, da immer noch das Risiko eines negativen Ausgangs bestand.

Nehmen wir zum Beispiel an, Sie spielen Limit Hold'em und haben A♠K♣. Sie raisen vor dem Flop und werden von einem Spieler mit Q♥J♠ gecallt. Auf dem Flop kommen A♥J♦9♥. Sie setzen und Ihr Gegner callt in allen Setzrunden, wodurch Sie nach Blanks auf Turn und River einen ordentlichen Pot gewinnen. Hatten Sie in diesem Fall Glück? Die meisten Pokerspieler würden dies verneinen, da Sie in jeder Setzrunde die beste Hand hatten. Und Ihrem Gegner würden Sie mit Sicherheit kein „Pech“ in dieser Situation zuschreiben.

Allerdings hatten Sie in bestimmter Hinsicht Glück. Vor dem Flop waren Sie nur mit 65 Prozent Favorit. Auf dem Flop sind Sie noch immer nur mit 76 Prozent (etwa 3 zu 1) Favorit, wenn Sie mit Ihrem Gegner bis zum River gehen. Die Tatsache, dass Sie eine Hand gewonnen haben, in der Ihre Gewinnchance „nur“ 65 bzw. 76 Prozent betrug, war Glück, da Sie ein besseres Ergebnis erzielten, als es dem Durchschnitt entspricht. Und zur Verdeutlichung noch ein Beispiel: Tritt diese Situation dreimal exakt gleich auf dem Flop auf, liegt Ihre Chance, alle drei Hände zu gewinnen, unter 50 Prozent.

Beim Poker schenken wir dem, was seinen geplanten Verlauf nimmt, wenig Beachtung. Wir machen uns keine Gedanken, wenn unsere auf dem Flop getroffene Hand vorne bleibt, wenn unsere Asse *nicht* geknackt werden oder unser Gegner seinen Flush Draw nicht trifft. Dennoch horchen wir plötzlich auf und machen uns Gedanken, wenn wir „Pech“ haben. Wir vergessen die ganzen Fälle, in denen wir glücklicherweise nicht überholt wurden und konzentrieren uns stattdessen unser Pech lamentierend auf diese eine Hand.

Niemand ist von Natur aus ein Pechvogel. Im Laufe einer Pokerkarriere ist Glück kein entscheidender Faktor für Ihre langfristigen Ergebnisse. Es gibt einzelne Hände, Sessions und sogar Serien von Sessions, in denen Sie Pech haben, aber dies wird sich langfristig annähernd ausgleichen.

Selbstkontrolle: Es ist häufig einfacher, Glück zu rationalisieren, wenn Ihnen die entsprechenden Wahrscheinlichkeiten bekannt sind. Überprüfen Sie, ob Sie die folgenden Fragen einigermaßen genau beantworten können. Die Antworten folgen an späterer Stelle in diesem Kapitel.

1. Wie oft bekommen Sie bei Hold’em durchschnittlich ein Paar Asse ausgeteilt?
2. Wie groß ist die Wahrscheinlichkeit, einen Flush bis zum River zu vervollständigen, wenn Sie auf dem Flop einen Flush Draw haben?
3. Wie oft schlagen Sie mit AK jemanden mit 44, wenn beide Spieler bis zum Showdown spielen?
4. Wie oft floppen Sie mit einem Paar auf der Hand ein Set?
5. Mit welcher Wahrscheinlichkeit treffen Sie mit einer ungepaarten Hand ein Paar oder etwas Besseres (ohne Straights und Flushes zu berücksichtigen)? Und wie häufig treffen Sie genau Two Pair?

Große Stichprobenumfänge

Pokerspieler beklagen sich häufig, wenn Sie geschlagen werden und dabei anscheinend extremes Pech hatten, etwa wenn ein Gegner auf Turn und River noch einen Vierling bastelt, während Sie schon auf dem Flop ein Full House hatten. Oder Sie bekommen während einer Session zweimal Könige und jedes Mal hat einer Ihrer Gegner Asse. Oder Sie verpassen 30mal in Folge ein Set auf dem Flop, wenn Sie ein Paar auf der Hand haben.

Pokerspieler lieben es, solche Geschichten zu erzählen. Wie im vorigen Abschnitt erwähnt glauben viele Spieler, dass sie Pech haben, und solche Serien halten sie für den Beweis. Einige dieser Spieler geben sogar die Wahrscheinlichkeit eines solchen Ereignisses an, die in der Regel sehr gering ist.[61]

Würden sich diese Spieler jedoch etwas tiefer mit der Wahrscheinlichkeit befassen, entdeckten sie die Wahrheit hinter ihrem unglaublichen “Pech.” Obwohl die Wahrscheinlichkeit eines solchen Ereignisses in einer bestimmten Hand oder Session sehr gering ist, steigt diese deutlich an, wenn man Hunderte von Händen pro Woche bzw. Hunderte von Sessions pro Jahr spielt und danach fragt, wie groß das Risiko ist, dass dies irgendwann einmal passiert..

Schauen wir uns noch einmal das Beispiel mit den Königen an. Zur Vereinfachung nehmen wir an, Sie bekommen pro Session genau zweimal ein Paar Könige. Wenn Sie 156 Sessions pro Jahr (also drei pro Woche) spielen, beträgt die Wahrscheinlichkeit beachtliche 26 Prozent, dass dieses außergewöhnliche Ereignis während dieses Jahres eintritt. Das ist immer noch nicht sehr wahrscheinlich, aber statt 526 zu 1 stehen die Chancen nun nur noch 3 zu 1 dagegen.

Es kommt noch schlimmer. Zwar sind die Chancen für *dieses bestimmte* Pech in jedem Jahr nur 26 Prozent, aber wie sieht es mit allen anderen negativen Möglichkeiten aus? Wir gaben drei Beispiel an, aber in Wirklichkeit gibt es Dutzende von verrückten Ereignissen, die einzeln betrachtet unwahrscheinlich, aber als Ganzes betrachtet recht wahrscheinlich sind.

Was passiert, wenn wir 50 verschiedene Möglichkeiten für außergewöhnliches Pech (eine rein mutwillige Zahl) und deren jeweiliges Eintreten mit einer Wahrscheinlichkeit von 26 Prozent annehmen? Im Durchschnitt werden Sie mit

---

[61] Die Wahrscheinlichkeiten der drei oben genannten Ereignisse beträgt etwa 0,1 %, 0,19 % und 2,3 %.

13 dieser außergewöhnlichen Ereignisse pro Jahr konfrontiert. Oder anders gesagt, wenn Sie eine Geschichte über einen Bad Beat vier Wochen lang erzählen können, haben Sie immer eine auf Lager. Ist es da ein Wunder, dass alle Casinos und Pokerforen voll mit Menschen sind, die Geschichten von „ihrem unglaublichen Pech“ erzählen können?

Spielen Sie im Internet, ist das “Problem” besonders virulent. Internetspieler können buchstäblich Tausende von Händen pro Tag spielen, wenn Sie Vollzeitprofi sind. Im Laufe eines Jahres kann ein eifriger Internetspieler mehr als eine halbe Million Händen spielen. In dieser Zeit wird fast alles geschehen, was möglich ist. Es ist also kein Wunder, dass derart viele Menschen meinen, Internetpokerseiten seien manipuliert.

Geringe Wahrscheinlichkeiten

Pokerspieler haben Schwierigkeiten, sehr kleine Wahrscheinlichkeiten zu quantifizieren. In Wirklichkeit ist dies kein pokerspezifisches Problem, sondern ein allgemeines. Die Lotterie in Großbritannien lobt zum Beispiel einen Jackpot aus, der mehrere Millionen Pfund wert ist. Die Chancen, diesen zu gewinnen, betragen etwa 1 zu 14 Millionen.[62]

Die Quantifizierung einer Wahrscheinlichkeit von 1 zu 14 Millionen als Zahl ist für die meisten Lotteriespieler schwierig. Zwar erkennen Sie, dass Ihre Gewinnchancen sehr niedrig sind, aber nicht genau, wie niedrig. 14 Millionen ist eine derart große Zahl, dass sie einfach als „ riesige Zahl“ und die Wahrscheinlichkeit daher als „sehr niedrig“ eingestuft wird. Es ist zweifelhaft, ob die Verkäufe von Lottoscheinen sich deutlich unterscheiden würden, wenn die Chancen bei denselben Gewinnen 1 zu 5 Millionen, 1 zu 20 Millionen, 1 zu 50 Millionen oder 1 zu 500 Millionen betrügen.

Wahrscheinlichkeiten müssen nicht derart niedrig wie 1 zu 14 Millionen sein, um Menschen Probleme zu bereiten. Pokerspieler haben oft Schwierigkeiten mit Zahlen, die deutlich handhabbarer wirken, indem sie deren Aussagekraft über- oder unterschätzen. Zum Beispiel betragen die Chancen, mit einem Paar auf der Hand, das sich auf dem Flop nicht verbessert hat, auf dem Turn ein Set zu treffen, etwa 1 zu 23. Dies hält viele Spieler nicht davon ab, sich mit einem Paar, das eindeutig geschlagen ist, den Turn mit deutlich schlechteren Pot Odds als 23 zu 1 anzuschauen.

---

[62] Es gibt auch kleinere Gewinne. Aber selbst wenn man diese berücksichtigt, werden nur 50 Prozent der Einsätze ausgeschüttet.

Andersherum funktioniert dies auch. Ein Spieler mit einem marginalen Draw macht sich oft keine Gedanken über die (ohnehin geringe) Wahrscheinlichkeit, seine Hand zu treffen und dennoch zu verlieren. Beispielweise wissen die meisten guten Spieler, dass die Wahrscheinlichkeit, mit einem Paar in der Hand auf dem Flop ein Set zu treffen, etwa 8 zu 1[63] beträgt, haben aber keine Ahnung, wie die Chancen stehen, mit ihrem Set zu verlieren. Sie wissen nur, dass „Sets meistens gewinnen."

Beim Poker ist jede noch so geringe Wahrscheinlichkeit wichtig. Sie müssen sich die unwahrscheinlichen Ereignisse genauso betrachten wie die wahrscheinlichen. Spielen Sie Hunderte von Händen pro Woche summieren sich diese kleinen Fehler. Pokerspieler müssen auf jedes kleine Detail genauestens achten, um erfolgreich zu sein. Sorgen Sie dafür, dass Ihre Entscheidungen am Pokertisch möglichst gut sind.

Selbstkontrolle: Hier sind die Antworten zu unserem Quiz in diesem Kapitel.

1. Einmal in 221 Händen
2. 35 Prozent (etwa in einem von drei Fällen)
3. 46 Prozent (48 Prozent, wenn die Karten gleichfarbig sind)
4. 12 Prozent (etwa in einem von neun Fällen)
5. Ein Paar oder etwas Besseres, 32 Prozent (etwa in einem von drei Fällen). Genau Two Pair, 2 Prozent (etwa in einem von 49 Fällen).

9.6. Internet- und Live-Poker

Eines der Ziele beim Verfassen dieses Buches war, dass die darin enthaltenen Ratschläge allen Pokerspielern nützen sollten, ganz gleich ob sie in traditionellen Casinos oder im Internet bei einem der vielen dortigen Anbieter spielen. Zu diesem Zweck haben wir viele Randbemerkungen und Fußnoten im Haupttext untergebracht, wenn etwas nur für Live- bzw. Internet-Spieler gilt oder sich unsere Empfehlungen abhängig von Ihrem bevorzugten Spielort unterscheiden.

[63] Genau genommen betragen die Odds 8,5 zu 1, dies wurde im Text abgerundet.

In diesem Abschnitt betrachten wir einige Unterschiede zwischen Live- und Internetspiel etwas eingehender. Natürlich sind sich die meisten Spieler der wichtigsten Unterschiede bewusst. Beim Internet-Poker gilt folgendes:

- Sie haben keinen Augenkontakt mit Ihren Gegnern.
- Sie können mehr Hände pro Stunde spielen.
- Sie könnten auf niedrigeren Limits spielen.
- Sie haben eine größere Auswahl an Partien.
- Sie haben niedrigere Kosten (Trinkgeld, Reisespesen, etc.).
- Sie sind darauf angewiesen, dass Ihr Computer und Ihre Internetverbindung nicht streiken.

So interessant diese Punkte sind, geht es uns in diesem Buch mehr um den psychologischen Einfluss beim Internet-Poker bzw. Live-Poker. Bei beiden Varianten gibt es verschiedene Fallgruben und Sie müssen unterschiedliche Aspekte des Poker Mindset je nach Spielort stärker akzentuieren. Im Folgenden liefern wir Ihnen einige Richtlinien zu den Unterschieden zwischen Live- und Internetpoker im Hinblick auf die Anwendung des Poker Mindset.

Langsamkeit der Live-Partien

Live-Partien verlaufen deutlich langsamer als Internet-Partien. Das Mischen, Geben und Zählen der Chips dauert und es gibt in der Regel keine begrenzte Bedenkzeit für Spieler wie im Internet. Die Geschwindigkeiten variieren zwar, aber Internetspieler schaffen vermutlich 60 bis 80 Hände pro Stunde[64], während ein Live-Spieler vielleicht froh ist, wenn er die Hälfte erzielt.

In Live-Partien haben Sie zwischen den Händen viel Zeit, in der Sie nichts zu tun haben. Selbst während die Hände gespielt werden, gehen die Aktionen recht langsam voran. Vorteilhaft daran ist, dass es für einen Live-Spieler keine Entschuldigung gibt, nicht alles zu wahrzunehmen. Sie haben alle Zeit der Welt, um die Entscheidungen Ihrer Gegner zu analysieren und auf dieser Basis die besten Entschlüsse zu fassen. Nimmt man an, dass Sie vermutlich 75 Prozent Ihrer Hände vor dem Flop folden, sind Sie nur alle zehn Minuten aktiv in eine oder zwei verwickelt und sollten deshalb in der Lage sein, sich vollständig auf diese zu konzentrieren.

Allerdings bringt die langsame Geschwindigkeit des Live-Spiels auch Probleme mit sich. Zunächst kann man sich leicht langweilen. Tightes Poker im Casino

[64] Dies gilt, wenn Sie nur einen Tisch gleichzeitig spielen. Durch das Spielen an mehreren Tischen steigt diese Zahl natürlich deutlich an.

ähnelt ein wenig dem Angeln. Es gibt lange Phasen der Inaktivität, die von kurzen Phasen der Aufregung unterbrochen werden. Bei einer längeren Phase mit schlechten Karten kann Ihnen leicht langweilig werden und unter Umständen verlieren Sie Konzentration und Motivation. Eventuell gehen Sie auf formelhaften Tilt und werden von anderen Dingen wie dem Tischgespräch oder einem Fernseher im Hintergrund abgelenkt. Dies gilt vor allem, wenn Sie als Internetspieler die ersten Male im Casino sind und die langen Wartezeiten nicht gewohnt sind.

Außerdem, und dies ist gefährlicher, könnten Sie Ihre Anforderungen für Ihre Starthände lockern, um etwas zu erzwingen. Eine Phase schlechter Karten kann beim Live-Spiel unglaublich lange dauern. Manchmal vergeht eine halbe Stunde oder mehr, ohne dass Sie eine einzige Hand spielen, und dies kann Sie dazu verführen, Ihre Anforderungen für die Starthände zu lockern, um ein wenig Action zu bekommen. Oder es passiert, dass Sie eine gute Starthand bekommen und diese schwer aufgeben können, wenn Sie den Flop nicht treffen.

Selbstkontrolle: Eine ausgezeichnete Methode, die Langeweile in Live-Partien zu lindern, besteht darin, Ihre Gegner auf eine Hand zu setzen, während Sie selbst nicht in den Pot verwickelt sind. Dies kann ziemlich viel Spaß machen und leistet auch für die Verbesserung Ihrer Fähigkeiten in der Handanalyse sehr gute Dienste.

Wie weit ist es bis zur Langfristigkeit?

Da Internet-Partien schneller verlaufen als Live-Partien, erreichen Sie die „Langfristigkeit“ dort natürlich schneller. Pechsträhnen (und auch Glückssträhnen) dauern durchschnittlich gleich viele Hände lang und auch sonst gibt es im Grunde keinen Unterschied. Allerdings werden diese Hände im Internet schneller absolviert, wodurch Sie weniger Zeit brauchen, um die Pechsträhne zu überstehen. Erleidet zum Beispiel ein Live-Spieler eine 5.000 Hände andauernde Pechsträhne, muss er dafür 150 Stunden spielen. Dagegen benötigt ein Internet-Spieler, der zwei Tische gleichzeitig spielt, nur etwa 30 Stunden, um dieselbe Pechsträhne zu überstehen.

Aus diesem Grund ist es für Internetspieler unter Umständen wesentlich einfacher, mit Pechsträhnen umzugehen. Selbst ein Gelegenheitsspieler benötigt nur einige Wochen, um 30 Stunden zu pokern. Er erlebt nicht die Weltuntergangsstimmung, die einen Live-Spieler manchmal befällt, wenn er buchstäblich monatelang kein Geld gewonnen hat. Auch die einzelnen Sessions verlaufen gleichförmiger. Bei einem Internetspieler ist es extrem unwahrscheinlich, dass in einer ganzen Session keine Hand gewinnt, während dies dem Live-Spieler gelegentlich passiert.

Dabei gibt es aber auch eine Kehrseite. Pechsträhnen gehen zwar grundsätzlich schneller vorbei, sie verlaufen aber auch viel brutaler. Die Pechsträhne eines Internetspielers enthält viel Pech in einer recht kurzen Zeitspanne. Ein Live-Spieler, der bei Limit Hold'em von einer Session mit 40 Big Bets Verlust heimgesucht wurde, kann dankbar sein, dass er kein Internetspieler ist, der durchaus auch einmal 100 Big Bets Verlust in einer Session erleiden kann. Außerdem kostet ein Tilt von 30 Minuten einen Internetspieler viel mehr Geld, da er wesentlich mehr Hände pro Stunde spielt. Daher ist es für einen Internetspieler noch wesentlich wichtiger, beim ersten Anzeichen von Tilt aufzuhören.

Ablenkungen im Internet

Die heimlichen Feinde des Internetspielers sind die Ablenkungen, mit denen ein Live-Spieler vergleichsweise wenig zu kämpfen hat. Vielleicht läuft im Hintergrund ein Fernseher oder seine Gegner sind sehr gesprächig, aber im Großen und Ganzen kann er sich auf seine Karten konzentrieren, da er sonst nicht viel zu tun hat. Ein Internetspieler ist mit vielen Ablenkungen konfrontiert, darunter Emails, das Internet, Spiele, Fernsehen und Familienmitglieder. Sie müssen mit diesen Ablenkungen klarkommen und gleichzeitig ihre Hände viel schneller als ein Live-Spieler absolvieren.

Natürlich lautet die naheliegende Lösung, sich von nichts ablenken zu lassen, aber in vielen Fällen ist dies leichter gesagt als getan. Läuft der Fernseher im Hintergrund, können Sie manchmal nicht verhindern hinzuschauen. Taucht eine neue Email auf Ihrem Bildschirm auf, ist es sehr verführerisch diese zu lesen. Und wenn Ihr Gatte oder Ihre Kinder Sie ansprechen, können Sie diese schlecht ignorieren. Leider werden Sie unabhängig von Ihren Gegenmaßnahmen beim Internetspiel öfter abgelenkt. Es gibt jedoch einige Schritte, mit denen Sie das Problem mildern können.

Zunächst sollten Sie die möglichen Ablenkungen auf das Minimum reduzieren. Lassen Sie den Fernseher aus, oder noch besser, stellen Sie ihn in einen anderen Raum als den Computer. Öffnen Sie nicht Ihr Email-Programm oder Ihren Internetbrowser, da Sie sonst dazu verführt werden, hin- und herzuspringen. Teilen Sie Ihrer Familie mit, dass Sie sich beim Poker voll konzentrieren müssen und diese Sie nur stören soll, wenn es wirklich wichtig ist. Schaffen Sie ein Umfeld, in dem Ablenkungen eher selten als regelmäßig vorkommen.

Wenn Sie dieses Umfeld geschaffen haben, sorgen Sie dafür, genug Disziplin zu haben, um daraus auch Kapital zu schlagen. Schauen Sie beim Pokern nicht „schnell in Ihren Eingangsordner“ oder „kurz wie die Fußballergebnisse sind“, ansonsten tun Sie dies alle fünf Minuten. Ist Ihnen so langweilig, dass die Versuchung zu groß wird, machen Sie eine Pause. Spielen Sie weiter, wenn Sie sich wieder völlig konzentrieren können.

Selbstverantwortung im Internet

Internet-Poker zeichnet sich durch seine einfache Nutzung und die Vielzahl an Möglichkeiten aus. Sie können auf jedem Limit zwischen 0,01 $/0,02 $ bis 200 $/400 $ und sogar noch höher spielen. Außerdem werden praktisch alle Varianten angeboten, Sie können Hold’em, Stud, Omaha und einiges mehr spielen. Es gibt vollbesetzte oder Shorthanded-Cash-Game-Tische, Multi-Table-Turniere und Sit-and-Gos. Mit einem einfachen Klick können Sie zwischen diesen hin und herwechseln und mehrere Tische gleichzeitig spielen. Dies ist das Schöne am Internetpoker, für einige Spieler aber auch das Unheil.

Da für einen Internetspieler alles viel einfacher und schneller geht, fallen auch schlimme, durch Tilt verursachte Fehler bedeutend leichter, mit denen die Bankroll aufs Spiel gesetzt wird.

Nehmen wir zum Beispiel an, eine Live-Spieler hat eine katastrophale Session auf 5 $/10 $. Er ist verärgert und frustriert, wendet sich dem 20 $/40 $-Tisch zu und überlegt, wie schnell er dort durch den Gewinn einiger Pots seine Verluste wettmachen kann. Er verlässt seinen Tisch und lässt sich auf die Warteliste der Partie mit Blinds von 20 $/40 $ eintragen. Dann geht er zur Kasse, holt sich ausreichend Chips für das minimale Buy-In und wartet auf seinen Platz. Nun hat er genug Zeit, um sich zu beruhigen und sich hoffentlich von seinem dummen Vorhaben abzubringen.

Doch während der Live-Spieler noch wartet, könnte ein Internetspieler bereits einen Tisch geöffnet, sich dort hingesetzt und vermutlich einen schönen Batzen Geld verloren haben. Es gibt weit weniger Kontrollinstanzen, die einen Internetspieler von einem solchen Fehlverhalten abbringen können. Man muss nicht auf einen freien Platz warten, hat keinen Freund im Casino, der einen vor diesem Fehler warnt, sieht keine befremdeten Blicke der Stammgäste am teuren Tisch, wenn man Platz nimmt und findet keine Gegner, die einen darauf hinweisen, dass man verärgert wirkt. Selbst das Geld wirkt auf einen Internetspieler nicht real. Dem Kassierer 1.000 Dollar für das Buy-In am 20 $/40 $-Tisch auszuhändigen kann der Moment sein, in dem man erkennt, dass man seine Grenzen überschreitet, aber ein Internetspieler sieht lediglich Zahlen auf seinem Bildschirm.

Dies ist ein weiterer Grund, warum emotionale Selbstkontrolle und Vermeidung von Tilt bei Internetspielern wichtiger sind. Im Internet ist man immer nur einen Klick von einer großen Dummheit entfernt. Zum Glück gibt es eine andere Möglichkeit, die weit mehr Sinn ergibt, und sich ebenfalls mit einem Knopfdruck regeln lässt: Den Computer ausschalten.

Verführungen im Casino

Während Internetspieler teure Fehler schneller begehen können, müssen Live-Spieler mit anderen Verführungen zurechtkommen. Die naheliegendsten befinden sich direkt neben dem Pokersaal: Craps-Tische, Roulette, Spielautomaten und bei vielen Spielern Blackjack.[65] Jeder weiß, dass diese Spiele negative Gewinnerwartung besitzen, sie können aber dennoch sehr verlockend sein, wenn man zurückliegt und schnell seine Verluste wieder hereinholen will.

Damit wollen wir nicht sagen, dass es grundsätzlich falsch wäre, andere Spiele als Poker zu betreiben. Sind Sie verantwortungsvoll, stellen diese Spiele, in denen der Vorteil beim Casino liegt, einfach eine weitere Methode dar, Ihr Geld für Unterhaltung auszugeben, wie ein Kino- oder ein Stadionbesuch. Beherzigen Sie aber diese beiden Warnungen:

1. Betreiben Sie diese Spiele nie, um Ihre Verluste auszugleichen. Langfristig verlieren Sie bei ihnen Geld, weshalb Sie Ihre Situation höchstwahrscheinlich verschlimmern.
2. Spielen Sie nicht um Beträge, die Ihre Pokergewinne ernsthaft schmälern könnten. Es bringt nichts, drei Stunden lang Poker mit einer erwarteten Gewinnquote von 20 Dollar zu spielen und anschließend vor dem Heimweg beim Roulette eine Stunde lang 20 $-Chips zu setzen. Wollen Sie solche Spiele wirklich betreiben wollen, sollten Sie so niedrig spielen, wie Sie es verkraften können und sich nicht nach jeder Pokerpartie dazu hinreißen lassen. Gewöhnen Sie sich an, Spiele

[65] Wir sprechen deshalb von vielen Spielern beim Blackjack, weil es unter bestimmten Umständen möglich ist, Blackjack mit positiver Gewinnerwartung zu spielen. Die meisten Spieler verstehen dieses Spiel jedoch nicht gut genug, um dabei zu gewinnen.

mit negativer Gewinnerwartung zu betreiben, kann sich dies zu einem schweren Fehler entwickeln.

Im Casino gibt es außerdem weniger offensichtliche Verführungen, die zu weiteren Verlusten führen können. Der heimliche Feind des Pokerspielers ist der Alkohol. Warum geben viele Casinos Ihren Gästen kostenlose, alkoholische Getränke aus? Nicht aus Großzügigkeit, sondern weil die Betreiber wissen, dass Sie vermutlich länger spielen, wenn Sie nicht nur etwas umsonst bekommen, sondern auch noch betrunken sind.

Spielen Sie um ernsthafte Beträge, ist Alkoholkonsum keine gute Idee. Können Sie einem Drink nicht widerstehen, wenn die Bedienung vorbeikommt (und das Getränk nur 1 Dollar Trinkgeld kostet), suchen Sie sich etwas Alkoholfreies aus. Es ist unmöglich zu beziffern, wie sehr Alkohol Ihr Spiel negativ beeinflusst, da dies von Spieler zu Spieler variiert, aber warum sollten Sie überhaupt das Risiko eingehen?

> Selbstkontrolle: Es kann Spaß machen, während des Pokerns zu trinken. Tun Sie dies ruhig, aber spielen Sie dabei auf niedrigen Limits, bei denen Verluste unerheblich sind. Wollen Sie sich diesen Spaß gönnen, spielen Sie einmal pro Woche in einer Partie mit niedrigen Limits oder mit Freunden, bei der Sie entspannen und mit einigen Drinks Spaß haben können, ohne viel Geld zu verlieren.

Denken Sie daran, im Casino ist es oft viel schwieriger, nach Hause zu gehen. Möglicherweise hatten Sie eine längere Anreise und planten eine fünfstündige Session. Es fällt schwer, nach einer Stunde aufzuhören und aus einem „unbedeutenden" Grund nach Hause zu gehen, wie etwa schlechte Tagesform oder der Mangel an guten Tischen. Unter Umständen werden Sie verführt, weiterzuspielen oder Sie hören zu Recht auf, geben aber Ihr gesamtes Geld woanders aus, etwa an der Bar, im Restaurant oder an den Spielautomaten.

Casinos sind darauf ausgerichtet, dass Sie Ihr Geld ausgeben. Sofern Sie beim Poker kein Geld gewinnen, sollten Sie deshalb möglichst wenig Zeit dort verbringen.

9.7. Professionelles Poker

Jeder, der schon einmal Geld beim Pokern gewonnen hat (auch wenn es nur eine Eintagsfliege war), hat sich vermutlich ausgemalt, wie es wäre, mit Poker den Lebensunterhalt zu bestreiten. Die „richtige Arbeit“ aufzugeben, einfach den ganzen Tag im Casino (oder vor dem PC) zu sitzen und das Spiel zu betreiben, das man liebt, kann als ideale Art und Weise erscheinen, seinen Lebensunterhalt zu verdienen. Diese Vorstellung wird durch die vielen professionellen Pokerspieler gefördert und durch die Einführung des Internetpoker wurde es viel praktikabler, seinen Lebensunterhalt mit Poker zu verdienen. Viele erfolgreiche Spieler stellen sich die Frage, ob sie Profi werden sollten.

Falls Sie sich fragen, ob Sie das Zeug zum Pokerprofi haben, oder diesen Schritt schon planen, sollten Sie diesen Abschnitt unbedingt lesen. Meinen Sie, er würde Sie nicht betreffen (was vermutlich auf die meisten Leser gilt), können Sie ihn überblättern oder aus purem Interesse lesen.

Wichtig ist zu erkennen, dass jeder Pokerspieler anders ist. Bei einem Spieler ergibt es Sinn, Profi zu werden, während es für jemand anders mit ähnlicher Spielstärke ein falscher Schritt wäre. Diese Entscheidung hängt von Ihren konkreten Stärken und Schwächen sowie den persönlichen Umständen ab. Käme jemand zu uns und würde uns fragen, ob er Pokerprofi werden soll, würden wir uns vermutlich auf die sichere Seite schlagen und verneinen. Dies ist die sichere Antwort, weil die meisten Spieler (selbst erfolgreiche) nicht das Zeug haben, um beim professionellen Poker gut abzuschneiden. Sie machen vermutlich keinen großen Fehler, wenn Sie weiterhin täglich an Ihren Arbeitsplatz gehen und Poker als lukratives Hobby betrachten.

Natürlich gibt es aber Spieler, die Profi geworden sind und sehr reich geworden sind. Trauen Sie sich dies ebenfalls zu, müssen Sie diese Entscheidung aus allen Blickwinkeln sorgfältig betrachten. In diesem Abschnitt präsentieren wir einige Fragen, die Sie zufriedenstellend beantworten können müssen, um den Schritt zu wagen.

1. Sind Sie gut genug?

Natürlich ist die naheliegendste Frage, ob Sie gut genug spielen, um Profi zu werden. Denken Sie daran, die Langfristigkeit dauert beim Poker wirklich lange, und einige Monate mit guten Resultaten sind keine ausreichende Basis für eine solche Entscheidung. Um eine Profikarriere überhaupt ins Auge fassen zu können, müssen Sie sich über eine Dauer von sehr vielen Händen (mindestens 50.000, besser deutlich mehr) auf Ihrem bevorzugten Limit als erfolgreicher Spieler erwiesen haben.

Leider ist es aus statistischer Sicht sehr schwierig, zu wissen, wie gut man wirklich ist. Zum Beispiel ist es durchaus möglich, dass Sie nach 1.000 Stunden Spielzeit ein positives Ergebnis erzielt haben, aber dennoch ein langfristiger Verlierer sind. Nicht jeder Spieler, und das gilt vor allem für Live-Spieler, wird genügend Hände spielen wollen, um eine statistische Sicherheit für seinen Erfolg zu haben.

Die Antwort muss aus Ihrem Inneren kommen. Ist Ihnen wirklich klar, warum Sie gewinnen? Erkennen Sie alle Fehler Ihrer Gegner? Letztlich müssen Sie vermutlich etwas aufs Spiel setzen, wenn Sie den großen Schritt tun. Versuchen Sie, das Risiko eher gering zu halten.

2. Können Sie genug Geld gewinnen?

Wenn Sie einen Berufswechsel ins Auge fassen, wollen Sie natürlich wissen, wie viel Sie verdienen können. Kennen Sie Ihre langfristige Gewinnquote und beherrschen ein wenig simple Mathematik, ist Ihr erwartetes „Nettogehalt" leicht zu berechnen. Multiplizieren Sie Ihre stündliche Gewinnquote mit der Anzahl der Stunden, die Sie vorhaben zu spielen. Hinsichtlich der Arbeitszeit müssen Sie realistisch sein, denn langfristig wollen Sie sicher nicht für den Rest Ihres Lebens an sieben Tagen in der Woche zehn Stunden arbeiten.

Ob Ihnen dieser Verdienst ausreichend erscheint, ist natürlich völlig subjektiv und hängt von Ihren Erwartungen ab sowie dem Einkommen, das Sie anderswo erzielen können. Einer der Hauptgründe, warum professionelles Poker für die meisten Menschen keine berauschende Geschäftsidee darstellt, besteht darin, dass jemand, der schlau genug ist, um beim Poker einen guten Verdienst zu erzielen, vermutlich auch in anderen Bereichen viel Geld verdienen kann – ohne die Unwägbarkeiten des professionellen Pokergeschäfts. Achten Sie darauf, dass Sie genug Geld verdienen können, um Ihren Lebensstil aufrechtzuerhalten, und dass Sie keine finanziellen Einbußen hinnehmen, weil Sie von der Idee verführt wurden, statt einer normalen Arbeit professionell Poker zu spielen.

Berücksichtigen Sie auch die vielen versteckten Kosten eines professionellen Pokerspielers. Sie bekommen keinen bezahlten Urlaub und können sich nicht krankschreiben lassen. Machen Sie Urlaub oder können einen Tag krankheitshalber nicht arbeiten, wirkt sich dies direkt auf Ihr Gehalt aus. Auch die Vorteile der Kranken- und Rentenversicherung fallen weg, wollen Sie diese ausschöpfen, müssen Sie selbst dafür bezahlen.

3. Haben Sie eine ausreichend große Bankroll?

In Kapitel 7 widmeten wir uns ausführlich der Bedeutung von gutem Bankroll-Management. Planen Sie eine professionelle Karriere, sind die Empfehlungen aus Kapitel 7 jedoch völlig unzureichend. Aus mehreren Gründen benötigt ein Profi eine deutlich größere Bankroll als ein Gelegenheitsspieler:

1. Ihre Bankroll ist ihre Lebensgrundlage. Verlieren sie ihre Bankroll, haben sie keine Möglichkeit mehr, Geld zu verdienen.
2. Sie entnehmen jeden Monat einen Teil ihrer Bankroll, wodurch die Wahrscheinlichkeit einer Pleite deutlich steigt.
3. Eine größere Bankroll lindert den Druck, jeden Monat Geld zu gewinnen.

Die Verdopplung der Bankroll-Erfordernisse aus Kapitel 7 stellt eine gute Grundlage dar. Sorgen Sie für die erforderliche Bankroll, bevor Sie eine Profikarriere starten. Eine Bankroll kann nie zu groß sein.

4. Haben Sie einen Plan?

Haben Sie vor, eine Profikarriere einzuschlagen, sollten Sie einen dauerhaften Plan für Ihren Tagesablauf haben und sich auch einige Gedanken darüber hinaus machen. An wie vielen Tagen pro Woche (und an welchen) wollen Sie spielen? Wie viele Hände (oder Stunden) pro Tag? Zu welchen Zeiten wollen Sie spielen? Welche Variante und auf welchem Limit? Spielen Sie Limit, No-Limit, Turniere oder eine Mischung? Wie viele Urlaubstage gönnen Sie sich jährlich? Wie viel Zeit planen Sie für Ihre Weiterbildung ein?

Ihre Chancen, als Pokerprofi erfolgreich zu sein, steigen, wenn Sie dies im Voraus ausarbeiten und nicht erst während Ihrer Profikarriere. Es ist eine gute Idee, vor der Kündigung Ihres Arbeitsplatzes Ihren Wochenplan auszutesten, um etwaige Schwachstellen im Vorfeld zu beseitigen. Ansonsten können unvorhergesehene Probleme auftreten, etwa, dass die Partien zu Ihren vorgesehenen Arbeitszeiten nicht so günstig sind oder dass Ihre Arbeitszeiten kürzer als geplant ausfallen.

5. Sind Sie diszipliniert genug?

Wir meinen hier nicht in erster Linie die Disziplin am Pokertisch (obwohl diese für jeden Spieler von enormer Bedeutung ist), sondern mehr die Disziplin, ausreichend viele Stunden und Hände zu spielen. Als professioneller Pokerspieler sind Sie Ihr eigener Chef und dies bringt Freiheit aber auch Verantwortung mit sich. Zählen Sie zu den Menschen, die Probleme mit der Selbstmotivation haben oder gerne auch einmal einen Tag „krank feiern", ist Pokerprofi vermutlich nicht die richtige Berufswahl.

Reißt der Wecker Sie aus dem Schlaf und Sie wollen noch einige Stunden weiterschlafen, hindert Sie niemand daran und dasselbe gilt, wenn Ihnen zur Halbzeit Ihrer Session langweilig wird und Sie nach Hause gehen wollen. Aber all dies holt Sie am Ende des Monats ein, wenn Sie nicht genug Stunden gespielt haben und Probleme haben, Ihre Rechnungen zu bezahlen. Die Freiheit als Pokerprofi kann statt einer Gnade auch ein Fluch sein, wenn Sie undiszipliniert sind.

6. Wie werden Sie psychisch mit einem schlechten Monat fertig?

Haben Sie unser Buch bislang aufmerksam gelesen (vor allem Kapitel 5), sollte Ihnen dieses Thema präsent sein. Jeder Spieler erleidet von Zeit zu Zeit eine Pechsträhne, das betrifft auch Profis. Entscheidend ist Ihre Reaktion auf eine Pechsträhne. Spielen Sie trotz Pech weiter Ihr bestes Poker oder verlieren Sie Ihr Selbstvertrauen, gehen auf Tilt und werden von Ihren Verlusten gequält? Haben Sie in diesem Bereich Probleme (und auch noch nach Lektüre dieses Buches), ist professionelles Poker fast sicher nichts für Sie.

Das Problem ist folgendes: Sobald Sie professionell spielen, ist Poker nicht mehr nur ein Spiel, sondern Ihre Lebensgrundlage. Gelegenheitsspieler können durchaus Probleme mit Pechsträhnen haben, aber am Ende der Session können Sie das Pokerspiel hinter sich lassen und sich wieder Ihrem normalen Leben zuwenden. Bei einem Profi sind diese beiden Bereiche mit einander verknüpft. Die Lebensqualität hängt unmittelbar mit dem Erfolg am Pokertisch zusammen und dies geht so weit, dass ein Profi sich nicht einmal mehr das

Lebensnotwendige leisten kann, wenn über einen langen Zeitraum kein Geld gewinnt. Dies sollte einem erfolgreichen Spieler mit ausreichender Bankroll zwar nicht passieren, es wird aber sicher an ihm nagen, wenn es schlecht läuft. Ärger, Depression und Frustration sind die natürlichen Feinde eines Spielers, der eine Pechsträhne hat. Ein Profi muss nicht nur mit diesen Zuständen umgehen, sondern auch mit Angst und schlussendlich vielleicht sogar Panik.

7. Wie verkraften Sie einen schlechten Monat finanziell?

Dies ist der praktischere und in Wahrheit einfachere Aspekt des Umgangs mit einer Pechsträhne. Der schwere Teil ist die notwendige Anwendung des Poker Mindset, um mit Pechsträhnen klarzukommen. Der leichte Teil ist eine kluge Finanzplanung, mit der Sie verhindern, dass ein Rückschlag Sie aus der Bahn wirft. Idealerweise sind Sie in der Lage, mehrere Monate kein Geld zu verdienen, aber dennoch Ihre Rechnungen zu bezahlen und denselben Lebensstil wie in den guten Monaten zu führen.

Wie Sie dies schaffen, ist Ihre Sache. Die naheliegendste Lösung ist, vor Beginn Ihrer Pokerkarriere das notwendige Geld für einige Monate, oder sogar ein Jahr Lebensunterhalt zurückzulegen. Auf diese Weise können Sie lange Zeit ohne Erfolgsdruck Poker spielen. Alternativ könnten Sie einen Nebenjob annehmen oder mit einer Geldanlage zusätzliches Geld erwirtschaften. Vielleicht haben Sie auch einen Lebenspartner, der genug Geld für beide verdient, wenn Sie einen harten Monat durchmachen. Wie Sie schlechte Monate verkraften, liegt ganz bei Ihnen, wichtig ist nur, dass Sie einen Plan haben. Als Pokerprofi haben Sie schlechte Monate und es ist wichtig, im Voraus zu wissen, wie Sie damit klarkommen.

8. Was halten Ihre Freunde und Ihre Familie von Ihrer Pokerkarriere?

Obwohl Poker mittlerweile sehr populär ist, gibt es immer noch viele Menschen, die dieses Spiel aus verschiedenen Gründen missbilligen. Erwarten Sie nicht, dass Ihre Familie oder Freunde begeistert sind, wenn Sie Ihnen mitteilen, Ihren Beruf zugunsten einer Profikarriere als Spieler aufzugeben. Einige werden religiöse oder moralische Einwände haben, während andere sich einfach nur Sorgen machen, weil Sie ein sicheres Einkommen für ein riskanteres Unterfangen aufgeben. Planen Sie eine Pokerkarriere, sollten Sie an jeden denken, den dieser Entschluss betrifft und mit ihm darüber sprechen.

Natürlich sollten Sie sich nicht zwangsläufig von einer Person, die Ihr Vorhaben missbilligt, komplett von Ihren wohldurchdachten Plänen abbringen lassen. Wichtig ist, offen mit Ihren Plänen umzugehen und die konkreten Bedenken der betreffenden Person zu mildern. Viele oder sogar die meisten dieser Bedenken werden durch falsche Vorstellungen hervorgerufen, die andere Leute vom Poker haben. Wenn jedoch jemand, der unmittelbar von Ihrer Entscheidung betroffen ist (etwa Ihr Ehepartner), ernsthafte Einwände erhebt, müssen Sie Ihren Plan vielleicht vorläufig auf Eis legen. Handeln Sie gegen dessen Wunsch, setzen Sie sich unter starken Druck, sofort gute Resultate zu erzielen.

9. Wird Poker Sie langweilen?

Obwohl tagtägliches Pokerspielen einem als wunderbarer Beruf erscheinen kann, ist es unrealistisch zu glauben, dass Poker als Vollzeitjob gleich viel Spaß macht wie als Hobby. Betreiben Sie etwas lang genug, verliert es letztlich seinen Reiz, da ist Poker keine Ausnahme. Aus Erfahrung können wir Ihnen sagen, dass als Pokerprofi Ihre Freude und Begeisterung für das Spiel nachlässt. Sie verschwindet nicht völlig (zumindest hoffentlich), aber es gibt Zeiten, in denen Pokern mehr lästige Pflicht als Vergnügen ist.

Dagegen kann man nicht viel tun, zweierlei ist aber wichtig. Zunächst sollten Sie dem mit offenen Augen entgegensehen. Nehmen Sie nicht an, ein Leben der Muße zu führen und jede Minute am Tag zu genießen, denn dies wird nicht der Fall sein. Außerdem sollten Sie darüber nachdenken, wie viel Freude Poker Ihnen momentan bereitet. Genießen Sie das Spiel oder einfach nur Ihre Gewinne? Trifft Letzteres zu, langweilt Sie professionelles Poker vermutlich recht schnell. Geld zu verdienen macht nicht so viel Spaß, wenn Sie es zum Leben brauchen. Poker wird Ihr neuer Beruf, zudem ein anstrengender und bisweilen langweiliger. Ihr geliebtes Spiel könnte einfach zu einem anderen Beruf werden.

10. Wollen Sie Ihr Leben wirklich so führen?

Sobald die erste Begeisterung nachgelassen hat, stellen Sie vielleicht fest, dass Sie gar kein Leben als Pokerprofi führen wollen. Als Beruf bietet es sicher positive Seiten, doch auf lange Sicht füllt es Sie möglicherweise nicht aus. Denken Sie an die Zukunft: Ist es wirklich das, was Sie auch in fünf bis zehn Jahren machen wollen? Ist es wirklich so toll, zehn Jahre lang 40 Stunden pro Woche vor dem Computer zu sitzen?

Einige Spieler fühlen sich eventuell auch unerfüllt, wenn sie feststellen, dass sie ihren Lebensunterhalt bestreiten, indem sie anderen Leuten Geld abnehmen. Nach einer Weile kann sich diese Frage aus ethischer Sicht stellen oder weil es Ihnen keine berufliche Erfüllung verschafft. Die meisten Menschen kommen von der Arbeit nach Hause und haben das Gefühl, zumindest etwas geleistet oder das Leben eines anderen ein wenig verändert zu haben. Ein Pokerspieler hat lediglich die Vermögensverhältnisse ein bisschen neu verteilt – hoffentlich zu seinem Vorteil.

Ob dieses Thema Sie je betrifft, hängt natürlich von Ihrer Persönlichkeit ab. Einige Pokerprofis machen sich darüber jahrelang keine Gedanken, aber manche wachen eines Morgens auf und fragen sich, was sie der Welt zurückgeben. Überlegen Sie scharf, ob Sie in zehn Jahren mit einer Pokerkarriere zufrieden sind oder ob Sie Ihre Zeit lieber mit etwas Lohnenderem verbracht hätten.

Für dieses Problem gibt es Lösungen. Einen Teil Ihres Verdienstes können Sie zu wohltätigen Zwecken verwenden. Schließen Sie sich einer Stiftung an oder spenden Sie bei besonderen Anlässen. Vielleicht wollen Sie auch einen bestimmten Teil Ihrer Gewinne Ihrer favorisierten Wohltätigkeitsorganisation spenden. Obwohl Sie mit Ihrer Pokerkarriere keinen direkten gesellschaftlichen Beitrag leisten, können Sie auf diese Weise indirekt eine Menge verändern und dadurch vielleicht Frieden mit der eingeschlagenen Karriere schließen.

11. Was ist Ihr Notfallplan?

Dies ist die wichtigste Frage überhaupt. Haben Sie eine wirklich überzeugende Antwort darauf, reicht es vermutlich, die anderen Fragen nicht ganz so befriedigend beantworten zu können. Sie müssen schlicht wissen, was Sie tun werden, wenn Sie als Pokerprofi nicht reüssieren. Was passiert, wenn Sie nicht so viel Geld wie erhofft verdienen? Was passiert, wenn es Ihnen keinen Spaß macht? Was passiert, wenn Sie mit dem Druck des unsicheren Einkommens nicht zurechtkommen? Was passiert, wenn Poker seine Popularität verliert und kaum noch Partien angeboten werden?

Dies soll nicht heißen, dass einer der genannten Punkte mit Gewissheit eintritt, aber Sie benötigen dennoch einen Ausfallplan. Vielleicht können Sie sich in Ihrem aktuellen Beruf eine Hintertür auflassen, um später eventuell dorthin zurückzukehren. Oder Sie können während Ihrer Pokerkarriere eine weitere Laufbahn vorbereiten, in die Sie sich stürzen können, falls es mit dem Poker nicht klappt. Sorgen Sie einfach dafür, auf eine Alternative zurückgreifen zu können, damit professionelles Poker nicht Ihre einzige Erfolgschance ist.

Natürlich heißt dies auch, dass Sie als Student oder Schüler Ihren Abschluss machen sollten, bevor Sie dem Pokerspiel mehr Zeit widmen. Partien gibt es hinterher immer noch und auf Ihren Abschluss können Sie immer zurückgreifen.

Fazit

Wer eine professionelle Pokerkarriere anstrebt, muss an vieles denken. Weder ist dies eine bequeme Alternative zu einem normalen Beruf, noch ist sie besonders glanzvoll, aufregend oder reichmachend. Eine solche Karriere kann sich aber lohnen, wenn Ihnen Poker genug Freude bereitet und Sie mit der damit verbundenen Unsicherheit umgehen können. Erwägen Sie ernsthaft eine professionelle Karriere, sollten Sie die oben formulierten Fragen zufriedenstellend beantworten können und mit jedem reden, den diese Entscheidung betrifft. Vermutlich lohnt es sich auch, mit einem aktiven Pokerprofi zu sprechen, da dieser eventuell einen Punkt anspricht, den Sie nicht bedacht haben.

Entscheiden Sie sich zu einem Versuch, wünschen wir Ihnen viel Glück.

9.8. Unkommerzielle Motive

Bisher gingen wir in diesem Buch davon aus, dass Ihr einziges Ziel beim Poker darin besteht, Geld zu gewinnen. Dafür gibt es zwei Gründe:

1. Es ist leichter zu schreiben. Hätten wir jedes einzelne Motiv, Poker zu spielen, berücksichtigt, wäre es unmöglich gewesen, unseren Lesern die richtige Einstellung beizubringen.
2. Vermutlich lesen Sie ein Pokerbuch, um erfolgreicher spielen zu können. Die meisten Menschen brauchen kein Buch, das ihnen erklärt, wie sie Spaß haben.

Uns ist aber klar, dass einige unserer Leser aus anderen Gründen als Geld pokern. Da die meisten Spieler beim Poker langfristig verlieren, spricht sogar vieles dafür, dass die Motive häufig andere sind. Zu behaupten, man solle Poker nur des Geldes wegen spielen, wäre allzu simpel. Auch erfolgreiche Spieler haben in der Regel weitere Motive. Es folgen einige Beispiele, warum Menschen Poker spielen:

Entspannung – Einige Menschen macht es einfach Spaß, Poker zu spielen und Ihre Freizeit damit zu verbringen.

Glücksspiel – Zocker betrachten Poker einfach als ein weiteres Spiel, bei dem sie ihr Glück suchen können.

Gesellschaft – Manchen Spielern geht es beim Poker um die Menschen, die sie treffen. Sie spielen jede Woche im gleichen Casino, um Freunde zu treffen oder neue Kontakte zu knüpfen. Das Spiel ist mehr oder weniger nebensächlich.

Herausforderung – Einige Spieler betreiben Poker so, wie andere Menschen andere Spiele begreifen oder Kreuzworträtsel lösen, um Ihr Gehirn auf Trab zu halten.

Dies sind die häufigsten Gründe, warum Menschen Poker spielen, aber es gibt natürlich noch weitere. In Casinos begegnen Ihnen sehr viele Menschen, die angeblich „des Geldes wegen spielen", aber langfristig verlieren und deswegen frustriert und unglücklich sind. Es ist nicht verkehrt, ein Freizeitspieler zu sein, wenn dies Ihre Ambition ist, aber ein Freizeitspieler, der meint, er spiele des Geldes wegen, setzt sich einer lebenslangen Tortur aus.

Spielen Sie aus anderen Gründen als Geld, müssen Sie ehrlich zu sich sein.

> Selbstkontrolle: Treffen Sie eine ehrliche Einschätzung, warum Sie Poker spielen und listen Sie alle Gründe nach Wichtigkeit auf. Nehmen Sie diese Liste häufig zur Hand und nehmen Sie gegebenenfalls Änderungen vor. Auf diese Weise behalten Sie im Blick, warum Sie spielen, und können entsprechend die richtigen Entscheidungen treffen.

Haben Sie andere Motive als Geld, ergeben sich Interessenkonflikte. In gewisser Weise ist Geld ein ziemlich einfacher Grund, um Poker zu spielen, da Sie sich nur Gedanken darüber machen müssen, welcher Spielzug die höchste Gewinnerwartung verspricht. Haben Sie weitere Motive, werden Ihre Entscheidungen schwieriger:

Sie wissen, dass ein Call einen negativen Erwartungswert hat, wollen aber unbedingt wissen, was Ihr Gegner hat.

Sie wissen, dass Sie diese Hand folden sollten, haben aber Lust zu zocken.

Sie wissen, dass Sie sich auf die Partie konzentrieren sollten, stecken aber mit Ihrem Kumpel in einem Gespräch über dessen neues Auto.

Sie wissen, dass Sie in einer leichteren Partie spielen sollten, suchen aber die Herausforderung gegen die besten Spieler vor Ort.

Klingt einer dieser Punkte vertraut, sollten Sie eine Entscheidung treffen. Wollen Sie gewinnen oder anderen Wünschen nachgehen? Es gibt keinen Mittelweg: Wollen Sie erfolgreich sein, gibt es wenig Spielraum. Sie können zum Beispiel kein erfolgreicher Spieler sein, der gerne mit unterdurchschnittlichen Händen zockt, da Ihr Vorteil nicht ausreicht, diesem Verlangen nachzukommen und weiterhin Geld zu gewinnen.

Möchten Sie lieber ein Freizeitspieler, ein Zocker oder was auch immer bleiben, ist dies in Ordnung. Dieser Weg ist einfacher und sofern Sie sich Ihre Verluste bequem leisten können, werden Sie Ihre Zeit an den Tischen genießen. Denken Sie daran, Sie können weiterhin gutes Poker spielen und Ihr Spiel verbessern, tun dies aber nach Ihren eigenen Bedingungen. Hoffentlich hilft Ihnen dieses Buch, dennoch den richtigen Ansatz beim Poker zu wählen und Ihre destruktiveren Emotionen im Griff zu behalten.

Wollen sie jedoch den Weg eines erfolgreichen Spielers einschlagen, müssen Sie sich diesem Ziel vollständig hingeben. Trainieren Sie viel und spielen Sie korrekt. Dies macht vielleicht nicht immer Spaß, ist aber die einzige Methode, um langfristig erfolgreich zu sein. Der Lohn ist die Chance, mit etwas, das Spaß macht, Geld zu verdienen. Poker macht Spaß, aber dieser wird größer, wenn Sie gewinnen! Nur weil Sie erfolgreich sind, bedeutet dies nicht, dass Ihnen Poker keine Freude bereitet. Es bedeutet lediglich, dass bei Ihren Entscheidungen Geld an erster Stelle stehen muss.

Wie Ihre Entscheidung auch ausfällt, Sie muss nicht endgültig sein. Viele Freizeitspieler haben sich zu erfolgreichen Spielern entwickelt, während früher erfolgreiche Spieler nicht mehr die ausreichende Spielstärke haben und nur noch zur Erholung pokern.

Seien Sie einfach ehrlich zu sich und treffen Sie die für Sie richtige Entscheidung.

9.9. Rückblick auf das Kapitel

□ 9.1. Wann man aufhören sollte

- Aus der Sicht eines Pokerspielers gibt es nur zwei Gründe, derentwegen man seine Session beenden sollte:
  1. Sie spielen nicht mehr Ihr bestes Poker (d.h. Sie sind auf Tilt).
  2. Sie sind für die aktuelle Partie nicht stark genug (und finden keine andere, in der Sie erfolgreich abschneiden können).
- Es hat überhaupt keinen Sinn aufzuhören, weil man gewinnt, und sehr wenig Sinn, weil man zurückliegt.
- Betrachten Sie nicht jede Session als Neubeginn, sondern jede Hand. Jede Hand ist ein unabhängiges Ereignis, das von keiner zuvor gespielten Hand beeinflusst wird.
- Wenn Sie es nicht schaffen, Verluste zu akzeptieren und diesen gleichgültig gegenüber zu stehen, ist es sinnvoll, sich Verlustlimits zu setzen.

□ 9.2. Glückssträhnen

- Auch eine Glückssträhne birgt Gefahren, sie sind nur weniger ernsthaft als diejenigen während einer Pechsträhne:
  - Übertriebenes Selbstvertrauen
  - Unrealistische Erwartungen
  - Faulheit

□ 9.3. Tilt und die Einstellung Ihrer Gegner

- Tilt ist etwas Positives, wenn der Spieler auf Tilt einer Ihrer Gegner ist.
- Ob und inwieweit man dazu beiträgt, einen Spieler auf Tilt zu bringen, muss jeder selbst entscheiden.
- Poker ist ein Spiel, aber das darf nicht bedeuten, dass jede Moral und Höflichkeit über Bord geworfen wird.

- Es ist wichtig zu wissen, wie man aus einem Gegner Kapital schlägt, der auf Tilt ist. Dabei ist es egal, ob *Sie* oder jemand anders ihn auf Tilt gebracht haben oder (was wahrscheinlicher ist) er selbst die Ursache war.
    - Zuallererst müssen Sie exakt herausfinden, auf *welchem* Tilt Ihr Gegner ist.
    - Haben Sie festgestellt, auf welchem Tilt Ihr Gegner ist, kommt es darauf an, dessen normale Spielweise zu vergessen. Sie müssen ihn als völlig anderen Spieler behandeln, der jetzt diesen Stil pflegt.

□ 9.4. Wenn suboptimal optimal ist

- Es gibt einige Situationen, in denen Sie etwas Erwartungswert aufgeben wollen, um in späteren Händen davon zu profitieren.
- Die Manipulation Ihres Images zu eigenen Zwecken kann unter bestimmten Umständen profitabel sein.
- Ein Grund für einen suboptimalen Spielzug ist, an einem Tisch mit sehr schwachen Spielern für eine freundliche Atmosphäre zu sorgen.
- Passen Sie auf, diese suboptimalen Spielzüge nicht zu übertreiben. Unter Umständen dienen sie als Rechtfertigung für Spielzüge mit negativem Erwartungswert.

□ 9.5. Wahrscheinlichkeiten auf dem Prüfstand

- Bei praktisch jeder Entscheidung am Pokertisch spielen die Wahrscheinlichkeiten eine Rolle.
- Die Mehrheit der Spieler neigt dazu, sich Pech zuzuschreiben, da die meisten Spieler verlieren und Pech sich deutlich mehr im Gedächtnis festsetzt als Glück.
- Beim Poker schenken wir dem, was seinen geplanten Verlauf nimmt, wenig Beachtung.
- Ereignisse, die einem als unglaubliches Pech erscheinen, sind angesichts der vielen tausend möglichen Ausgänge und den vielen tausend Händen, die Sie spielen, zu erwarten.

9.6. Internet- und Live-Poker

- Der relative langsame Verlauf von Live-Partien stellt vor allem für Internetspieler, die an schnelleres Spiel gewöhnt sind, eine große Herausforderung dar.
- Für Internetspieler ist es unter Umständen wesentlich einfacher, mit Pechsträhnen umzugehen, da diese aufgrund der höheren Geschwindigkeit des Internetspiels im zeitlichen Sinne schneller vorbeigehen.
- Andererseits birgt eine Pechsträhne für einen Internetspieler viel Pech in recht kurzer Zeit.
- Die heimlichen Feinde des Internetspielers sind die Ablenkungen.
- Ein Problem des Internetspielers ist die Einfachheit, mit der man einen neuen Tisch oder ein neues Limit spielen kann. Dadurch sind schlimme, durch Tilt verursachte Entscheidungen, mit denen die Bankroll aufs Spiel gesetzt wird, einfacher.
- Casinos sind darauf ausgerichtet, dass Sie Ihr Geld ausgeben. Sofern Sie beim Poker kein Geld gewinnen, sollten Sie deshalb möglichst wenig Zeit dort verbringen.

9.7. Professionelles Poker

- Folgende Schlüsselfragen sollte sich ein Spieler stellen, der über den Schritt zum Profi nachdenkt:
  1. Sind Sie gut genug?
  2. Können Sie genug Geld gewinnen?
  3. Haben Sie eine ausreichend große Bankroll?
  4. Haben Sie einen Plan?
  5. Sind Sie diszipliniert genug?
  6. Wie werden Sie psychisch mit einem schlechten Monat fertig?
  7. Wie verkraften Sie einen schlechten Monat finanziell?
  8. Was halten Ihre Freunde und Ihre Familie von Ihrer Pokerkarriere?
  9. Wird Poker Sie langweilen?
  10. Wollen Sie Ihr Leben wirklich so führen?
  11. Was ist Ihr Notfallplan?

□ 9.8. Unkommerzielle Motive

- Das Hauptziel beim Poker ist Geld, aber es gibt weitere Gründe, warum Menschen pokern:
  - Erholung
  - Glücksspiel
  - Gesellschaft
  - Herausforderung
- Spielen Sie aus anderen Gründen als Geld, müssen Sie ehrlich zu sich sein.
- Haben Sie andere Motive als Geld, ergeben sich Interessenkonflikte und Sie werden nicht immer die Entscheidung treffen, welche die höchste Gewinnerwartung verspricht.

Kapitel 10

Ein Leben mit Poker

"Es lohnt sich immer daran zu denken, dass es hinter den Fenstern des Casinos noch eine andere Welt gibt." – Larry W. Phillips (aus Zen and the Art of Poker)

10.1. Die fehlende Komponente des Poker Mindset

Das Poker Mindset konzentriert sich auf die bestmögliche Einstellung am Pokertisch, um Ihre Gewinne zu maximieren. Bei einem genaueren Blick fehlt aber eine entscheidende Komponente, eine, die genauso wichtig ist wie alle anderen, wenn nicht sogar wichtiger, aber zugleich das Gegengewicht bildet. Mit dieser Komponente können Sie zwar nicht unmittelbar Ihre Gewinne maximieren, aber den positiven Einfluss erhöhen, den Poker auf Ihr *Leben* hat.

Die fehlende Komponente lautet: *Vergessen Sie nicht, Poker ist nur ein Spiel.*

In vielerlei Hinsicht ist dies die wichtigste Einstellung, die Sie an den Tisch bringen können. Viele Dinge im Leben sind wichtiger als Poker oder Geld, und diese Sichtweise sollten Sie nicht aufgeben. Die ersten sieben Einstellungen des Poker Mindset drehten sich um die Maximierung Ihrer Gewinne am Pokertisch. Mit dieser zusätzlichen Komponente können Sie nun wirklichen Erfolg erreichen.

Ursprünglich war Poker ein Spiel, das Spaß machen sollte. Macht es Ihnen keine Freude mehr zu spielen oder Sie lassen zu, dass andere Lebensbereiche vom Poker beeinflusst werden, müssen Sie Ihre Einstellung zu diesem Spiel neu überdenken.

In Wirklichkeit wollen Sie beim Poker nicht Ihre Gewinne maximieren, sondern den positiven Einfluss, den dieses Spiel insgesamt auf Ihr Leben ausübt.

Natürlich ist Geld eine Möglichkeit, die positiven Einfluss auf Ihr Leben haben kann und deshalb ein erstrebenswertes Ziel. Allerdings kann Poker auch einige negative Auswirkungen auf Ihr Leben haben.

- Vielleicht verbringen Sie zu viel Zeit am Tisch und vernachlässigen Ihre Freunde und Familie.
- Vielleicht macht Ihnen das Spiel keine Freude mehr und ist mehr Arbeit als Vergnügen.
- Vielleicht sind Sie durch die Belastung beim Poker nervös, unruhig oder deprimiert, wenn Sie nicht am Tisch sitzen.
- Vielleicht verbringen Sie so viel Zeit mit Poker, dass Sie andere Hobbys und Interessen, die Ihnen Freude bereiteten, aufgeben mussten.

Durch die Beherrschung der ersten sieben Einstellungen des Poker Mindset gelingt es Ihnen vermutlich, beim Poker gute Entscheidungen zu treffen und viel Geld zu gewinnen. Doch trotz Ihrer Gewinne hat sich der Einfluss, den Poker auf Ihr Leben hat, möglicherweise vom Guten zum Schlechten gewendet. Ironischerweise kommen die schlechten Spieler oder „Fische“, auf die Sie von oben herabschauen, eventuell besser mit dem Pokerspiel zurecht als Sie. Obwohl diese Geld verlieren, bereiten ihnen vielleicht die eher immateriellen Elemente beim Poker mehr Freude, wie etwa die Spannung des Glücksspiels, das gesellschaftliche Miteinander, die geistige Herausforderung und der Spaßfaktor.

Im letzten Kapitel erörterten wir die Motive, Poker zu spielen. Erfolg bedeutet, Ihre Ziele am Pokertisch zu erreichen, aber nicht zwangsläufig das meiste Geld zu gewinnen. Vielleicht *meinen* Sie, Ihr einziges Ziel am Pokertisch sei, Geld zu gewinnen. Ist dies der einzige Grund, warum Sie spielen, können Sie Poker grundsätzlich zum Beruf machen. Achten Sie in diesem Fall darauf, diesen Beruf mit Freude auszuüben. Wiegt das Geld die Arbeit, die Sie sowohl am Tisch als auch abseits des Tisches aufwenden, vollständig auf? Wenn nicht, ist es ein mieser Job und Sie könnten genauso gut mehr Überstunden in Ihrem normalen Beruf machen oder eine andere Teilzeitbeschäftigung suchen, um Geld zu verdienen.

Als professioneller Pokerspieler müssen Sie dieses Spiel natürlich ernst nehmen. Schließlich ist es Ihre Lebensgrundlage und Sie müssen sich und Ihre Familie unterstützen, falls Sie eine haben. Macht Ihnen die „Arbeit“ am Pokertisch aber keinen Spaß, läuft etwas falsch. Erinnern Sie sich, warum Sie ursprünglich Pokerprofi wurden? Vermutlich waren die meisten Pokerprofis mit ihrem Beruf unzufrieden und kamen zu dem Schluss, dass Poker Spaß macht und eine befriedigende Methode ist, seinen Lebensunterhalt zu verdienen. Bereitet Ihnen Poker kein Vergnügen mehr, sollten Sie Ihre Berufswahl vermutlich überdenken.

Das emotionale Paradox beim Poker

Im Poker Mindset ist davon die Rede, seine Emotionen von allen Entscheidungen fernzuhalten. So verhindern Sie Tilt und maximieren Ihre Gewinnerwartung. Das Problem ist, dass Emotionen ein Grund sind, warum Poker Spaß macht. Es sollte aufregend sein, wenn eine entscheidende Karte auf dem River kommt. Sie sollten über den Gewinn eines großen Pots froh sein und enttäuscht, wenn Sie verlieren. Halten Sie Ihre Emotionen komplett vom Spiel fern, landen Sie letztlich in einem faden Spiel, das mehr an eine Übung in fortgeschrittener Mathematik erinnert als an den spannenden, nervenaufreibenden Thriller, der dieses Spiel eigentlich ist. Ob dies gut oder schlecht ist, hängt von Ihrer Sichtweise ab, nimmt dem Spiel aber sicher ein Element, das vielen Menschen Freude bereitet.

In Kapitel 4 sprachen wir über die vier Phasen im Umgang mit einem verlorenen Pot, in aufsteigender Folge der Erwünschtheit: Ärger, Frustration, Akzeptanz und Gleichmut.

Damals erachteten wir Gleichmut als die optimale Phase, in der kurzfristige Resultate keine Rolle mehr spielen und Sie nur noch mit korrekten Entscheidungen und dem Lernen aus Fehlern befasst sind. Man könnte aber behaupten, dass Gleichmut zu weit geht. *Wollen* Sie wirklich Ihren Ergebnissen gegenüber gleichgültig sein oder wäre es Ihnen lieber, ein wenig Emotion in Ihrem Spiel zu belassen? Wollen Sie Poker lieber wie ein Roboter spielen oder sich die Begeisterung über einen gewonnen Pot und die Enttäuschung über einen verlorenen bewahren?

Auf diese Frage gibt es keine richtige Antwort, aber in ihr liegt das, was wir das emotionale Paradox beim Poker nennen. Sie spielen gern Poker, weil es aufregend ist. Es macht noch mehr Spaß, wenn Sie Geld gewinnen, daher gehen Sie mit einer Einstellung heran, die Ihnen die beste Chance auf Gewinne bietet. Übertreiben Sie diese Einstellung jedoch, verlieren Sie vielleicht das, was Ihnen ursprünglich am meisten Freude an diesem Spiel bereitet hat. Wir behaupten nicht, es sei falsch, seinen Ergebnissen gleichgültig gegenüber zu stehen. Aus Sicht Ihrer Ergebnisse beim Poker ist Gleichmut eine ausgezeichnete Verfassung. Achten Sie aber darauf, sich nicht so stark vom Spiel loszulösen, dass Poker Ihnen keinen Spaß mehr macht.

Wir wollen dem Poker Mindset noch eine Warnung hinzufügen. Obwohl Sie „alle Emotionen von Ihren Entscheidungen fernhalten sollten“, bedeutet dies nicht zwangsläufig, dass Sie ohne Emotionen pokern sollen. Stellen Sie sich vor, Sie gewinnen ein großes Turnier und empfinden Gleichgültigkeit, da Sie Ihren Triumph nur als positiven Ausrutscher innerhalb Ihrer langfristigen Resultate mit vielen Hochs und Tiefs betrachten. Würde es nicht mehr Spaß machen, der Typ zu sein, der jubelt und emotional wird, indem er die Zuschauer umarmt und eine Gelddusche nimmt? Es ist völlig in Ordnung, sich über einen gewonnenen Pot zu freuen und über einen verlorenen enttäuscht zu sein – achten Sie lediglich darauf, dass Ihre Emotionen sich nicht in Entscheidungen einmischen.

Denken sie daran, Poker ist nur ein Spiel.

10.2. Das Leben abseits des Pokertisches

Poker übt auf ein breites Spektrum von Menschen einen Reiz aus, weil dieses Spiel auf so vielen Ebenen funktioniert. Für einige ist und bleibt es ein Hobby, bei dem sie andere Menschen treffen und sich ein- bis zweimal pro Woche entspannen und Spaß haben. Für andere ist es weit wichtiger und ein Interessensgebiet, dem man viel Zeit und Energie widmet, um ein besserer und immer erfolgreicherer Spieler zu werden.

Vermutlich gehört ein beträchtlicher Anteil der Leser dieses Buchs zur zweiten Kategorie, einfach deshalb, weil diese Spieler eher Pokerbücher lesen. Es ist überhaupt nicht verkehrt, ein engagierter Spieler zu sein. Im Gegenteil ist es schlicht erforderlich, dem Pokerspiel viel Zeit zu widmen, wenn man Erfolg haben will. Schon das dauerhaft erfolgreiche Abschneiden auf den mittleren Limits kann einen großen Lernaufwand und viel Erfahrung erfordern.

Obwohl Sie vermutlich viel Zeit an den Tischen verbringen, sollte Ihr restliches Leben nicht darunter leiden. Man kann so tief im Poker versinken, dass man die ursprünglichen Gründe vergisst, warum man zu spielen begonnen hat. Normalerweise sind diese Gründe Spaß und der Wunsch nach ein wenig zusätzlichem Geld. Im restlichen Kapitel werfen wir einen Blick darauf, wie Sie Poker in Ihr normales Leben integrieren können. Wie im letzten Abschnitt erwähnt kann der wahre Erfolg beim Poker an dessen Einfluss auf Ihr sonstiges

Leben gemessen werden. Sie können viel Geld gewinnen und dennoch durch Poker schlecht dran sein.

Manche Spieler gehen zu weit und spielen in einem Ausmaß, das mit Spaß nichts mehr zu tun hat. Eventuell sind ihre Gewinne effektiv wertlos, weil sie diese nie für etwas *Reales* ausgeben. Dies ist einer der Gründe, warum wir in Kapitel 7 uns dagegen aussprachen, sich *nie* etwas von seinen Gewinnen ausbezahlen zu lassen (sofern Sie nicht auf den niedrigsten Limits spielen). Dies wäre ein Hinweis, dass Sie in bestimmter Weise die grundlegende Idee des Spiels missverstehen, obwohl dieses Verhalten streng genommen die beste Entscheidung für Ihre Pokerkarriere ist.

Denken Sie daran, es gibt neben Poker noch ein anderes Leben. Um erfolgreich zu sein, müssen Sie nicht in jeder freien Minute spielen, lernen oder über Poker nachdenken. Sie können ein gefürchteter Spieler am Tisch sein und dennoch Zeit für andere wichtige Bereiche wie Familie, Freunde oder Ihren Beruf haben. Ein ausgeglichenes Leben führen Sie, wenn Sie auch noch andere Hobbys wie Golf, Musik, Sport, Reisen oder ein anderes Interesse haben.

Dafür gibt es drei Gründe. Erstens ist einfach gesünder, ein Leben abseits des Pokertisches zu haben. Sie sind nur einmal am Leben, wollen Sie also wirklich Ihre ganze Zeit in Casinos oder vor Ihrem Bildschirm verbringen, obwohl Ihnen die ganze Welt offen steht? Vor allem junge Spieler sollten ihre Interessen aufteilen, damit sie im Alter nicht bedauern, ihre besten Jahre ausschließlich mit Poker verbracht zu haben.

Zweitens wird es Poker vermutlich nicht ewig geben. Natürlich wäre es schön, wenn dieses Spiel so populär bliebe und seinen angestammten Platz unter den vielen Sportarten behaupten könnte, die der Zeit standgehalten haben. Die aktuelle Popularität des Pokerspiels hält aber vielleicht nicht ewig an. Das Spiel könnte sich als Modeerscheinung (allerdings eine fruchtbare) entpuppen, die dazu bestimmt ist, Ihre Popularität einzubüßen, weil die schwachen Spieler das Interesse verlieren. Dann verliefen die Partien viel härter, da die besseren Spieler nur noch unter sich wären. Auch der ökonomische Faktor spielt eine Rolle. Durch den weltweiten Wohlstand, vor allem in den USA, haben viele Spieler verfügbare Einkommen, die sie aufs Spiel setzen können. Momentan wissen wir nicht, welchen Einfluss die aktuelle Wirtschaftskrise auf das Pokerspiel hat. Und zusätzlich gibt es auch noch die unsichere rechtliche Lage, die vor allem für das Internetpoker in den USA gilt, die vielleicht noch viele Jahre ungeklärt bleibt.

Ganz gleich, ob Poker den Gesetzen zum Opfer fällt oder einfach seine Popularität verliert, Sie sollten vermutlich andere Interessen haben, auf die Sie zurückgreifen können. Es ist unmöglich vorherzusagen, ob Poker in zehn Jahren noch populär ist, aber wenn nicht, bedauern Sie es vielleicht, derart viel Zeit für etwas investiert zu haben, das keine Aktualität mehr besitzt. Poker ist ein schönes Hobby, achten Sie aber darauf, auch anderen Dingen nachzugehen, die Ihnen Freude bereiten.

Der dritte Grund, warum man ein Leben neben Poker aufrechterhalten sollte, ist die Gefahr des Burnouts. Leben und atmen Sie den ganzen Tag Poker, kommt vielleicht der Tag, an dem Ihnen das Spiel keinen Spaß mehr macht. Viele starke Spieler geben das Pokerspiel auf, weil es nach einer solch langen Zeit seinen Reiz verliert. Man nimmt es nicht mehr als Hobby, sondern als Arbeit wahr. Haben Sie andere Hobbys und Prioritäten im Leben, ist es viel unwahrscheinlicher, einen solchen Burnout zu erleiden.

Spielen Sie viel Poker, kann es schwierig sein, die Grenzlinie zwischen Spiel und normalem Leben zu erkennen. Sie müssen klare Grenzen schaffen, um Poker mit Ihrem normalen Leben zu vereinbaren und umgekehrt. Nimmt das Pokerspiel überhand, kann dies zu einer dauerhaften Unzufriedenheit führen. Umgekehrt kann es zum gleichen Resultat führen, wenn Sie zulassen, dass Ihr sonstiges Leben sich mit Ihrem Spiel am Pokertisch vermischt.

10.3. Die Trennung der Bankroll

In Kapitel 7 verbrachten wir einige Zeit damit, über die Bedeutung des Bankroll-Managements zu sprechen. Schon die Grundidee des Bankroll-Managements ist vielen Spielern fremd, da sie von Vornherein keine klare Trennlinie zwischen ihrem Spielkapital und ihren sonstigen Finanzen ziehen. Für Poker nehmen sie Geld von ihrer Kreditkarte oder aus ihrem Portemonnaie, haben aber nie ein getrenntes Konto, das ausschließlich für Poker bereitsteht.[66]

Einige Spieler haben zwar eine getrennte Poker-Bankroll, aber nicht die Disziplin, diese als komplett unabhängig von ihren sonstigen Finanzen zu betrachten. Wollen Sie etwas kaufen und haben kein Bargeld, nehmen sie Geld

[66] Dies gilt hauptsächlich für Live-Spieler. Internetspieler haben bis zu einem gewissen Grad ihre Konten getrennt, da sie auf ihrem Internet-Account einen bestimmten Betrag haben. Sehr wenige Internetspieler lassen sich auszahlen und hinterlegen jedes Mal neues Geld, wenn sie spielen.

von ihrer Poker-Bankroll. Wird diese knapp, stocken sie diese mit eigenem Geld wieder auf. Dieser unorganisierte Umgang mit den Finanzen ist ein guter Nährboden für schlechte Angewohnheiten, Selbsttäuschung und Stress.

Es gibt fünf eindeutige Gründe, warum Sie Ihre Poker-Bankroll komplett von Ihren sonstigen Finanzen trennen sollten:

1. Gutes Bankroll-Management wird ermöglicht.

Mit einer klar definierten Bankroll ist diese wesentlich einfacher zu managen. Da Sie exakt Ihren Kontostand kennen, können Sie korrekte Berechnungen anstellen, auf welchem Limit Sie ausgehend von den Ratschlägen in Kapitel 7 spielen können.

Ist Ihre Bankroll nicht eindeutig definiert, ist es wesentlich schwieriger, korrektes Bankroll-Management zu praktizieren. Vielleicht wissen Sie genau, wie viel Geld Sie für ein bestimmtes Limit brauchen, haben aber keine Ahnung, ob Sie diesen Betrag tatsächlich haben. Eventuell ist das Geld auf Ihrem Spielerkonto, wird aber wahrscheinlich irgendwann für Essen, Kleidung oder offene Rechnungen benötigt. Oder Sie haben das Geld momentan nicht, aber in einer Woche, wenn Ihr Gehalt kommt. Das gesamte Konzept des Bankroll-Managements wird sehr verworren, wenn Sie keine eindeutig definierte Bankroll haben. Eventuell bilden Sie sich ein, Sie hätten das Geld für ein bestimmtes Limit, aber dies ist gar nicht der Fall.

2. Sie wissen, wie viel Sie gewinnen oder verlieren.

Halten Sie Ihre Bankroll von Ihren täglichen Einnahmen und Ausgaben getrennt, können Sie leicht erkennen, ob Sie in einem bestimmten Zeitraum Geld gewonnen oder verloren haben. Betrug Ihr Bankroll 500 Dollar und einen Monat später sind es nur 300 Dollar, wissen Sie, dass Sie 200 Dollar verloren haben.

Ohne klar definierte Bankroll wäre dieser Verlust wesentlich schwieriger zu beziffern. Verteilte sich der Verlust von 200 Dollar auf einen Monat, ist es unwahrscheinlich, dass Sie während dieser Zeit einen stetigen Abwärtstrend hinnehmen mussten. Viel wahrscheinlicher ist ein Mischmasch aus Gewinn- und Verlustsessions, die manchmal eine Glücks- oder Pechsträhne ergeben und sich abwechseln oder paarweise auftreten. Ohne klar definierte Poker-Bankroll könnten Sie schwer sagen, ob Sie während des Monats Gewinn oder Verlust erzielt haben und schon gar nicht wie viel.

Natürlich können Sie Ihre Gewinne und Verluste auch nachvollziehen, wenn Sie saubere Aufzeichnungen machen, viele Spieler haben aber Probleme, diese Methode dauerhaft durchzuhalten. Es ist auch leicht, die Aufzeichnung der Ergebnisse einer Session zu vergessen oder sich zu betrügen, indem Sie diese einfach nicht zählen, weil Sie müde, betrunken oder was auch immer waren. Selbst wenn Sie sorgfältige Aufzeichnungen machen, ist eine getrennte Bankroll hilfreich, um mit einem Abgleich deren Korrektheit festzustellen.

Natürlich ist eine objektive Einschätzung Ihrer Spielstärke beim Poker schwierig, wenn Sie nicht wissen, wie viel Sie gewonnen oder verloren haben. Das Schlimmste ist, dass langfristige Verlieren zu dem Glauben neigen, Sie würden in Wirklichkeit gewinnen. Dies klingt seltsam, ist es aber nicht. Die meisten Spieler leiden in einem gewissen Maß an Selbsttäuschung und überschätzen gern Ihre Fähigkeiten im Vergleich mit anderen. Da in der Pokerliteratur resolut behauptet wird, die besten Spieler *würden* langfristig Geld gewinnen, glauben die meisten Spieler dies von sich auch. Ohne knallharte Fakten würden Sie tatsächlich annehmen, dass Sie Geld *gewinnen.* Menschen sehen gerne das, was sie sehen wollen und ignorieren den Rest. Die verschwommene Erinnerung an einen Monat mit vielen Aufs und Abs ergibt bei einem unorganisierten Spieler, der in puncto Spielstärke einer Selbsttäuschung unterliegt, gerne einen Gewinn.

3. Der Erfolgsdruck wird gelindert.

Ist Ihre Poker-Bankroll mit Ihren sonstigen Finanzen verflochten, ist es unvermeidlich, dass auch Ihr Pokerschicksal mit Ihrer finanziellen Sicherheit verknüpft ist. Große Verluste beim Poker werden sich als böser Schlag für Ihre allgemeinen Finanzen erweisen und durch gute Resultate können Sie sich mehr Dinge leisten.

Dies kann viele Probleme hervorrufen. Selbst wenn Sie nur einsetzen, was Sie sich leisten können – und so vermeiden, dass eine Pechsträhne Sie in ernste finanzielle Probleme stürzt – stehen Sie immer noch unter dem Druck, beim Poker gute Resultate zu erzielen. Jede Gewinnsession stellt ein Abendessen, neue Kleidung oder ein neues Möbelstück dar. Dadurch wird es viel schwieriger von einer kurzfristigen Betrachtungsweise abzukommen und die besten Entscheidungen im Sinne langfristiger Profitabilität zu treffen.

Haben Sie eine separate Bankroll, können Sie sich leichter von kurzfristigen Ergebnissen distanzieren. Eine schlechte Session macht nichts aus und betrifft

Ihr sonstiges Leben in keiner Weise. Das nimmt Druck von Ihnen und erlaubt Ihnen, sich komplett auf die besten Entscheidungen zu konzentrieren. Poker wird dadurch eher zum Vergnügen als zur Arbeit.

4. Sie können um hohe Geldbeträge spielen.

Ein interessanter Nebeneffekt einer unabhängigen Bankroll ist, dass Sie sich den Verlust der eingesetzten Geldbeträge streng genommen leisten können bzw. dies zumindest nicht gelten würde, wenn das Geld nicht von Ihrer Bankroll stammte. Nehmen wir zum Beispiel an, Sie haben einen durchschnittlichen Beruf mit einem Jahresverdienst von etwa 40.000 Dollar. Höchstwahrscheinlich haben Sie nicht viel Geld, mit dem Sie im Alltag um sich werfen können. Haben Sie jedoch eine Poker-Bankroll mit 6.000 Dollar, können Sie sich den Verlust von 500 oder sogar 1.000 Dollar in einer Session leisten und dies gelassen hinnehmen. In Wirklichkeit müssen Sie beim Poker sogar auf den Verlust solch großer Summen vorbereitet sein, auch wenn dieser im normalen Leben ein herber Schlag wäre.

Ihre Bankroll dient als Schutz, der Ihnen erlaubt, sich in optimaler, risikoneutraler Weise zu verhalten und dabei Summen zu riskieren, die Sie abseits des Tisches nie aufs Spiel setzen würden. Eine komplett unabhängige Bankroll entspricht einer zweiten finanziellen Existenz. Sie können beim Poker Pech haben und im normalen Leben dennoch wohlhabend sein, und umgekehrt. Sie können 20.000 Dollar als Poker-Bankroll haben und durch eine ungünstige Karte 1.000 Dollar verlieren, aber gleichzeitig ein bescheidenes Leben führen und Viertel-Dollar-Münzen in einem Sparschwein sammeln. Eine solide, von Ihrem sonstigen Geld unabhängige Bankroll ist der Schlüssel zur Freiheit beim Poker.

5. Es kann beruhigend auf Menschen wirken, die keine Ahnung von Poker haben.

Selbst in diesen Tagen, in denen Poker sehr populär ist, versteht ein Großteil der Öffentlichkeit dieses Spiel nicht. Dies gilt besonders im Hinblick auf ernsthafte Spieler. Wenn ein Tourist eine Limit-Partie mit Blinds von 100 $/200 $ in Las Vegas beobachtet, sieht er, wie die Spieler 100 $-Chips wie kleine Geldmünzen in die Mitte schmeißen und Tausende von Dollar wegen einer Karte den Besitzer wechseln. Er erkennt nicht, dass die Spieler diesen Geldbeträgen deshalb so gleichgültig gegenüber stehen, weil sie sechsstellige Bankrolls haben und der Verlust von 1.000 $ in einer Hand ihnen schlicht nichts ausmacht.

Viele Menschen haben zu jeder Form von Glücksspiel eine negative Einstellung und Poker bildet da keine Ausnahme. Häufig wird Poker sogar als schlimmste Variante des Glücksspiels betrachte, weil sie Bilder heraufbeschwört von dunklen, verrauchten Räumen, anrüchigen Charakteren und unschuldigen Menschen, die um ihr Haus oder ihren Wagen gebracht werden. Erzählen Sie jemand, dass Sie Poker spielen, und diese Person missbilligt Ihr Hobby aus religiösen oder moralischen Gründen bzw. hat jemanden erlebt, der sein Leben mit Glücksspiel zugrunde richtete, können Sie in der Regel wenig tun, um dessen Einstellung zu ändern.

Aber jemanden, der nur besorgt ist, Sie könnten aufgrund einer Fehleinschätzung eine Menge Geld verlieren, können Sie beruhigen, indem Sie ihn über Ihre Bankroll aufklären. Das Konzept einer großen finanziellen Reserve, die Sie im Grunde nie verlieren können, kann jemanden beruhigen, der keine Ahnung von Poker hat. Sind Sie jung und stehen noch unter der Fuchtel Ihrer Eltern, kann eine Bankroll entscheidend dafür sein, ob Sie spielen dürfen oder nicht. Zumindest lässt sie Ihre Familienmitglieder nachts besser schlafen.

Natürlich bedeutet die Existenz einer unabhängigen Bankroll nicht, dass es nie eine Verbindung zwischen Ihrer Bankroll und Ihrem Girokonto geben sollte. Wie in Kapitel 7 erwähnt ist es schön, sich einen Teil Ihrer Gewinne auszahlen zu lassen, wenn Sie die Richtlinien dafür kennen oder dringend Geld benötigen. Wichtig ist, dass die Grenze zwischen den beiden Konten klar umrissen ist. Sie greifen nicht selbstverständlich auf Ihre Bankroll zurück und Sie stecken auch kein Geld in sie. Halten Sie diese beiden Bereiche getrennt.

Als professioneller Spieler ist Ihre Situation natürlich anders, da Ihre Poker-Bankroll auch Ihre Haupteinnahmequelle ist. In diesem Fall, sollten Sie einen klaren Plan haben, wie und wann Sie Geld von Ihrer Bankroll abheben. Dieser Plan sollte eine eindeutige Beziehung zwischen Ihrer Bankroll und Ihrem sonstigen Geld regeln und keine willkürliche Vermischung ermöglichen.

10.4. Emotionale Trennung

Während Sie Ihre Bankroll einfach von Ihrem normalen Geld trennen können, ist es sehr schwierig und kaum vollständig verwirklichbar, Ihre Emotionen immer aus dem Spiel zu halten. Sprechen wir von emotionaler Trennung, meinen wir im Grunde zwei Dinge:

1. Bringen Sie keine Alltagsprobleme an den Pokertisch und lassen Sie nicht zu, dass diese Ihre Entscheidungen beeinflussen.
2. Lassen Sie nicht zu, dass die Geschehnisse am Pokertisch auf Ihr normales Leben ausstrahlen.

Schauen wir uns dies genauer an:

Der Alltag am Pokertisch

Beim Spielen sollten Sie sich ausschließlich auf Poker konzentrieren. Alles, was Sie sonst an den Tisch bringen, kann zu schlechten Entscheidungen führen. In Kapitel 6 erörterten wir die idealen Zeitpunkte zum Pokern und besonders hervorgehoben haben wir, dass Ihnen nichts auf der Seele liegen sollte.

Beschäftigen Sie sich abseits des Tisches intensiv mit einer Sache, tun Sie dies vermutlich auch am Tisch. Dabei kann es sich um alles Mögliche handeln – ein Problem am Arbeitsplatz, eine jüngste Auseinandersetzung, ein familiäres Problem oder eine Person des anderen Geschlechts, die Ihnen nicht aus dem Kopf geht.

Wie bei den meisten "Problemen" beim Poker ist die Lösung verblüffend einfach. Spielen Sie kein Poker, wenn Ihnen etwas auf der Seele liegt, das Ihre Gedanken vollständig in Anspruch nimmt. Natürlich wird Ihr Gehirn alle möglichen Ausreden erfinden, warum Sie doch spielen sollten, die in der Regel genau den Gründen entsprechen, mit denen es Sie vom Weiterspielen überzeugt, wenn Sie auf Tilt sind. Sie müssen stark sein und beschließen, entweder in optimaler geistiger Verfassung zu spielen oder gar nicht.

Die Alternative ist, unkonzentriert zu spielen, was von Vornherein eine schlechte Ausgangslage ist. Bestenfalls sind Sie vermutlich nicht ganz auf die Partie konzentriert und treffen suboptimale Entscheidungen. Und im schlimmsten Fall geraten Sie durch eine emotionale Wallung auf starken Tilt und verlieren eine Menge Geld.

Im ersten Fall ist formelhafter Tilt Ihr ärgster Feind, da Sie nicht alle Variablen berücksichtigen. Im zweiten Fall sind Sie je nach Stimmung für verschiedene Typen von Tilt anfällig. Sind Sie deprimiert, ist passiver Tilt in der Regel das Problem, während Sie im verärgerten Zustand eher von loosem oder aggressivem Tilt beeinflusst werden. Lesen Sie noch einmal Kapitel 6, dort finden Sie eine Zusammenfassung der verschiedenen Formen von Tilt und deren Ursachen.

Poker im Alltag

Zu bestimmen, wann die Pokerpartie zu Ende ist und das normale Leben beginnt, kann für einen passionierten Pokerspieler schwierig sein. Das Problem ist, dass Sie nicht einfach den Tisch verlassen können und die Partie bis zum nächsten Mal vergessen können, da Sie abseits des Tisches einige Dinge erledigen müssen, die mit Poker zu tun haben. Sie sollten Ihre Ergebnisse studieren, Pokerbücher lesen und scharf über Verbesserungen in Ihrem Spiel nachdenken. Ohne diese Anstrengungen ist Ihr Untergang förmlich vorprogrammiert.[67]

Dies gilt jedoch nicht, wenn Probleme auftreten. Zuallererst wollen Sie vermeiden, dass die negativen, emotionalen Auswirkungen einer Pokersession auf Ihr normales Leben übergreifen. Manchmal haben Pokerspieler lang nach Beendigung einer Session Schwierigkeiten, die Emotionen vom Pokertisch nicht auf etwas anderes zu übertragen.

Die häufigsten Anzeichen sind Stimmungen, die sich auf den Ausgang einer Session beziehen. Nach einer schlechten Session ist die Stimmung für den restlichen Tag versaut und nach einer guten ist sie positiv. Übrigens gilt dieses Phänomen nicht nur für Pokerspieler, sondern auch für begeisterte Sportfans, wenn ihre Mannschaft gewinnt oder verliert.

Bis zu einem gewissen Grad erleben dies alle Spieler. Unabhängig davon, wie sehr man die Langfristigkeit betont oder darauf hinweist, dass einzelne Sessions unwichtig sind, man fühlt sich nach einem Gewinn dennoch gut und ist enttäuscht, verärgert oder deprimiert, wenn man verloren hat. Wie in Kapitel 4

---

[67] Allerdings müssen Sie sich, wie zuvor in diesem Kapitel erwähnt, Grenzen setzen, wie viel Freizeit Sie damit verbringen wollen, da Sie andernfalls keine Abwechslung im Leben haben.

erwähnt erreichen nur wenige Spieler einen Zustand, in dem sie ihren kurzfristigen Resultaten gleichgültig gegenüber stehen.

Gehören Sie nicht zu dieser Elite, lautet Ihr erstes Ziel, das Ausmaß zu minimieren, in dem schlechte Sessions Sie persönlich beeinflussen.[68] Poker ist kein Vergnügen mehr, wenn Sie hinterher schlecht gelaunt sind. Versuchen Sie, jede schlechte Session im Zusammenhang mit Ihrem Gesamtergebnis zu sehen. Machen Sie sich klar, dass Sie auch als sehr guter Spieler schlechte Session erleben müssen. Versuchen Sie, sich lieber auf die nächste Session zu konzentrieren als auf die letzte zurückzublicken. Selbst aus einer komplett katastrophalen Session können Sie normalerweise etwas Positives ziehen. Schauen Sie, ob Sie irgendetwas in ihr gelernt haben, das Sie später anwenden können.

Auch wenn Sie sich schlecht fühlen, sollten Sie dies nicht an anderen Menschen auslassen. Für Verlustsessions kann selten jemand etwas (außer manchmal Sie selbst) und schon gar nicht Ihr Partner, Ihre Familie, Ihre Kinder oder Freunde. Vermutlich kennen oder verstehen diese nicht einmal die Qualen, die ein Pokerspieler am Tisch erleiden kann. Erzählen Sie diesen nicht Ihre Bad Beats oder wie viel Pech Sie hatten, denn offen gestanden interessiert sie dies vermutlich nicht einmal dann, wenn sie es vorgeben. Sie fördern nur Ärger über die Auswirkungen, die Poker auf Sie hat und damit das Spiel an sich.

Um Poker vollständig in Ihr Leben zu integrieren, müssen Sie dafür sorgen, dass die Menschen, die Ihnen wichtig sind, nicht das Gefühl haben, deren eigene Zufriedenheit hinge von Ihren Ergebnissen ab.

Machen sich Ihr Ehepartner, Lebensgefährte oder Ihre Kinder Gedanken über den Ausgang Ihrer Pokersession, haben Sie ein größeres Problem als die Sorge um Bad Beats. Versuchen Sie, nach einer schlechten Session unter den Menschen um Sie herum gute Laune zu verbreiten. Dies muss nicht aufgesetzt sein, wenn Sie sich klarmachen, dass es nach der üblen Zeit am Tisch umso schöner ist, aufzuhören und in Gesellschaft anderer zu sein. Fragt Sie jemand, wie Ihre Session verlief, antworten Sie zum Beispiel, „Es lief nicht gut, aber das ist Poker“ oder „Ich habe heute verloren, aber es gibt eben Aufs und Abs.“ Versichern Sie Ihrem Umfeld, dass Sie gern Poker spielen, dann wird dieses besser mit der Tatsache klarkommen, dass Sie spielen.

---

[68] Wir machen uns wirklich nur über die schlechten Sessions Gedanken.

> Selbstkontrolle: Wenn Sie einen Ehepartner oder Lebensgefährten haben, der in bestimmter Weise von Ihren Gewinnen oder Verlusten beim Poker betroffen ist, führen Sie ein Gespräch mit ihm und regeln, wie Sie ihm Ihre Resultate mitteilen. Selbst wenn Sie Ihre Emotionen trennen können, gelingt dies Ihrem Partner nicht zwangsläufig auch. Eine gute Vereinbarung könnte zum Beispiel darin bestehen, Ihre Ergebnisse einmal pro Monat zu diskutieren. Auf diese Weise bekommt Ihr Partner Ihre Ergebnisse mit, ohne mit Ihren täglichen Fluktuationen umgehen zu müssen.

Zusammengefasst lässt sich sagen, dass Sie Ihr Leben am Pokertisch und Ihr sonstiges Leben so deutlich wie möglich voneinander abgrenzen sollten. Die Herausforderungen und Probleme des Alltags sind am Pokertisch nur hinderlich, während die Emotionen und Schwankungen beim Poker sich nicht störend auf Ihr normales Leben auswirken dürfen. Es handelt sich um zwei unterschiedliche Welten, und Erfolg in der einen kann leicht auf Kosten der anderen gehen.

10.5. Was kann man vom Poker lernen?

Ihr Pokerleben von Ihrem normalen Leben zu trennen heißt nicht zwangsläufig, dass Sie in einem der Bereiche nichts lernen, was Sie im anderen anwenden können. Natürlich wendeten Sie zu Beginn Ihrer Pokerlaufbahn Ihr weltliches Wissen an den Pokertischen an, dies betrifft vor allem die Mathematik, Schlussfolgerungen und Urteilsvermögen. Aus diesem Grund mussten wir das gesamte Kapitel 3 dem Thema widmen, warum Sie in bestimmten Situationen Ihr Alltagswissen *nicht* beim Poker anwenden können.

Wie sieht es andersherum aus? Können wir das, was wir am Pokertisch lernen, im normalen Leben anwenden? In vielen Fällen schon. Einige wichtige Erfahrungen, die wir beim Poker machen, sind in Alltagssituationen sehr relevant. Letztlich ist Poker die härtere und grausamere Version des normalen Lebens, in der es keine sanften Bauchlandungen gibt wie in unserer Gesellschaft. Jede suboptimale Entscheidung, jeder Fehler, jede Ungenauigkeit beim Denken und jedes fundamentale Missverständnis kostet am Pokertisch Geld. Es ist so, als ob Sie eine neue Stelle antreten und selbst am ersten Tag bei jedem Fehler die Kosten von Ihrem Gehalt abgezogen bekommen.

Und diese Fehler und Missverständnisse sind immer Ihre eigenen. Sie können diese nicht abstreiten, da Sie nur sich selbst belügen würden. Sie können Ihren Gegner nicht verantwortlich machen, da dieser sich nicht darum schert, sondern damit beschäftigt ist, seine Chips zu sortieren. Sie können sich beklagen, dies sei nicht gerecht, aber das macht keinen Unterschied, weil niemand behauptet, Poker sei gerecht. Falls die Katastrophe geschieht und Sie Ihre gesamte Bankroll verlieren, gibt es niemanden, der Sie auffängt, der Ihnen ein Buy-In spendiert und Sie wieder ins Spiel zurückbringt – zumindest in der Regel nicht.

Viele erfahrene Pokerspieler haben daher eine sehr scharfe Sicht auf die Welt, ohne viele Illusionen. Tatsächlich erfordert gutes Poker eine bestimmte Herangehensweise an Probleme, mit der Sie auch im normalen Leben gut beraten sind. Einige häufig zitierte Beispiele sind:

- Betrachtung des Risiko-Chance-Verhältnisses bei der Analyse komplizierter Probleme
- Ausschluss irrelevanter Variablen
- Sorgfältige Auswahl der Gelegenheiten
- Aggressives Ausnutzen eines erkannten Vorteils
- Übernahme der vollen Verantwortung für das eigene Leben

Es gibt viele Beispiele, vor allem wenn Sie zu etwas abstrakterem Denken bereit sind. Tatsächlich kann das gesamte, in Kapitel 2 beschriebene Poker Mindset leicht modifiziert ein guter Verhaltenskatalog für das Leben sein. Schauen wir, was dabei herauskommt.

Verständnis und Akzeptanz der Realitäten der Menschen und der Welt.

Verstehen Sie die Welt, in der Sie leben. Lassen Sie nicht zu, dass Ihre Neugier je nachlässt. Versuchen Sie zu verstehen, wie andere denken und warum sie in einer bestimmten Weise handeln, um mit diesen besser auszukommen und diese besser zu verstehen. Gleiten Sie nie in eine Fantasiewelt ab, in der Sie sich selbst, eine bestimmte Person oder Sache so sehen, wie es Ihren Wünschen entspricht.

Legen Sie Ihr Leben langfristig an.

Viele Entscheidungen, die Sie langfristig sehr zufrieden stellen werden, erfüllen nicht Ihre momentanen Bedürfnisse. Machen Sie Pläne und arbeiten Sie dann die beste Methode aus, um diese zu erreichen. Regen Sie sich nicht auf, wenn etwas kurzfristig nicht funktioniert, da dies *ganz normal* ist und Sie nichts dagegen tun können. Seien Sie froh, dass Sie die Saat auf lange Sicht ernten können.

Konzentrieren Sie sich mehr auf richtige Entscheidungen als auf gute Resultate.

Überwinden Sie die lähmende menschliche Tendenz, eine Entscheidung nach Ihren Ergebnissen und nicht nach Ihren Vorzügen zu bewerten. Treffen Sie eine Entscheidung, die sich nicht auszahlt, sollten Sie sich nicht vor einer ähnlichen Entscheidung ängstigen, wenn die Umstände es erfordern. Genauso wenig sollten Sie annehmen, eine Entscheidung wäre korrekt gewesen, weil sie sich dieses Mal ausgezahlt hat. Treffen Sie die richtigen Entscheidungen und die richtigen Ergebnisse kommen von selbst.

Scheuen Sie keine kalkulierten Risiken.

Betrachten Sie in jeder Situation Ihren Einsatz und Ihren potenziellen Ertrag und berechnen Sie dann, ob es sich lohnt. Seien Sie nie ängstlich und überbewerten Sie nie die Bedeutung des möglichen Verlusts. Seien Sie zu Risiken bereit, wenn sich diese langfristig auszahlen. Ruhen Sie sich nicht auf Ihren Lorbeeren aus und glauben Sie keiner Redensart, die behauptet: „Von zwei Übeln wählt man besser das, was man schon kennt."

Lassen Sie Ihr Ego zu Hause.

Bei einer wichtigen Entscheidung darf Ihr Ego nie eine Rolle spielen. Versuchen Sie herauszufinden, was wirklich das Beste für Sie ist und nicht, was Ihr primäres emotionales Bedürfnis befriedigt. In Verhandlungen sollten Sie sich darauf konzentrieren, das richtige Resultat zu erreichen – auch wenn Sie dabei schwach erscheinen mögen, ist das besser, als das falsche Resultat mit dem Glorienschein scheinbarer Stärke zu erzielen. Lassen Sie nie zu, dass Groll Ihr Urteil oder Ihre Handlungen bestimmt.

Agieren Sie logisch und nicht emotional.

Denken Sie immer nach, bevor Sie handeln und überlassen Sie nie Ihren Emotionen die Entscheidung (vor allem bei keiner wichtigen). Wie oft hatten Sie eine feste Meinung oder ein Problem und änderten Ihre Meinung über Nacht? Überschlafen Sie alles noch einmal, verflüchtigen sich alle kurzfristigen, emotionalen Faktoren und Sie können eine besonnene Schlussfolgerung ziehen. Sagt Ihnen jemand, Sie würden irrational handeln, sollten Sie die Möglichkeit berücksichtigen, dass Gefühle Ihr Urteilsvermögen vernebeln.

Widmen Sie sich fortwährend Ihrer persönlichen Verbesserung.

Seien Sie so gut wie möglich. Setzen Sie sich Ihre Lebensziele und arbeiten Sie dann auf diese hin. Unabhängig davon, wie gut es Ihres Erachtens für Sie läuft, sollten Sie immer einen Lebensbereich haben, in dem Sie sich verbessern wollen. Besteigen Sie den Gipfel eines Bergs und streben Sie von dort aus nach den Sternen.

Versuchen Sie andere Lebensbereiche genauso zu verbessern wie Ihr Poker. Zu viele Menschen vernachlässigen Ersteres und konzentrieren sich nur auf Poker. Hoffentlich hilft Ihnen das Poker Mindset, Ihre Emotionen am Tisch im Griff zu haben und dadurch bessere, langfristige Ergebnisse zu erzielen. Gleichzeitig kann Poker einen positiven Einfluss auf Ihr restliches Leben haben, wenn Sie sich zugestehen zu lernen, was Poker Ihnen beibringt.

10.6. Rückblick auf das Kapitel

□ **10.1. Die fehlende Komponente des Poker Mindset**

- Die fehlende Komponente des Poker Mindset lautet: Vergessen Sie nicht, Poker ist nur ein Spiel.
- Die ersten sieben Einstellungen des Poker Mindset drehten sich um die Maximierung Ihrer Gewinne am Pokertisch. Mit dieser zusätzlichen Komponente können Sie nun wirklichen Erfolg erreichen.
- Obwohl Sie laut Poker Mindset „alle Emotionen von Ihren Entscheidungen fernhalten sollten“, bedeutet dies nicht, dass Sie zwangsläufig ohne Emotionen pokern sollen. Dies bezeichnen wir als das emotionale Paradox beim Poker.

□ **10.2. Das Leben abseits des Pokertisches**

- Obwohl Sie vermutlich viel Zeit an den Tischen verbringen, sollte Ihr restliches Leben nicht darunter leiden.
- Denken Sie daran, es gibt neben Poker noch ein anderes Leben. Um erfolgreich zu sein, müssen Sie nicht in jeder freien Minute spielen, lernen oder über Poker nachdenken.

□ **10.3. Die Trennung der Bankroll**

- Es gibt fünf eindeutige Gründe, warum Sie Ihre Poker-Bankroll komplett von Ihren sonstigen Finanzen trennen sollten:
  1. Gutes Bankroll-Management wird ermöglicht.
  2. Sie wissen, wie viel Sie gewinnen oder verlieren.
  3. Der Erfolgsdruck wird gelindert.
  4. Sie können um hohe Geldbeträge spielen.
  5. Es kann beruhigend auf Menschen wirken, die keine Ahnung von Poker haben.

□ 10.4. Emotionale Trennung

- Wenn wir von emotionaler Trennung sprechen, meinen wir im Grunde zwei Dinge:
    1. Bringen Sie keine Alltagsprobleme an den Pokertisch und lassen Sie nicht zu, dass diese Ihre Entscheidungen beeinflussen.
    2. Lassen Sie nicht zu, dass die Geschehnisse am Pokertisch auf Ihr normales Leben ausstrahlen.
- Um Poker vollständig in Ihr Leben zu integrieren, müssen Sie dafür sorgen, dass die Menschen, die Ihnen wichtig sind, nicht das Gefühl haben, deren Zufriedenheit hinge von Ihren Ergebnissen ab.

□ 10.5. Was kann man vom Poker lernen?

- Ihr Pokerleben von Ihrem normalen Leben zu trennen heißt nicht zwangsläufig, dass Sie in einem der Bereiche nichts lernen, was Sie im anderen anwenden können.
- Gutes Poker erfordert eine bestimmte Herangehensweise an Probleme, mit der Sie auch im normalen Leben gut beraten sind. Einige häufig zitierte Beispiele sind:
    - Betrachtung des Risiko-Chance-Verhältnisses bei der Analyse komplizierter Probleme
    - Ausschluss irrelevanter Variablen
    - Sorgfältige Auswahl der Gelegenheiten
    - Aggressives Ausnutzen eines erkannten Vorteils
    - Übernahme der vollen Verantwortung für das eigene Leben
- Das gesamte, in Kapitel 2 beschriebene Poker Mindset kann leicht modifiziert ein guter Verhaltenskatalog für das Leben sein.

...und demnächst erhätlich:

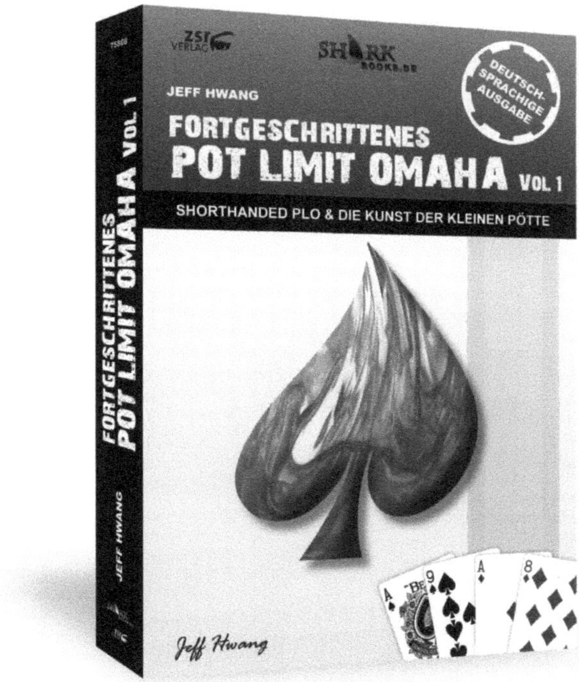